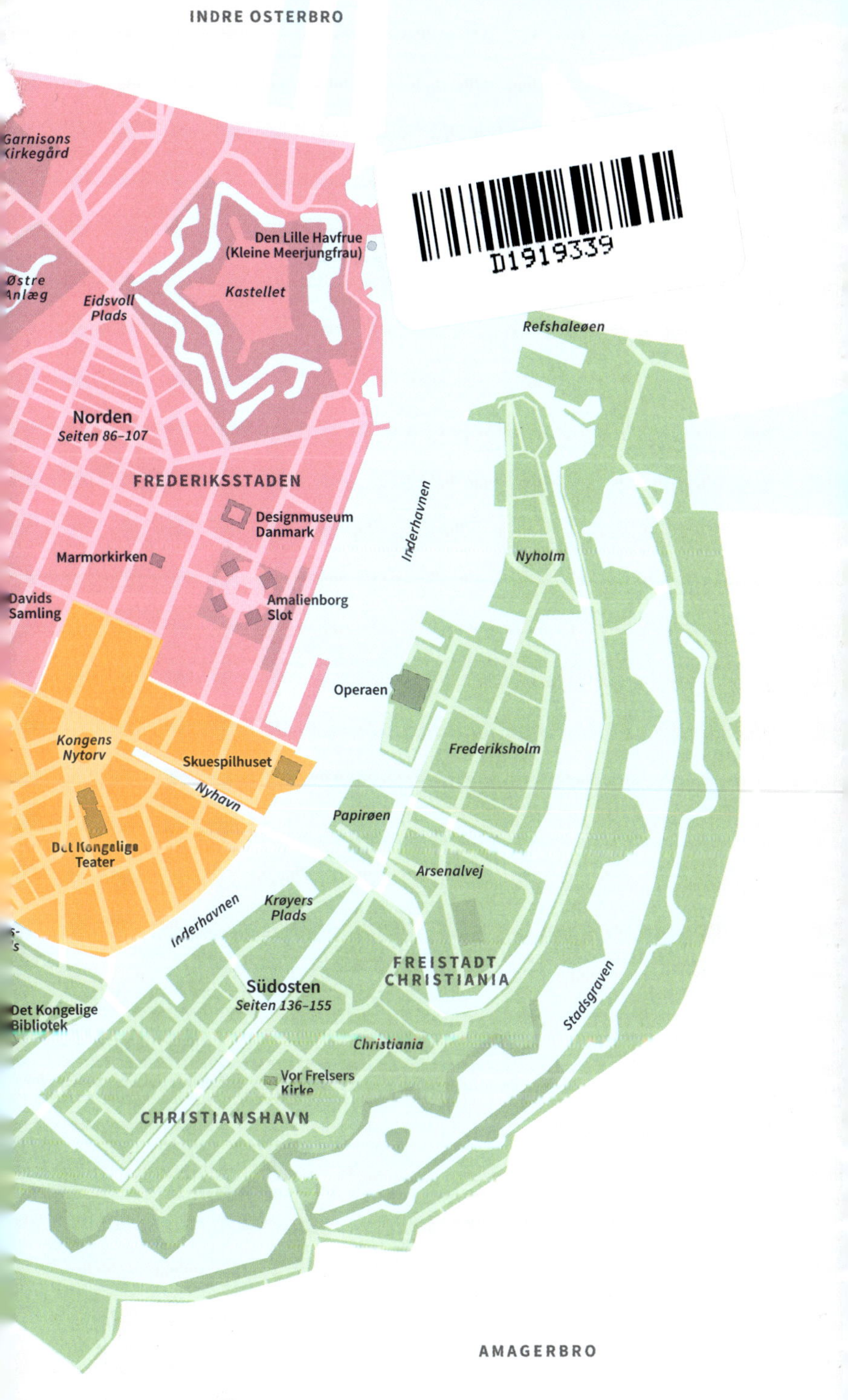
INDRE OSTERBRO
Garnisons Kirkegård
Den Lille Havfrue (Kleine Meerjungfrau)
Østre Anlæg
Eidsvoll Plads
Kastellet
Refshaleøen
Norden
Seiten 86–107
FREDERIKSSTADEN
Designmuseum Danmark
Marmorkirken
Inderhavnen
Nyholm
Davids Samling
Amalienborg Slot
Operaen
Kongens Nytorv
Skuespilhuset
Frederiksholm
Nyhavn
Papirøen
Det Kongelige Teater
Arsenalvej
Inderhavnen
Krøyers Plads
FREISTADT CHRISTIANIA
Südosten
Seiten 136–155
Det Kongelige Bibliotek
Stadsgraven
Christiania
Vor Frelsers Kirke
CHRISTIANSHAVN
AMAGERBRO

INSPIRIEREN / PLANEN / ENTDECKEN / ERLEBEN

KOPENHAGEN

DK Vis-à-Vis

KOPENHAGEN

INHALT

KOPENHAGEN ENTDECKEN **6**

KOPENHAGEN ERLEBEN **82**

REISE-INFOS **192**

Links: *Marmorbrücke über den Frederiksholms Kanal zum Christiansborg Slot* (siehe S. 144f)
Vorhergehende Seite: *Blick auf Christiansborg Slot* (siehe S. 144f)
Umschlag: *Marmorkirken, auch Frederiks Kirke genannt* (siehe S. 100)

KOPENHAGEN
ENTDECKEN

Blick von der Terrasse der Ny Carlsberg Glyptotek

WILLKOMMEN IN KOPENHAGEN

Kopenhagen gilt als eine der schönsten und lebenswertesten Städte Europas, und das nicht nur wegen seiner Lage, der vielfältigen Architektur und der reichen Kunst- und Kulturszene, sondern auch wegen der vielen schönen Parks, der fantastischen Shoppingmöglichkeiten und der reichen Kulinarik – von Gourmet über neu-nordisch bis zu Streetfood. Was auch immer Sie unternehmen wollen, unser Vis-à-Vis Kopenhagen ist Ihr idealer Begleiter für Ihre Reise.

1 *Typisch dänisches Gebäck* (fastelavnsbolle)

2 *Prächtiger Saal in Christiansborg Slot*

3 *Skulptur von Thomas Dambo in Christiania*

4 *Palmenhaus im Botanisk Have*

Kopenhagen ist zu jeder Jahreszeit eine Reise wert, dafür sorgt schon die wunderschöne Lage mit vielen Kanälen. Darüber hinaus ist Dänemarks Hauptstadt sehr vielfältig. Da ist zum einen das »royale Kopenhagen« mit Schlössern und gepflegten Parkanlagen, beeindruckenden Kirchen und herrschaftlichen Gebäuden, in denen oft Museen beheimatet sind. Zum anderen blickt die Stadt auf eine lange »alternative« Geschichte zurück, schließlich wurde hier 1971 die Freistadt Christiania gegründet. Auch frühere Arbeiterviertel haben sich in beliebte Shopping- und Ausgehregionen entwickelt mit vielen kleinen Läden und interessanten Lokalen. Apropos Shopping: Hier punktet Kopenhagen mit einer der längsten Fußgängerzonen Dänemarks und einigen der renommiertesten Designer des Landes. Und dann gibt es natürlich noch das »moderne« Kopenhagen, das mit ideenreicher Architektur lockt. Ein weiterer Pluspunkt Kopenhagens: Die Stadt lässt sich gut zu Fuß entdecken, und will man etwas weitere Kreise ziehen, bietet sich das Fahrrad an – die Infrastruktur hierfür ist ein Traum.

In unserem Vis-à-Vis Kopenhagen stellen wir die Stadt in einzelnen, farblich kodierten Kapiteln vor – mit ausführlichen Beschreibungen und detaillierten Karten. Hinzu kommen praktische Infos für Reiseplanung und Aufenthalt. Viel Spaß in Kopenhagen!

LIEBENSWERTES KOPENHAGEN

Kopenhagen ist eine beliebte Destination für eine Städtereise - dafür gibt es unzählige Gründe: ehrwürdige Schlösser, interessante Museen, viel Kultur, gute Shoppingmöglichkeiten und hervorragendes Essen. Hier unsere Favoriten.

1 Herrschaftliche Schlösser

Kopenhagen wartet im Zentrum mit mehreren wunderschönen Schlössern auf, in denen man nachfühlen kann, wie Könige damals und heute gelebt haben *(siehe S. 28f)*.

Gepflegte Parkanlagen *2*

Eine Erkundung Kopenhagens ist auch deshalb so angenehm, weil es viele Parks gibt, in denen man immer ein lauschiges Plätzchen für eine Pause findet *(siehe S. 40f)*.

3 Ehrwürdige Kirchen

Kopenhagen ist auch eine Stadt der Kirchen, deren Türme das Stadtbild prägen. Unbedingt ansehen sollte man Marmorkirken *(siehe S. 100)*, Vor Frelsers Kirke *(siehe S. 151)* und Grundtvigs Kirke *(siehe S. 164f)*.

Moderne Architektur *4*

Kopenhagen wurde von der UNESCO zur Welthauptstadt der Architektur 2023 ernannt. Neue Komplexe und Stadtviertel sind wie ein Schaubild moderner Architektur.

Tempel moderner Kunst *5*

Kopenhagen und Umgebung warten gleich mit drei einzigartigen Museen für moderne Kunst auf: Statens Museum for Kunst *(siehe S. 104f)*, ARKEN Museum for Moderne Kunst *(siehe S. 174f)* und Louisiana Museum of Modern Art *(siehe S. 182f)*.

Elegantes dänisches Design *6*

Dänemark ist bekannt für sein Design, und Kopenhagen ist der ideale Ort, um es kennen- und lieben zu lernen. Sei es im Designmuseum *(siehe S. 96f)* oder in einem der vielen Läden.

Shoppingparadies Kopenhagen 7

Kopenhagen lässt, wenn es ums Shoppen geht, keinen Wunsch offen – von Flagship-Stores bis zu kleinen Läden. Und das nächste Café ist nie weit entfernt.

Durch die Kanäle und den Hafen 8

Entspannter als auf einer Hafen- und Kanalrundfahrt lässt sich Kopenhagen nicht entdecken, auch vermittelt der Blick vom Boot eine ganz andere Perspektive.

9 Brücken als Wahrzeichen

Die modernen Brücken in Kopenhagen sind wahre Eyecatcher, etwa Cirkelbroen, Inderhavnsbroen, Lille Langebro, Cykelslangen und natürlich nicht zu vergessen die Øresundsbron *(siehe S. 169)*.

10 Herrliche Kulinarik

Zu den kulinarischen Klassikern gehören *smørrebrød*, *pølser* und *wienerbrød*, man sollte aber auch unbedingt die neue nordische Küche probieren *(siehe S. 50f)*.

Fahrradfreundliches Kopenhagen 11

Kaum eine andere Großstadt ist so auf Fahrradfahrer ausgerichtet wie Kopenhagen mit speziellen Radspuren und sogar eigenen Brücken *(siehe S. 68f)*. So geht entspanntes Sightseeing!

Vergnügungen im Tivoli 12

Ein Besuch Kopenhagens wäre nicht komplett, hätte man nicht mindestens einmal im Vergnügungspark Tivoli *(siehe S. 128f)* vorbeigeschaut – hier findet sich für jeden die richtige Attraktion.

KOPENHAGEN
AUF DER KARTE

Kopenhagen wird in diesem Buch in drei Innenstadt-Bereiche, ein Abstecher-Kapitel und den Abschnitt Ausflüge aufgeteilt, jeweils mit einer eigenen Farbe, wie auf der Karte ersichtlich.

INDRE OSTERBRO
Garnisons Kirkegård
Den Lille Havfrue (Kleine Meerjungfrau)
Østre Anlæg
Eidsvoll Plads
Kastellet
Refshaleøen
Norden
Seiten 86–107
FREDERIKSSTADEN
Danmark
Inderhavnen
Marmorkirken
Nyholm
Davids Samling
Amalienborg Slot
Operaen
Kongens Nytorv
Skuespilhuset
Frederiksholm
Nyhavn
Det Kongelige Teater
Arsenalvej
Krøvers Plads
Inderhavnen
Slotsplads
FREISTADT CHRISTIANIA
Südosten
Det Kongelige Bibliotek
Stadsgraven
Vor Frelsers Kirke
CHRISTIANSHAVN
AMAGERBRO

DIE STADTTEILE KOPENHAGENS

Kopenhagen gilt als eine der lebenswertesten Städte der Welt, und das ist wirklich kein Wunder. Allein die Lage am Øresund ist unvergleichlich – man kann mit dem Boot durch die Kanäle fahren, die meisten Sehenswürdigkeiten sind gut zu Fuß zu erreichen, und die Fahrrad-Infrastruktur ist sensationell. Und auch rund um Dänemarks Hauptstadt gibt es etliches zu entdecken.

Seiten 86–107

Norden

Geschichten und Geschichte, Natur und Kunst, historische Architektur mit modernen Anbauten: Der Norden von Kopenhagens Zentrum ist ein Ort für abwechslungsreiche Entdeckungstouren. Viele interessante Museen laden ebenso zum Besuch wie sehenswerte Kirchen. In das königliche Kopenhagen kann man in den Schlössern Rosenborg und Amalienborg eintauchen. Für eine Pause bieten sich Parks an oder ein Spaziergang durch das Kastellet. Ganz in der Nähe sitzt Kopenhagens weltbekanntes Wahrzeichen im Wasser auf einem Stein: die Bronzefigur der Kleinen Meerjungfrau.

Entdecken
Königliches Kopenhagen, Parks und Kunstsammlungen

Sehenswert
Amalienborg Slot, Statens Museum for Kunst, Botanisk Have, Marmorkirken

Genießen
Wachablösung am Amalienborg Slot, Spaziergang im Kastellet

Seiten 108–135

Zentrum

Das Zentrum zwischen Sankt Jørgens und Peblinge Sø im Westen und Nyhavn, Inderhavnen und Sydhavnen im Osten und Süden ist eine abwechslungsreiche Erlebnis- und Unterhaltungswelt, eine begeisternde Kunst- und Designwelt, eine großartige Museums- und Theaterwelt sowie eine grenzenlose Shopping- und Genusswelt. Das Spektrum reicht vom Rundetårn über das Rådhus und Københavns Museum bis zum berühmten Tivoli und der Ny Carlsberg Glyptotek.

Entdecken
Die kleinen Gassen und Straßen, die von der Strøget abzweigen

Sehenswert
Tivoli, Ny Carlsberg Glyptotek, Nyhavn

Genießen
Spannende Achterbahnfahrten und weltumspannende Kulinarik im Tivoli

Seiten 136–155

Südosten

Im Südosten liegen zwei Orte, an denen zwei Städte gegründet wurden. Der eine ist die Insel Slotsholmen. Dort, wo heute Christiansborg Slot thront, ließ Bischof Absalon im 12. Jahrhundert eine Festung errichten – damit war Kopenhagen gegründet. Auf der Insel gegenüber, in Christianshavn, riefen am 26. September 1971 Bürgeraktivisten die Freistadt Christiania aus. Außerdem punktet der Südosten mit herausragender moderner Architektur wie der Oper und Den Sorte Diamant (»Schwarzer Diamant«). Hier erschließt sich auch, warum Kopenhagen als »Venedig des Nordens« gilt.

Entdecken
Christiania, Refshaleøen und Christianshavns Vold

Sehenswert
Christiansborg Slot, Nationalmuseet, Dansk Jødisk Museum, Operaen

Genießen
Blick vom Turm der Vor Frelsers Kirke, Reffen

Seiten 156–171

Abstecher

Ob Historie, Kultur, Architektur oder Natur – außerhalb von Kopenhagens Zentrum wartet eine Vielzahl von Überraschungen und Highlights, die das Großartige, das Kreative und Einmalige dieser Stadt in jeder Hinsicht unterstreichen. Nørrebro, Frederiksberg, Vesterbro und Ørestad sind die Stadtviertel, die es zu erkunden gilt. Besuchen Sie Schloss Frederiksberg mit seiner barocken Parkanlage und einem Museum in einer unterirdischen Kaverne. Oder machen Sie einen Abstecher in Kopenhagens jüngstes Stadtviertel Ørestad. Moderne Architektur bestimmt hier das Bild.

Entdecken
Cisternerne, Ørestad, Frederiksberg Have

Sehenswert
Assistens Kirkegård, Nørrebro, Vesterbro und Kødbyen, Øresundsbron

Genießen
Kulinarik in Kødbyen, Aussicht vom Copenhill

Seiten 172–191

Ausflüge

Auch außerhalb Kopenhagens locken viele interessante Sehenswürdigkeiten: Die Liste reicht von beeindruckenden Schlössern mit wunderschönen Parkanlagen, die teils immer noch von der königlichen Familie genutzt werden, über geschichtsträchtige Städte wie Helsingør und Roskilde sowie dem ältesten Freizeitpark Bakken bis hin zu herausragenden Museen, die nicht nur mit ihren Sammlungen punkten, sondern auch mit den Gebäuden, in denen sie untergebracht sind.

Entdecken
Helsingør mit M/S Museet for Søfart, Roskilde mit Domkirke, Bakken

Sehenswert
ARKEN Museum for Moderne Kunst, Louisiana Museum of Modern Art, Frederiksborg Slot

Genießen
Mit dem Rad zum Karen Blixen Museet, Shakespeare-Aufführung im Kronborg Slot in Helsingør

1

2

3

4

←

1 *Hafenbus vor dem Krøyers Plads in Christianshavn*

2 *Kanal in Christianshavn*

3 *Gefionspringvandet*

4 *Windmühle im Kastellet*

Um einen ersten Eindruck von Kopenhagen und seinen Sehenswürdigkeiten zu bekommen, nimmt man am besten den Hafenbus *(siehe S. 198)*. Vom Wasser aus hat man einen wunderschönen Blick auf die Stadt und ihre vielfältigen Facetten. Und an den sieben Haltestellen kann man je nach Lust und Laune kürzere oder längere Spaziergänge machen.

1 TAG

in Kopenhagen am Wasser

Vormittags

Die hier vorgeschlagene Fahrt beginnt klassischerweise am Nyhavn *(siehe S. 116)*. Sehen Sie sich unbedingt die schönen Häuserzeilen am Kanal und das bunte Treiben an, bevor Sie den Hafenbus besteigen. Vorbei am Skuespilhuset *(siehe S. 117)* mit der hübschen Promenade sieht man kurz danach die Oper *(siehe S. 152)* auf der rechten Seite sowie Amalienborg Slot *(siehe S. 98f)* und Den Kongelige Afstøbningssamling mit einem *David* auf der linken Seite. Erste Haltestelle ist Nordre Toldbod. Von dort ist es zu Fuß nicht weit bis zum Gefionspringvandet *(siehe S. 95)*, zum Kastellet *(siehe S. 94)* und zum berühmtesten Wahrzeichen Kopenhagens: Den Lille Havfrue *(siehe S. 94)*. An der nächsten Haltestelle Refshaleøen sollte man ebenfalls aussteigen und den Streetfood-Markt Reffen *(siehe S. 141)* für ein Mittagessen besuchen. Mit Refshaleøen hat man das nördliche Ende der Hafenbus-Linie erreicht, sodass man nach dem Mittagessen bis zur Haltestelle Knippelsbro durchfahren kann.

Nachmittags

Von der Knippelsbrogade aus kann man das Stadtviertel Christianshavn *(siehe S. 150)* mit vielen kleinen Läden und Cafés erkunden und die Vor Frelsers Kirke *(siehe S. 151)* besuchen (und vielleicht den Turm besteigen). Für eine Pause eignet sich das Café Wilder *(siehe S. 154)* direkt an einem Kanal. An der nächsten Haltestelle Det Kongelige Bibliotek bietet sich ebenfalls ein Spaziergang an. Entweder man flaniert auf der Promenade bis zum Den Sorte Diamant *(siehe S. 149)* oder man sieht sich Slotsholmen mit Christiansborg Slot *(siehe S. 144f)* näher an. Bis zur nächsten Haltestelle Bryggebroen geht es am Viertel Islands Brygge mit dem Havneparken entlang. Der öffentliche Park mit Elementen aus der industriellen Vergangenheit des Viertels ist bei den Kopenhagenern sehr beliebt und deshalb vor allem im Sommer immer gut besucht. Auf der Fahrt zur letzten Haltestelle im Süden, Teglholmen, bekommt man einen guten Eindruck davon, wie in Kopenhagen umweltfreundliches und modernes Wohnen mit viel Grün definiert wird. Hier kann man ebenfalls aussteigen und ein bisschen durch den Stadtteil Teglholmen spazieren.

Abends

Auf dem Rückweg sollte man erneut an der Haltestelle Bryggebroen aussteigen und diesmal über die gleichnamige Brücke an der Cykelslangen (Fahrradschlange) vorbei zum Fisketorvet gehen. Im Sommer kann man hier sogar noch einen kurzen Abstecher ins Havnebadet machen. Über die Dybbølsbro ist es dann nicht mehr weit nach Kødbyen *(siehe S. 159, 163)*, wo viele Restaurants, Nachtclubs und Kunstgalerien locken. Hier kann man den Tag in guter Gesellschaft ausklingen lassen.

1

2

4 TAGE
in Kopenhagen

Tag 1

Vormittags Um sich einen Eindruck von Christianshavn *(siehe S. 150)* zu verschaffen, erklimmen Sie den Spiralturm der Vor Frelsers Kirke *(siehe S. 151)*. Bummeln Sie danach durch das Stadtviertel mit schönen Kanälen und malerischen Häusern. Über die Knippelsbro geht es weiter nach Slotsholmen.
Nachmittags Erkunden Sie Christiansborg Slot *(siehe S. 144f)*, bewundern Sie die königlichen Empfangszimmer und tauchen Sie ein in 1000 Jahre Geschichte, dargestellt in den Wandteppichen im Thronzimmer. Zur Stärkung gehen Sie dann zum Gammel Strand und versuchen einen Tisch im Schønnemann *(siehe S. 132)*, einer Institution in Kopenhagen, zu bekommen. Nach einem *smørrebrød* laufen Sie dann die Rampe des Rundetårn *(siehe S. 119)* hinauf. Anschließend bewundern Sie in den Flagship-Stores auf der Strøget dänisches Design.
Abends Reservieren Sie einen Tisch im Palægade *(siehe S. 132)*. Nach dem Essen schlendern Sie über den Gammel Strand und nehmen einen Absacker im eleganten Ruby (Nybrogade 10), das kein Schild hat.

Tag 2

Vormittags Der Tag beginnt am Kongens Nytorv *(siehe S. 116f)*, an den der Stichkanal Nyhavn *(siehe S. 116)* mit schönen Giebelhäusern anschließt. Von hier aus starten viele Hafen- und Kanalrundfahrten. Nachdem man sich Kopenhagen vom Wasser aus angesehen hat, geht es weiter zum Amalienborg Slot *(siehe S. 98f)*. Mittags findet hier die Wachablösung statt. Vom Schloss sieht man schon die beeindruckende Marmorkirken *(siehe S. 100)*, in deren Nähe etliche Lokale für ein Mittagessen liegen.
Nachmittags Gestärkt folgen Sie nun der Uferpromenade Langelinie zur Kleinen Meerjungfrau *(siehe S. 94)*, die auf die vorbeifahrenden Schiffe blickt. Auf dem Rückweg kann man noch auf den fünfeckig angelegten Bastionen des Kastellet *(siehe S. 91, 94)* spazieren gehen und sich den Gefionspringvandet *(siehe S. 95)* ansehen.
Abends Als letzte Sehenswürdigkeit des Tages lockt das Märchenschloss Rosenborg *(siehe S. 102f)* im Kongens Have *(siehe S. 100)*. Mit Blick auf den Park speist man im Restaurant Orangeriet *(siehe S. 90)* zu Abend.

3

4

5

1 *Kanal in Christianshavn* ↑

2 *Blick von der Vor Frelsers Kirke*

3 *Giraffe im Zoo Kopenhagen*

4 *Wintergarten der Ny Carlsberg Glyptotek*

5 *Reiterstatue Christians V. auf dem Kongens Nytorv*

Tag 3

Vormittags Der Tag beginnt mit einem Frühstück in der Markthalle Torvehallerne *(siehe S. 113, 118)*. Gehen Sie danach zum idyllischen Botanisk Have *(siehe S. 100f)*, wo Sie 13 000 Pflanzenarten und das hübsche viktorianische Palmehus erwarten. Von hier geht es ins bunte Stadtviertel Nørrebro *(siehe S. 164)*. Erkunden Sie Elmegade und Jægersborggade *(siehe S. 158)* mit vielen kleinen Laden, Boutiquen, einladenden Cafés und Restaurants – ideal für ein Mittagessen.
Nachmittags Erweisen Sie dem Schriftsteller H. C. Andersen und dem Philosophen Søren Kierkegaard die Ehre auf dem Assistens Kirkegård *(siehe S. 163)*, ehe Sie nach Vesterbro *(siehe S. 163)* aufbrechen. In den letzten Jahren hat sich das ehemalige Arbeiterviertel vor allem rund um die Istedgade und in Kødbyen *(siehe S. 159, 163)* zum Szeneviertel mit trendigen Bars, Lokalen und interessanten Läden entwickelt.
Abends Der Abend gehört dem Vergnügungspark Tivoli *(siehe S. 128f)*, der wunderschön illuminiert ist. Neben vielen Attraktionen findet man auch etliche Restaurants.

Tag 4

Vormittags Der Tag beginnt mit einem Besuch der Ny Carlsberg Glyptotek *(siehe S. 130f)* mit einer riesigen Sammlung antiker und moderner Skulpturen sowie französischer und dänischer Kunst aus dem 19. und 20. Jahrhundert. Danach fährt man mit dem Rad Richtung Frederiksberg. Mit der Carlsberg City ist hier ein vollkommen neuer Stadtteil mit Läden, Cafés, Restaurants und natürlich dem Besucherzentrum der Carlsberg-Brauerei *(siehe S. 162f)* entstanden.
Nachmittags Im weitläufigen Park Søndermarken liegt der unterirdische Ausstellungs- und Veranstaltungsort Cisternerne *(siehe S. 162)*. Über den Roskildevej, am Frederiksberg Slot vorbei, geht es zum Zoologisk Have *(siehe S. 162)*, einem der ältesten Europas, mit dem Elefantenhaus von Norman Foster.
Abends Der Zoo liegt direkt am Frederiksberg Have *(siehe S. 160f)* mit Kanälen, Statuen, einem chinesischen Teehaus und dem Apsis-Tempel. Nach einem Rundgang kann man im Mielcke & Hurtigkarl *(siehe S. 170)* in der ehemaligen Orangerie zu Abend essen.

→

1 *Besucherin im Statens Museum for Kunst*

2 *Kind an einer der vielen Mitmachstationen im Experimentarium*

3 *Stände in der Torvehallerne*

4 *Sonderausstellung* Aktivist *im Arbejdermuseet*

Selbst wenn das Wetter mal nicht mitspielt, bietet Kopenhagen eine reiche Auswahl an Aktivitäten – für Geschichts- und Kunstliebhaber, Wissensdurstige und Familien.

2 TAGE

in Kopenhagen bei Regen

Tag 1

Vormittags Um etwas mehr über die Geschichte Kopenhagens und die Stadtentwicklung zu erfahren, sollte man Københavns Museum *(siehe S. 127)* besuchen. Dank interaktiver Installationen, Stimmaufnahmen und Filmen erfährt man, wie die Menschen hier früher gelebt haben. Nur einen kurzen Fußweg entfernt liegt die Ny Carlsberg Glyptotek *(siehe S. 130f)* mit antiken Skulpturen aus Ägypten, Rom und Griechenland sowie modernen von Auguste Rodin und Edgar Degas. Außerdem lädt ein wunderschöner Wintergarten zum Verweilen ein. Wer noch nicht genug von Geschichte hat, sollte beim Arbejdermuseet *(siehe S. 118)* vorbeischauen, das sich der Geschichte der Arbeiter in Dänemark widmet und unter anderem eine originale Wohnung aus dem Jahr 1915 zeigt. Wer nun Hunger hat, kann entweder im Keller des Museums das Café & Øl-Halle »1892« besuchen oder über die Straße gehen und sich an einem der vielen Stände der Torvehallerne *(siehe S. 113, 118)* kulinarisch inspirieren lassen.

Nachmittags Nach dem Mittagessen geht es zum Experimentarium *(siehe S. 165)* in Hellerup. In dem interaktiven Wissenschaftsmuseum können Jung und Alt an vielen Stationen selbst Experimente zu naturwissenschaftlichen Phänomenen, Licht und Lasertechnik, Energie und Wasser und vielem mehr unternehmen. Die Zeit vergeht in diesem Museum wie im Flug.

Tag 2

Vormittags Im Rosenborg Slot *(siehe S. 102f)* sind einige von Dänemarks größten Kulturschätzen versammelt. Neben den Kronjuwelen und den königlichen Insignien geht man auch durch den Rittersaal mit dem Krönungsthron, der von drei silbernen Löwen bewacht wird. Nach diesem Ausflug ins royale Kopenhagen wird es modern. Das Statens Museum for Kunst *(siehe S. 104f)* ist das größte Museum für bildende Kunst in Dänemark. Zur Sammlung gehört europäische Kunst von 1300–1800, aber auch dänische und nordische Kunst von 1750–1900. Mit seiner Dauerausstellung zu dänischer und internationaler Kunst nach 1900 bietet das SMK zudem einen Überblick vom Expressionismus und Surrealismus bis zur jüngsten Gegenwartskunst. Nach so viel Kunst kann man sich im schönen Museumscafé stärken.

Nachmittags Das Palais Christians VIII. von Amalienborg Slot *(siehe S. 98f)* ist heute für die Öffentlichkeit zugänglich. Auf einem Rundgang sieht man etwa die Arbeitszimmer von diversen Königen, den Privatsalon von Königin Louise, ein Esszimmer und eine Kostümgalerie. Um einen Einblick in die Vielfalt dänischen Designs zu erhalten, besucht man am besten das Designmuseum Danmark *(siehe S. 96f)*. Hier gibt es alles, was mit Design zu tun hat – von Möbeln über Alltagsutensilien bis zu Kleidung. Und wer Design mit Shopping verbinden will, ist in Illums Bolighus *(siehe S. 134)* genau richtig.

Das märchenhafte Rosenborg Slot

Schlösser und Bauwerke

Kopenhagen gilt als eine der schönsten Städte Europas, und das nicht nur wegen seiner Lage, sondern vor allem wegen seiner fantastischen, vielfältigen Architektur. Das Stadtbild zeigt sich als eine einzigartige Komposition aus architektonischer Historie, Moderne und Zukunft.

Da glänzen märchenhafte und prachtvolle Schlösser wie Rosenborg, Christiansborg oder Amalienborg neben den bunten Häuserfassaden am Nyhavn. Zu bewundern sind herausragende Bauwerke wie die Marmorkirken, deren monumentale Kuppel die Silhouette der Stadt prägt, oder der Rundetårn, der Europas ältestes funktionsfähiges Observatorium birgt.

Einfach nur zu bestaunen sind die vielen visionären Meisterwerke der Baukunst, mit denen dänische und internationale Stararchitekten wie Bjarke Ingels, Norman Foster, Henning Larsen, Daniel Libeskind, Boje Lundgaard und Lene Tranberg Zeugnisse ihres Könnens geschaffen haben – nicht umsonst wurde Kopenhagen 2023 von der UNESCO zur Welthauptstadt der Architektur erklärt.

Königliche Schlösser

Dänemark ist eine der ältesten Monarchien der Welt. Ihre lange Geschichte und ihr Vermächtnis zeigen sich in den zahlreichen Schlössern, Herrenhäusern und Gartenanlagen im ganzen Land. Viele der Schlösser entstanden aus Festungen, die vor feindlichen Übergriffen schützen sollten und später in repräsentative Anlagen umgebaut wurden. Einige werden auch heute noch von der königlichen Familie genutzt, andere sind für Besucher zugänglich – und warten mit Ausstellungen, Museen, Kunstsammlungen oder mit Events auf.

Amalienborg Slot

Schloss Amalienborg *(siehe S. 98f)* ist die Winterresidenz der Königsfamilie. Das Ensemble besteht aus vier Palais, die um einen achteckigen Platz stehen. Die Gebäude wurden 1750 anlässlich des 300-jährigen Bestehens des dänischen Königshauses erbaut.

Den Kongelige Livgarde

Die Königliche Leibgarde wurde 1658 von Frederik III. gegründet. In Kopenhagen bewacht das Regiment Schloss Amalienborg und Schloss Rosenborg. Ist der König in der Stadt, marschiert die Königliche Leibgarde jeden Mittag um 11:30 Uhr von Schloss Rosenborg durch die Stadt zu Schloss Amalienborg, wo um Punkt 12 Uhr der Wachwechsel stattfindet.

↑ *Die Gardesoldaten des dänischen Königshauses tragen schwarze Röcke, blaue Hosen und eine Bärenfellmütze*

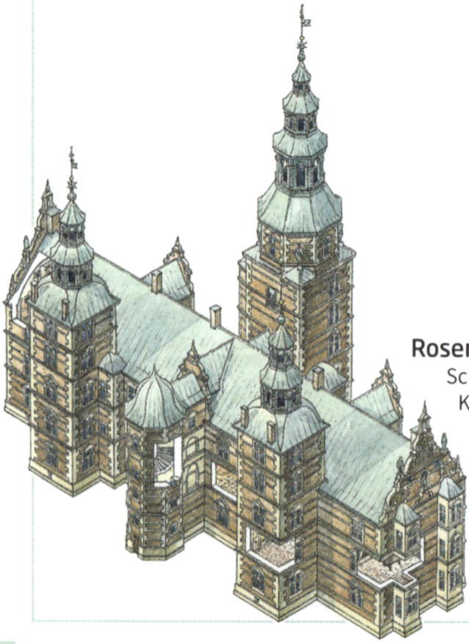

Rosenborg Slot

Schloss Rosenborg *(siehe S. 102f)* am Rand des Kongens Have (Königsgarten) entstand Anfang des 17. Jahrhunderts aus einem Sommerhaus, das Christian IV. zu einem Lustschloss umwandelte. Rosenborg – bis 1720 königliche Residenz – ist seit 1838 ein Museum, in dem einige der wertvollsten Kulturschätze Dänemarks aufbewahrt werden, darunter die Kronjuwelen.

Christiansborg Slot

Erzbischof Absalon, der als Gründer Kopenhagens gilt, ließ bereits um 1167 auf der Insel Slotsholmen eine Burg bauen, das heutige Schloss *(siehe S. 144f)* entstand jedoch großteils erst Anfang des 20. Jahrhunderts. Hier residieren die drei Staatsgewalten Dänemarks: das Parlament Folketing, das Oberste Gericht und der Ministerpräsident.

Schon gewusst?

Der älteste Schatz in Rosenborg Slot ist das Schwert Christians III. von 1551.

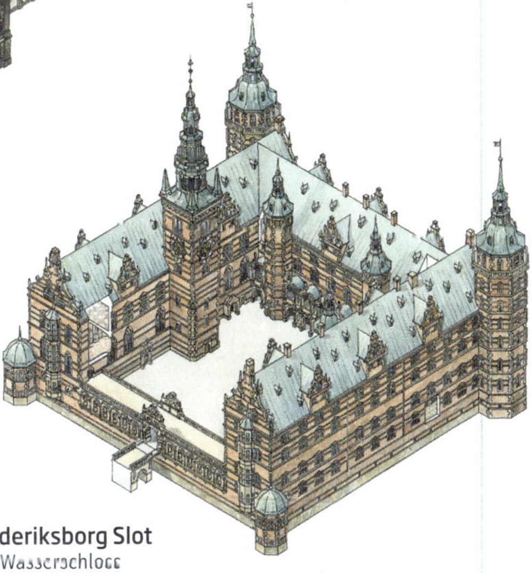

Frederiksborg Slot

Das Wasserschloss Frederiksborg *(siehe S. 184f)* in Hillerød auf der Insel Seeland wurde von Christian IV. Anfang des 17. Jahrhunderts in Auftrag gegeben und gilt als größtes und bedeutendstes Bauwerk der Nordischen Renaissance. Das von Seen und wunderschönen Gärten umgebene Schloss beherbergt das Dänische Nationalhistorische Museum.

Kronborg Slot

Schloss Kronborg *(siehe S. 180f)* liegt auf einer Landzunge am nordöstlichen Ende der Insel Seeland. Es geht auf einen Festungsbau zurück, der 1420 an der dänisch-schwedischen Grenze errichtet wurde. Von hier wurde die Einfahrt in den Øresund bewacht und von Schiffen der Sundzoll erhoben. Erst im 16. Jahrhundert wurde der Bau im Stil der Nordischen Renaissance erweitert.

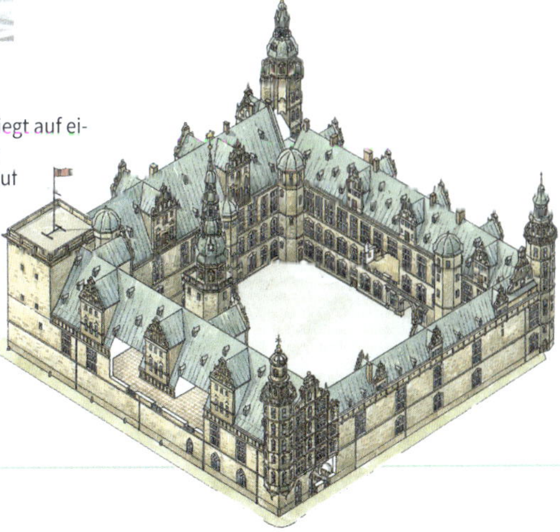

Architektur

Dänische Architektur blickt auf eine lange und erfolgreiche Geschichte zurück. Historisch gesehen, fügt sich Dänemarks Architektur stilistisch in die Bautraditionen anderer europäischer Länder ein. Man findet Kirchen aus dem 17. Jahrhundert sowie Fachwerkhäuser. Die Schlösser des 17. und 18. Jahrhunderts entstanden unter dem Einfluss des Barock und der Renaissance. Weltweite Beachtung und Bewunderung findet die zeitgenössische Architektur. 2023 erhielt Kopenhagen deshalb auch den Titel Welthauptstadt der Architektur.

Gotik

Eines der ältesten gotischen Bauwerke in Dänemark ist Roskildes Domkirke *(siehe S. 188f)*, die 1170 von Bischof Absalon gegründet wurde. Die Verwendung von rotem Backstein prägte die dänische Gotik nachhaltig. Weitere Merkmale der Stilepoche sind strenge Formgebung, aufwendige Verzierungen und stufige Spitzen in der Fassade. Viele Bauten sind innen weiß getüncht oder farbig ausgemalt. Die meisten gotischen Gebäude in Kopenhagen fielen Bränden zum Opfer. Schöne Beispiele des neogotischen Baustils (19. Jh.) sind die Grundtvigs Kirke *(siehe S. 164f)* und die St Alban's Church *(siehe S. 94f)*.

←

Gotischer Innenraum der Domkirke von Roskilde

Renaissance

Die dänische Renaissance ging aus der im späten 16. Jahrhundert üblichen Praxis der Kirche hervor, Architekten von außerhalb zu engagieren. So beauftragten etwa Frederik II. und später Christian IV. niederländische Baumeister und Handwerker mit dem Bau von Frederiksborg Slot in Hillerød *(siehe S. 184f)* und Kronborg Slot in Helsingør *(siehe S. 180f)*. In Kopenhagen zählen Rosenborg Slot *(siehe S. 102f)*, Børsen *(siehe S. 148)*, der Rundetårn *(siehe S. 119)* und die Holmens Kirke zu den schönsten Renaissance-Bauten.

→

Der Rundetårn stammt von 1642

Barock

Von der Mitte des 17. bis zur Mitte des 18. Jahrhunderts war die Architektur in Dänemark vorwiegend barock. Beste Beispiele hierfür sind die Schlösser Charlottenborg *(siehe S. 116)* und Christiansborg *(siehe S. 144f)* sowie die Vor Frelsers Kirke *(links, siehe S. 151)*. Treibende Kraft war der Architekt und Hofbaumeister Nicolai Eigtved. Seine größte Leistung war das im französischen Stil erbaute Viertel Frederiksstaden rund um Amalienborg Slot *(siehe S. 98f)* und Marmorkirken *(siehe S. 100)*.

Moderne Architektur

Kopenhagen und ganz besonders seine Hafenfront haben sich in den vergangenen Jahrzehnten stark verändert. Nachdem der alte Fähr- und Industriehafen im Zentrum vor die Stadttore verlegt worden war, entwickelte sich das Hafenquartier zu einem Schaustück moderner Architektur. Zu den Highlights zählen BLOX *(siehe S. 150)*, Skuespilhuset *(siehe S. 117)* und Operaen *(siehe S. 152)*. Spektakulärer Neuzugang ist die Bebauung der »Papierinsel« *(siehe S. 152)*. Neben öffentlichen Einrichtungen, Büros, Wohnungen und Platz für Open-Air-Veranstaltungen entsteht hier auch das Schwimmbad Water Culture House von Kengo Kuma.

←

Die Neubebauung von Papirøen soll 2025 abgeschlossen sein

Funktionalismus als Grundlage

Anfang des 20. Jahrhunderts strebten dänische Architekten nach der Verbesserung von Wohndesign und Alltagsgegenständen, was über die Moderne zum Funktionalismus führte. Ein Resultat dieses Trends war 1907 die Gründung des Design Council im Architektenverband. Charakteristisch für moderne dänische Architektur sind klare Linien sowie jede Menge natürliches Licht.

→

Den Sorte Diamant, ein Anbau von Det Kongelige Bibliotek (Königliche Bibliothek) aus dem Jahr 1999, repräsentiert den neomodernistischen Trend in Dänemark

Nachhaltigkeit

Kopenhagen punktet in architektonischer Hinsicht nicht nur mit der Neubebauung des alten Hafengebiets, auch im Rest der Stadt sind viele innovative, ja sogar ganz neue Viertel wie Ørestad *(siehe S. 168)*, Nordhavn *(siehe S. 153)* und die Carlsberg City *(siehe S. 163)* entstanden. Dabei stand und steht die Nachhaltigkeit ganz oben auf der Agenda, etwa mit Gebäuden, die mehrere Funktionen erfüllen – vom Parkhaus über den Energiespeicher bis zum öffentlichen Spielplatz auf dem Dach.

↑ *Die Axel Towers (2016) sind fünf miteinander verbundene runde Türme*

Skulptur in der Ny Carlsberg Glyptotek

Kultur

Die Kunst- und Kulturszene Kopenhagens braucht den internationalen Vergleich nicht zu scheuen, das zeigen schon die wunderbar anzusehenden Referenzpunkte der nordischen Kulturhauptstadt: der aufsehenerregende Bau der neuen Oper und der spektakuläre Neubau des Schauspielhauses. Weiter zu nennen sind das futuristische ARKEN Museum for Moderne Kunst, das Louisiana Museum, das Statens Museum for Kunst, das Designmuseum Danmark oder die Ny Carlsberg Glyptotek. Ihre Sammlungen genießen allesamt Weltruf.

Akzente setzen auch die Namen von Künstlern, Schriftstellern und Wissenschaftlern. Vom Astronomen Tycho Brahe bis zum Filmemacher Lars von Trier, vom Physiker Niels Bohr bis zum Philosophen Søren Kierkegaard, vom Schriftsteller Hans Christian Andersen bis zum Künstler Ólafur Elíasson.

Neben den großen Häusern und den bekannten Namen sind es die zahllosen kleinen Events, Veranstaltungen und Ausstellungen, die Kopenhagen das ganze Jahr über als Kulturmetropole erstrahlen lassen.

Kunst

Kopenhagen ist ein wahres Mekka für Liebhaber moderner und zeitgenössischer Kunst, wobei sich der Kunstgenuss nicht nur auf den Besuch herausragender Museen und Sammlungen beschränkt. Vielmehr trifft man in ganz Kopenhagen auf zeitgenössische Kunst, seien es nun die vielen modernen Gebäude oder innovativen Brücken, die das Stadtbild bereichern, oder »kleine« Kunst im Alltag, etwa bunte Installationen oder interessante Lichtprojektionen und -spiele.

→ *Die Sammlung des Louisiana Museum of Modern Art* (siehe S. 182f)*, des bedeutendsten Museums für moderne und zeitgenössische Kunst in Dänemark, umfasst mehr als 3000 Werke aus der Zeit nach 1945, hier die Skulptur* Two Piece Reclining Figure No. 5 *(1963/64) einer zweigeteilten Frauenfigur von Henry Moore*

Museen für moderne Kunst

Das ARKEN Museum for Moderne Kunst *(siehe S. 174f)* zeigt Kunst und Architektur internationaler Spitzenklasse. Die Sammlung umfasst nordische Malerei und Werke internationaler Künstler ab 1990, darunter Ólafur Elíasson, Damien Hirst und Andres Serrano. Schon der moderne Museumsbau an sich *(Foto oben)*, der einem gestrandeten Schiff nachempfunden ist, lohnt einen Besuch. Der Sammlungsbestand des Statens Museum for Kunst *(siehe S. 104f)* reicht zwar bis ins 14. Jahrhundert zurück, zu sehen sind jedoch auch moderne Werke aus Expressionismus und Surrealismus bis zur jüngsten Gegenwartskunst von Künstlern wie Per Kirkeby, Danh Võ und Ursula Reuter Christiansen.

CoBrA (Copenhagen, Brüssel, Amsterdam)

Die Künstlergruppe bestand von 1948 bis 1951 und trat für länderübergreifende Verständigung und Zusammenarbeit sowie eine Abkehr vom Surrealismus und eine Wiederbelebung des Expressionismus ein. Initiatoren waren der Däne Asger Jorn und der Niederländer Constant.

Gobelins in Christiansborg Slot

In den königlichen Empfangsräumen von Christiansborg Slot *(siehe S. 144f)* zeigen 17 Gobelins nach Skizzen von Bjørn Nørgaard (* 1947) Ereignisse aus der dänischen Geschichte – von der Wikingerzeit über Mittelalter, Absolutismus, Reformation und Zweiten Weltkrieg bis zur Gegenwart. Sie waren ein Geschenk zum 50. Geburtstag von Königin Margrethe II.

←

Einer der überaus bunten Gobelins im Christiansborg Slot

Das Goldene Zeitalter

Im Statens Museum for Kunst *(siehe S. 104f)* hängt Dänemarks umfassendste Sammlung von Meisterwerken aus dem Goldenen Zeitalter (1800–1850), einer Epoche hoher kultureller Blüte. Dort sind etwa Werke von Nicolai Abildgaard, C. W. Eckersberg, L. A. Ring und Vilhelm Hammershøi zu sehen. Ein weiterer berühmter Vertreter des Goldenen Zeitalters ist der Bildhauer Bertel Thorvaldsen, der seiner Geburtsstadt Kopenhagen sein Lebenswerk vermachte, das man im Thorvaldsens Museum *(siehe S. 148)* bestaunen kann.

→

Skulpturen in Thorvaldsens Museum

←

Blick von oben auf die Cirkelbroen in Christianshavn

Ólafur Elíasson

Der 1967 in Dänemark geborene Künstler, weltbekannt für seine spektakulären Installationen, entwarf 2015 in Kopenhagen die 40 Meter lange, rote Cirkelbroen über den Christianshavn-Kanal. Die ungewöhnliche Anordnung der geschwungenen Kreisbrücke mit ihren Scheiben und Masten soll die Menschen dazu bringen, sich Zeit zu nehmen und die Aussicht zu genießen.

Hans Christian Andersen

Hans Christian Andersen (1805–1875), der sich zeitlebens nur H. C. Andersen nannte, ist der bekannteste Dichter Dänemarks. Berühmtheit erlangte er aufgrund seiner insgesamt 168 Märchen. Im Unterschied zu den Grimm'schen Märchen, die den mündlich überlieferten Erzählschatz bewahren wollten, sind Andersens Märchen frei erdachte »Kunstmärchen«. Grundthemen sind Ängste und Hoffnung, Verzweiflung sowie die Verlässlichkeit von Wundern. Das hat allerdings nicht zur Folge, dass alle Märchen Andersens glücklich enden. Deshalb las er seine Geschichten auch lieber Erwachsenen als Kindern vor. Die Märchen von Hans Christian Andersen stecken voll Poesie und sind nach wie vor beliebt.

→

Grabstein von Andersen auf dem Assistens Kirkegård

Leben in Kopenhagen

H. C. Andersen wurde zwar in Odense auf Fünen als armer Schusterssohn geboren, ging aber schon als 14-Jähriger nach Kopenhagen, um dort sein Glück zu suchen – zuerst als Schauspieler, dann als Sänger, beides mit mäßigem Erfolg. Berühmt wurde er erst mit seinen Märchen. Andersen lebte viele Jahre am quirligen Nyhavn *(siehe S. 116)* und lieh sich Bücher aus der Bibliothek des Rundetårn *(siehe S. 119)*. Fans besuchen sein Grab auf dem Assistens Kirkegård in Nørrebro *(siehe S. 163)* und seine Statuen im Kongens Have *(siehe S. 100)* und am Rådhuspladsen *(siehe S. 125)* sowie natürlich die Kleine Meerjungfrau *(siehe S. 94)*.

→

Statue von H. C. Andersen am Rådhuspladsen

Die Anfänge

Andersen wurde 1805 in Odense geboren. Die Stadt ist stolz auf ihren berühmtesten Bürger. Im 2021 eröffneten H. C. Andersens Hus (hcandersenshus.dk) des japanischen Stararchitekten Kengo Kuma kann man ganz in Andersens literarisches Universum eintauchen und neue Perspektiven finden.

Das Geburtshaus von H. C. Andersen in Odense

Schon gewusst?

Man sagt, Andersen sei Legastheniker gewesen, was seine Texte so einzigartig machte.

Andersen in Kopenhagen

Im H. C. Andersen Eventyrhuset *(siehe S. 123)* erfährt man mehr über die Kindheit des berühmten Dichters in Odense, wie er später nach Kopenhagen zog und über seine vielen Reisen. Außerdem werden hier seine bekanntesten Märchen dargestellt. Mit etwas Glück können Sie auf dem Hans-Christian-Andersen-Weihnachtsmarkt auf dem Nytorv den Autor »in persona« treffen. Jeder der liebevoll gestalteten Stände ist nach einem Andersen-Märchen benannt.

Illustration zum Märchen Des Kaisers neue Kleider

Die Inspiration

Andersen zog seine Anregungen aus der Natur, in seinen magischen Geschichten tauchen Dänemarks Menschen und Tiere auf. Die Idee zum *Hässlichen Entlein* entstand in Ringsted, auf Fünen schrieb er das Gedicht *Ich bin Skandinavier*. In Odense stehen zahlreiche von Andersen inspirierte Statuen.

TOP 5 Andersens Märchen

Die kleine Meerjungfrau
Eine Nixe verliebt sich in einen Prinzen und tauscht ihren Fischschwanz gegen Beine ein. Als der Prinz eine andere heiratet, löst sie sich in Meerschaum auf.

Die Schneekönigin
Ein Mädchen sucht seinen von der Schneekönigin entführten Freund und muss auf dem Weg viele Abenteuer bestehen.

Des Kaisers neue Kleider
Der Kaiser lässt sich neue Gewänder weben, die nur Personen sehen können, die ihres Amts würdig sind – doch es gibt die Kleider gar nicht. Keiner lässt sich etwas anmerken, erst ein kleines Kind spricht die Wahrheit aus.

Der standhafte Zinnsoldat
Ein kleiner Zinnsoldat besitzt zwar nur ein Bein, erweist sich aber als sehr standhaft und besteht viele Abenteuer. Schlussendlich wird er aber ins Feuer geworfen – zurück bleibt ein Herz aus Zinn.

Die Prinzessin auf der Erbse
Ein Prinz sucht nach einer wirklichen Prinzessin. Als vor seiner Tür ein Fräulein erscheint, legt ihm die Königin eine Erbse unter die Bettstatt. Als sich die Prinzessin darüber beklagt, schlecht geschlafen zu haben, ist der Beweis erbracht.

Kirschblüte im Bispebjerg Kirkegård

Natur

Geht es um die lebenswertesten Städte der Welt, taucht Kopenhagen immer wieder auf den vordersten Plätzen auf. Ein Grund dafür ist, dass die Hauptstadt Dänemarks nicht nur umweltfreundlich ist, sondern auch mit viel Grün und Blau ihre unmittelbare Nähe zur Natur untermalt. Selbst mitten in der Stadt ist der nächste Park nie weit entfernt. Kopenhagen ist zudem durchzogen von zahllosen Kanälen, rundherum sind Meer und Strände, Wälder und Naherholungsgebiete.

Immer einen Besuch wert ist der Botanische Garten. Frederiksberg Have kann man bei einer Bootsfahrt auf den Kanälen des Parks erkunden. Grüne Oase und Lieblingstreff der Kopenhagener ist der Kongens Have, überragt von Rosenborg Slot.

Beliebt ist auch das Hafenfreibad im Stadtteil Islands Brygge. In welcher Großstadt kann man sonst mitten im Hafen baden? Die Sandstrände und Dünen des Amager Strandparks suchen die Kopenhagener gern an den langen nordischen Sommerabenden auf.

Parks

Die Erkundung von Kopenhagen ist auch deshalb so angenehm, weil man den Besuch von Sehenswürdigkeiten, Museen und Schlössern sowie ausgedehnte Shoppingtouren immer wieder durch Entspannungspausen in einer der vielen Parkanlagen auflockern kann. Die zahlreichen Parks von Kopenhagen sind nicht nur die grünen Lungen der Weltstadt, sondern auch als Naherholungsoasen bei den Kopenhagenern beliebt.

Kastellet

Obwohl das Kastellet *(siehe S. 94)* aus dem 17. Jahrhundert noch heute vom dänischen Militär genutzt wird, dient es doch in erster Linie als Ausflugsziel. Auf den Wällen der Befestigungsanlage in Form eines fünfzackigen Sterns kann man wunderbar spazieren gehen, eine Windmühle und alte Kanonen bewundern, die Aussicht genießen oder einfach nur die Seele baumeln lassen.

Haveselskabet Have

Der kleine Park der Königlichen Gartenbaugesellschaft innerhalb des Frederiksberg Have *(siehe S. 158, 160f)* wartet mit verwunschenen Wegen, Teichen mit Pavillons, lauschigen Plätzen und Wasserbecken mit Seerosen auf. Ein kleines Juwel!

Søndermarken

In dem weitläufigen Park mit alten Bäumen und schönen Wiesen gegenüber von Frederiksberg Slot *(siehe S. 160f)* und dem Zoologisk Have *(siehe S. 162)* befinden sich das Museum Cisternerne *(siehe S. 162)* und eine Statue des Juristen und Staatsmanns Carl Christian Hall (1812–1888).

Frederiksberg Have

Der königliche Park *(siehe S. 160f)* mit vielen Wasserläufen ist ein wunderbarer Ort der Erholung und wird gern für Picknicks genutzt. Von den vielen Spazierwegen hat man einen schönen Blick auf das Schloss.

Botanisk Have

Im bereits 1600 angelegten Botanischen Garten *(siehe S. 100f)* mit historischen Gewächshäusern aus dem Jahr 1874 wachsen mehr als 13 000 Pflanzenarten. In einem Abschnitt kann man typisch dänische Gewächse kennenlernen.

Kongens Have

Der älteste Park Kopenhagens *(siehe S. 100)* wurde 1606 als Obst- und Küchengarten im Renaissance-Stil um Rosenborg Slot angelegt. Später wurde daraus ein Barockgarten mit Labyrinth. Heute ist er mit seinen schönen Alleen der meistbesuchte Park der Stadt.

Assistens Kirkegård

Auf dem bekanntesten Friedhof Dänemarks *(siehe S. 163)* finden zwar noch immer Begräbnisse statt, er ist jedoch auch die grüne Oase des Stadtteils Nørrebro, in der sich Kopenhagener und Besucher in die Sonne legen und entspannen.

Fælledparken

Der Park in Østerbro *(siehe S. 165)*, in dem auch das Stadion Parken liegt, ist die größte Grünanlage Kopenhagens. Hier finden auch Konzerte, die Kundgebung am 1. Mai und der Karneval statt.

Grünes Kopenhagen

Die Hauptstadt Dänemarks wurde schon 2014 von der Europäischen Kommission als Umwelthauptstadt Europas ausgezeichnet. Das war aber nur ein Schritt auf dem Weg zu dem großen Ziel der Stadtplaner, Kopenhagen bis 2025 zur ersten CO_2-neutralen Hauptstadt der Welt zu machen. Mobilität, Wohnen, Leben und Energieversorgung sollen von diesem Zeitpunkt an klimaneutral sein, also nicht mehr zum Anstieg von CO_2 in der Atmosphäre beitragen. Bis 2030 sollen dann sämtliche Verbrennermotoren komplett aus der Stadt verbannt werden.

Schwimmbäder

Ein Erfolg der nachhaltigen Stadtentwicklung ist an der Wasserqualität abzulesen. 1995 verschwand die Industrie vollständig aus der Innenstadt. Heute ist das Hafenbecken so sauber, dass an mehreren Stellen Schwimmbäder zum Baden einladen *(siehe S. 199)*.

Bauen

Beispielhaft für visionäres Bauen und Wohnen ist das mit mehreren internationalen Preisen ausgezeichnete Studentenwohnheim Tietgenkollegiet in Ørestad *(siehe S. 168)*. Die Architektur des Wohnblocks, der 2006 fertiggestellt wurde, zeigt, für welche Idee er steht: Gemeinschaft.

Elektroboote

Kopenhagen tut alles, um die CO_2-Emissionen zu reduzieren, auch wenn es um Freizeitvergnügen geht. So werden selbst Motorboote mehr und mehr elektrisch betrieben. Die Energie für die Batterien stammt aus regenerativen Quellen.

Energieerzeugung

Emissionsverringerung bei der Energiegewinnung wird zum Großteil durch biogene Befeuerung von Kraftwerken realisiert. Auch Kopenhagens Müllverbrennung Amager Bakke *(siehe S. 166f)* wird auf Biomasse umgestellt.

Windparks

Die Lage Kopenhagens an der Ostsee bietet ideale Voraussetzungen für zahlreiche Windkraftanlagen und Windparks wie Middelgrunden *(siehe S. 166)*. Dieser war bei seinem Bau mit 40 Megawatt der größte der Welt. Bis 2025 will Kopenhagen 50 Prozent seines Strombedarfs aus Windkraft gewinnen.

ÖPNV

Kopenhagen überzeugt durch ein günstiges, gut vernetztes Nahverkehrskonzept. Mit Bussen, Metros, den elektrischen Hafenbussen und S-tog lässt sich jedes Ziel im Stadtbereich schnell und einfach erreichen. Das Rad kann man dabei fast immer mitnehmen.

Fahrräder

Das Hauptfortbewegungsmittel in Kopenhagen ist das Fahrrad. In der dänischen Hauptstadt gibt es knapp 400 Kilometer Radwege, auf denen 50 Prozent der Einwohner von A nach B gelangen. Damit übersteigt die Zahl der Fahrradfahrer die der Pkw-Nutzer.

Vasen von Kähler

Stil

Über Geschmack lässt sich bekanntlich trefflich streiten, aber dänisches Design ist weltweit bekannt und anerkannt, von LEGO® bis Bang & Olufsen, von Royal Copenhagen bis Bodum. Design wird in Kopenhagen nicht in Museen verbannt, sondern ist Teil des Lebensstils und begegnet Besuchern auf Schritt und Tritt, egal ob in Form von Architektur, Mode, Kunst oder Möbeln. Und weil Design in Kopenhagen so unmittelbar ins Leben integriert ist, entwickelt es sich hier weiter und bringt immer neue Formen und Stilrichtungen hervor.

Ein Spaziergang durch das Studentenviertel oder durch Vesterbro, in dem die kommenden Designer ihre Läden und Kreativlabore haben, ist ebenso inspirierend wie der Besuch im Concept Store von Normann Copenhagen oder im HAY House.

Einen guten Überblick zur Entwicklung des Designs in Dänemark und zu den großen Namen bekommt man im Designmuseum Danmark. Hier erschließt sich auch, wie Design und Hygge in kreativer Wechselwirkung den einzigartigen Lebensstil in Europas gemütlichster Hauptstadt über die Jahre geprägt haben.

Dänisches Design **46 – 47**

Dänisches Design

LEGO®-Steine, Stühle von Arne Jacobsen, Hi-Fi-Geräte von Bang & Olufsen, Schmuck von Georg Jensen – sie sind weltweit als dänisches Design anerkannt. Design genießt in Dänemark hohes Ansehen und stellt eine wichtige Einkommensquelle des Landes dar. Es ist Teil der nationalen Identität und wird entsprechend gefördert. Mehr über dänisches Design erfährt man im Designmuseum Danmark ***(siehe S. 96f)*** **oder in einem der vielen Designerläden in Kopenhagen.**

Schon gewusst?

Einfachheit, Funktionalismus und Alltag – das sind die drei Eckpunkte dänischen Designs.

Kähler fertigt seit 1839 wunderschöne Keramikwaren, die durch ihre Zeitlosigkeit und ihren individuellen Charakter überzeugen.

Bang & Olufsen
High-Fidelity-Anlagen werden hier seit 1925 hergestellt. Die zeitlose Schönheit der Produkte wird durch den diskreten Einsatz modernster Technik in Verbindung mit audiophilem Design erzielt.

Innenarchitektur

Nach dem Zweiten Weltkrieg erwachte bei den dänischen Architekten ein reges Interesse an den architektonischen Stilen anderer Länder, deren Einfluss zum Entwurf offener Grundrisse führte. Gut erkennbar ist dieser Trend an den Häusern, die die Architekten für sich selbst bauten, etwa am 1952 errichteten Wohnhaus von Jørn Utzon in Hellebæk.

Den Architekten und Möbeldesigner Kaare Klint (1888–1954) faszinierte der Gedanke, Ergonomie mit traditionellem Design zu verknüpfen. Seine Entwürfe gehen auf diverse Quellen zurück, etwa auf englische Möbel des 18. Jahrhunderts.

Diese Leuchte von Poul Henningsen (1894–1967) ist das Ergebnis des Bemühens, einen Beleuchtungskörper zu entwerfen, der möglichst viel Licht gibt und dabei möglichst wenig Schatten wirft. Erreicht wird dies durch den Einsatz mehrerer gewölbter Schirme, die weiches Streulicht verbreiten.

Der »Herzstuhl« ist eines der bekanntesten Designstücke von Hans J. Wegner (1914–2007), der über 500 verschiedene Modelle, zumeist reine Holzstühle, entwarf.

Arne Jacobsen (1902–1971)

Arne Jacobsen war der Star des dänischen Designs. In seiner Jugend war er von den Bauten Le Corbusiers fasziniert, insbesondere von deren Funktionalität. Als Designer schuf er viele Klassiker wie die »Ameise« (1951). Dieser stapelbare Sperrholzstuhl war der Vorläufer der Stühle, die man heute in vielen Schulen und Cafés findet. Auch heute werden Jacobsens Stuhlentwürfe großteils noch produziert, etwa das »Ei« und der »Schwan«.

Dänisches Porzellan ist weltberühmt. Zu den Klassikern zählt die Blaumalerei, dänisch *Musselmalet*. Das Dekor von Royal Copenhagen war im Jahr 1775 die erste Serie, die die Porzellanmanufaktur produzierte.

Genuss

Genuss. Genüsslicher. Hochgenuss: Über 20 Michelin-Sterne weisen dem Gourmet seinen Weg durch Europas innovativste Feinschmecker-Metropole. Am hellsten leuchtet das bereits wiederholt mit drei Sternen ausgezeichnete Geranium. 2023 wurde es sogar zum besten Restaurant der Welt gekürt – obwohl es von nun an kein Fleisch mehr servieren wird.

Neben der hippen neuen nordischen Küche, die sich durch regionale, saisonale Produkte, viel Fantasie und Können sowie leider auch oftmals durch astronomische Preise auszeichnet, gibt es noch die gute, traditionelle Küche. Dazu gehört das *smørrebrød*, eine Art Schwarzbrot, reich belegt mit Fisch, Fleisch oder Ei, garniert mit verschiedenen grünen Toppings und Saucen – am besten genossen mit einem der typischen dänischen Getränke.

Ansonsten finden sich auf den Speisekarten Kopenhagens eine Vielzahl an Fisch- und Fleischgerichten sowie hervorragende vegetarische Optionen. Und zum süßen Schluss: ein *wienerbrød*.

Leckeres smørrebrød

Dänische Küche

Dänemarks Küche ist typisch skandinavisch mit vielen Fleisch- und Fischgerichten. Fischspezialitäten sind etwa Räucherlachs, eingelegter Hering, Aal und Schellfisch. Kabeljau wird gebacken, gedünstet, gebraten oder getrocknet *(klipfisk)*. Das Mittagsbüfett *kolde bord* bietet eine breite Auswahl einheimischer Speisen mit *smørrebrød*, Aufschnitt und Schweinefleischgerichten. Die meisten Dänen lieben Süßes – *wienerbrød* (Gebäck) wird zu jeder Tageszeit gegessen. Viele Desserts werden mit Beeren bereitet, dänische Eiscreme ist weltklasse.

Unterschiedlich belegte smørrebrøds

Smørrebrød

Das klassische *smørrebrød* (belegtes Brot) ist beliebt wie eh und je. Die Zubereitung ist einfach: gebutterte *Rugbrød*-Scheiben (ungesäuertes Roggenbrot) werden mit Fleisch, Wurst, Fisch oder Käse belegt, mit Dill, Gurke, Tomate oder Zitrone garniert und zusammen mit einer Remoulade, Kaviar oder einem rohen Eigelb in der Schale serviert. Besonders schmackhaft sind *Sol over Gudhjem* und *Bornholmer* – Variationen mit geräucherten Heringsfilets, Eigelb, rohen Zwiebeln, Schnittlauch und Radieschen. Beliebt sind *marinerede sild* (in Essig eingelegter Hering mit Zwiebeln und Kapern) und *stjerneskud* (»Sternschnuppe«), gebratenes Fischfilet mit Garnelen, Zitrone und Dill. *Dyrlægens natmad* ist eine Kreation mit Leberpastete, Rindfleisch, Schmalz, Zwiebelringen und Kresse, für *roastbeefmad* kommen Roastbeef mit gebratenen Zwiebeln und Meerrettich zum Einsatz, für *rullepølsemad* Schweinebauch mit Zwiebeln, Kräutern, Meerrettich und Brunnenkresse.

Seafood

Fisch und Krustentiere sind in der dänischen Küche weitverbreitet – die Hauptrolle kommt dabei dem Hering zu. Er wird frisch und gepökelt, getrocknet oder geräuchert gegessen, dazu wird Curry-, Knoblauch-, Senf- oder Tomatensauce serviert. Populär sind zudem geräucherter, gebratener, gedünsteter oder mit Dill marinierter Lachs sowie geräucherter Aal, Rogen, Makrele und Scholle. Fischfilets werden oft in Butter gebraten, mit Kartoffeln und Petersiliensauce serviert und mit Bier oder Aquavit »hinuntergespült«.

Alle Fischgerichte genießt man am besten in den typi-

Typische Gerichte

Die dänische Küche bietet die unverfälschten Aromen aus vorindustriellen Zeiten. Die Grundlebensmittel Roggenbrot, Pökelfleisch und Hering bestanden aus Produkten, die in den kurzen Sommern angebaut und geerntet oder im Meer gefangen und konserviert werden konnten. Diese Lebensmittel erleben gerade eine Renaissance. Typische Gerichte sind etwa *øllebrød* (Bier-Brot-Suppe), *frikadeller* (dänische Frikadellen) und *grønlandkål* (Kohleintopf). Dazu isst man häufig neue Kartoffeln und Wurzelgemüse sowie Gurkensalat, Rote Bete, Erbsen und Karotten. Zum Nachtisch schmecken etwa Apfel-Charlotte mit Schlagsahne und Mandeln sowie *rødgrød med fløde*, rote Grütze mit Sahne oder Milch.

Wienerbrød

Über die Entstehung von *wienerbrød* gibt es zwei Geschichten: Aufgrund eines Streiks der Bäckergesellen Mitte des 19. Jahrhunderts wurden Gesellen aus Wien angeworben, die ihre speziellen Rezepte für Plunderteig und Croissants mitbrachten. Nach einer anderen Version reiste der Bäcker Niels Albeck 1843 nach Wien, um dort das Bäckerhandwerk kennenzulernen. Egal, was nun stimmt, die ursprünglich österreichischen Rezepte wurden über die Jahre hinweg immer weiter verfeinert, und *wienerbrød* gehört heute als fester Bestandteil zur dänischen Küche.

schen *røgeri* (Räuchereien) in den Häfen.

Fleischgerichte

Schweinefleisch ist am weitesten verbreitet, immerhin leben in Dänemark viermal so viel Schweine wie Einwohner. Dänischer Speck ist weltberühmt. Traditionelle Gerichte sind etwa *stegt flæsk med persillesovs*, Schweinebraten mit Petersiliensauce und Kartoffeln, sowie die dicke, würzige *medisterpølse*, eine Wurst aus Schweinefleisch.

Rind-, Kalb- und Lammfleisch werden ebenfalls oft verarbeitet, häufig in Form von Eintöpfen, frittierten Fleischlaibchen und *frikadeller*.

Wildvögel, etwa Wildenten oder Fasane, sowie Wildbret, etwa Hirschbraten, gibt es in der entsprechenden Saison.

Vegetarische, vegane und Raw-Food-Gerichte

Auch alle, die lieber fleischlos oder vegan essen, müssen in Dänemark nicht darben. Das Angebot an vegetarischen und veganen Gerichten und Produkten in Restaurants und Läden ist sehr groß, speziell in Kopenhagen gibt es viele Lokale, die sich ganz auf diese Küchenrichtung spezialisiert haben.

Der Unterschied zu deutschen Lokalen besteht eher darin, dass man in Dänemark weniger Fleischersatzprodukte und Tofu verwendet. Vielmehr werden aus frischem Gemüse und Obst fantasievolle Kreationen gezaubert. Dabei reicht das Spektrum von edlen vegetarischen Menüs bis zu Fast Food wie veganen Hotdogs und Burgern.

Neue nordische Küche

Das Konzept, das die dänische Küche verändert hat, geht auf ein 2004 von zwölf Köchen – darunter auch René Redzepi, der das Noma betrieb – formuliertes Manifest zurück. Ziel war es, mit regionalen Zutaten und einer Zubereitung, die dem nordischen Klima entspricht, Gerichte zu kreieren, die die Natur und die Landschaft des Nordens widerspiegeln. Es sollten die besten kulinarischen Traditionen mit Inspiration aus dem Ausland verbunden werden.

←

Pølser *als einfache Hotdogs zu bezeichnen würde ihnen nicht gerecht werden. Zwar ist die Urform gleich, doch die vielen fantasievollen Variationen sind wahre Geschmackserlebnisse*

Dänische Getränke

Was Getränke betrifft, haben die Dänen zwei Leidenschaften: Kaffee und Bier. Leute über 60 Jahre lieben auch ihre Schnäpse, die in vielen Geschmacksrichtungen unter dem Namen *akvavit* gehandelt werden. Den Biermarkt beherrschen einige wenige Brauereien, allen voran Carlsberg. Dänisches Bier gibt es in verschiedenen Farben und Stärken, vom recht milden Lager über Pils bis hin zum Starkbier mit rund zehn Prozent Alkohol. Wein spielte bisher eine untergeordnete Rolle, ist aber in Supermärkten und Restaurants erhältlich. Neben Kaffee werden Wasser, die üblichen Softdrinks gängiger Weltkonzerne und einheimische Limonaden getrunken.

Lager

Lagerbier ist das beliebteste Getränk der Dänen. Die gängigen dänischen Biersorten haben einen Alkoholanteil von etwa 4,5 Prozent. Gebraut werden sie u. a. von Carlsberg, Grøn Tuborg, Faxe und Star. Vor Weihnachten und Ostern gibt es im Handel Julebryg und Påskebryg in diversen Varianten. Diese Biersorten sind besonders süß und werden zusammen mit einem Aquavit getrunken. Bars und Restaurants servieren sowohl Fassbier *(fadøl)* als auch Flaschenbier. Fassbier bestellt man gern im Krug. Dosenbier wird wenig, Flaschenbier häufig verkauft. Es ist für Dänen durchaus üblich, während der Mittagspause ein Bier zu trinken. Allerdings betrinkt man sich nicht. Alkohol am Steuer ist in Dänemark absolut tabu.

Dunkles Bier

Es gibt über 400 Biersorten, darunter viele gute Malzbiere, die meist kräftiger im Geschmack und oft mit einem Alkoholgehalt von acht Prozent oder mehr stärker als Lager oder Pils sind. Einige Cafés und Bars sind auf diese Biere spezialisiert, die auch etwas süßer sind und weniger Kohlensäure haben. Zu den dunkelsten Bieren gehören Starkbiere und Porterbiere mit deutlich höherem Alkoholanteil. Mikrobrauereien, etwa Nørrebro Bryghus und Mikkeller, haben einen immer höheren Marktanteil.

↑ *Blick in die alte Carlsberg-Brauerei*

Alkoholfreies

Es ist üblich, zum Essen im Restaurant eine Karaffe oder eine Flasche Wasser zu bestellen. Das dänische Leitungswasser *(postevand)* ist sehr gut trinkbar. Stilles Mineralwasser in Flaschen heißt *minaralvand*, mit Kohlensäure versetzt nennt es sich *danskvand*. Alle Restaurants, Bars und Kneipen haben auch »leichtes« Bier *(let øl)* oder alkoholfreies Bier. Kohlensäurehaltige Softdrinks heißen *sodavand*, Fruchtsäfte in Flaschen sind als *saft* bekannt. Kakao wird heiß *(varm chokolade)* und kalt *(chokolademælk)* getrunken.

Wein

Das dänische Klima ist für den Weinanbau zwar ungeeignet, gleichwohl gibt es einige Enthusiasten, die besonders widerstandsfähige Rebsorten anbauen. Bisher ist das Resultat ihrer Bemühungen jedoch nicht kommerziell verwertbar. Deshalb müssen die Dänen, die mehr und mehr zum Weinglas greifen, sich mit importierter Ware begnügen. Weißwein heißt *hvidvin*, Rotwein *rødvin* und Schaumwein *mousserende-vin*. Glühwein *(gløgg)* wird in der Weihnachtzeit gern mit Mandeln und Rosinen serviert.

Hochprozentiges

An Weihnachten und auch an Silvester darf in Dänemark ein gekühlter Aquavit nicht fehlen. Den meist klaren Schnaps gibt es in verschiedenen Geschmacksrichtungen. Er wird aber einfach nur *akvavit* genannt und in einem Zug hinuntergekippt. Danach trinkt man ein kühles Bier. Auch starke Kräuterschnäpse und Liköre sind beliebt. Am populärsten ist Gammel Dansk, den man traditionell frühmorgens zu sich nimmt. Für viele Dänen ist ein Gläschen Hochprozentiges hier und da fast so etwas wie medizinische Vorsorge. Nach dem Essen ist auch der süße Kirschlikör Peter Heering beliebt.

Heißgetränke

Dänen sind echte Kaffeekenner, denn Kaffee ist das beliebteste Getränk im Land. In Cafés werden die gerösteten Bohnen frisch gemahlen und aufgebrüht. Auch starker italienischer Espresso ist zu haben, ebenso Cappuccino und die immer beliebteren Lattes. Koffeinfreien Kaffee gibt es selten, doch heiße Schokolade mit Sahne ist eine Alternative. Tee ist in Dänemark weniger beliebt als Kaffee und wird meist nur als Teebeutel in heißem Wasser serviert. Cafés bieten auch Kräutertees an.

Boutique in Kopenhagen

Shopping

Kopenhagens Flaniermeile Strøget gilt als längste und älteste Fußgängerzone des Landes. Könnte es einen besseren Ausgangspunkt für Ihre Shoppingtour durch Kopenhagen geben? Neben vielen dänischen und internationalen Marken finden Sie hier auch die bekanntesten Kaufhäuser der Stadt, Illum und Magasin du Nord.

Auf trendige Mode- und Designlabels stößt man in den Läden des Szeneviertels Vesterbro. Die zahlreichen hippen Cafés und Bars machen Shoppen hier zu einem coolen, entspannten Erlebnis.

Die Bredgade im Schatten von Schloss Amalienborg ist bekannt für die besten Antiquitätenläden der Stadt und für erstklassige Kunstgalerien.

Immer einen Besuch wert ist einer der ältesten Läden der Stadt: A. C. Perch's Thehandel. Das Interieur im englischen Kolonialstil ist seit 1835 fast unverändert. In unmittelbarer Nachbarschaft finden Sie auf der Kronprinsengade die angesagtesten Designläden der Stadt. Im Latinerkvarteret wird Shoppen zur Entdeckungstour.

Shopping: Design

Es ist sicher nicht vermessen, Kopenhagen als Designhauptstadt zu bezeichnen – wo sonst gibt es ein ganzes Kaufhaus, das sich nur Designgegenständen widmet. Vor allem was Inneneinrichtung – von Möbeln und Leuchten über Porzellan- und Glaswaren bis hin zu Besteck – und Mode anbelangt, ist das Angebot in der Hauptstadt überbordend. Seien es nun Klassiker des dänischen Designs oder neue, spannende Entwürfe – bei einem Spaziergang durch Kopenhagen erhält man einen guten Überblick darüber, was sich gerade so tut. Selbst wenn man nichts kauft, verlässt man doch jeden Laden angenehm inspiriert.

Gubi Chair

Der 2003 von den dänischen Designern Boris Berlin und Poul Christiansen für das Label Gubi entworfene Stuhl hat zahlreiche Preise gewonnen und ist bereits Teil der Dauerausstellung des MoMA.

Bodum

Es gibt wohl nur wenige Haushalte, die nicht über einen Kaffeebereiter von Bodum verfügen. Bekannt wurde das 1944 von Peter Bodum gegründete Familienunternehmen zwar nicht mit der heute gängigen Pressstempelkanne, sondern mit dem Vakuum-Kaffeebereiter Santos, dessen Design von Kaas Klaeson mehrfach ausgezeichnet wurde. Aber Bodum erwarb sich so den Ruf als Hersteller exzellenter Kaffeebereiter. 1974 kam dann in Zusammenarbeit mit Carsten Jørgensen, der die Meinung vertrat, dass gutes Design nicht teuer sein muss, die erste Presso-Kaffeekanne auf den Markt. Heute erstreckt sich das Sortiment auch auf Teezubereitung, Tassen, Gläser sowie weitere Küchenutensilien.

Schon gewusst?

Auf der Copenhagen Design Tour (Karte auf andlight.com) besucht man 16 Showrooms.

Louisiana Butik

Der Shop des Louisiana Museums *(siehe S. 182f)* bietet eine große Auswahl an Designprodukten – von klassischem bis zu modernem, experimentellem skandinavischem Design. Außerdem finden sich auch immer wieder Gegenstände in dem Museumsladen, die Bezug auf aktuelle Sonderausstellungen nehmen.

Dänisches Design

Der Blick für Linien und Formen, für die Perspektive und die Veränderung der Perspektive, das Gefühl für Material und Stoff, authentisch sein, klassisch, zeitlos, aber der Zeit voraus im Moment des Entstehens – das alles zusammen ist die Essenz von dänischem Design.

HAY House
Das kultige Label *(siehe S. 134)* steht für zeitgemäßes nordisches Design, das alte Formtraditionen in die Gegenwart überführt und funktionale Möbel und Designstücke produziert.

Normann Copenhagen
Shopping als Erlebnis und Veränderung als wichtiger Teil des Erfolgs – damit punktet der preisgekrönte Flagship-Store im Herzen der Stadt *(siehe S. 134)*.

Royal Copenhagen

Die Porzellanmanufaktur wurde 1775 von Frantz Heinrich Müller (1732–1820) in Kopenhagen unter dem Patronat der Königinwitwe Juliane Marie gegründet. Symbol der Manufaktur sind drei Wellenlinien für die drei Meeresstraßen, die Dänemark umgeben: Kleiner Belt, Großer Belt und Øresund. Am bekanntesten ist das Tafelservice »Flora Danica«, das noch heute vom Königshaus bei festlichen Anlässen benutzt wird. Natürlich geht Royal Copenhagen mit der Zeit, doch auch in den modernen Designs finden sich immer Referenzen an die Geschichte und Tradition des Hauses.

Shoppingvergnügen

Aufgrund des vielfältigen Angebots könnte man in Kopenhagen auch einen Shopping-»Marathon« veranstalten. Da die Distanzen aber relativ kurz sind und das Auge immer wieder etwas Neues entdeckt, ist er bei Weitem nicht so anstrengend wie vielleicht in anderen Städten – ganz abgesehen von den vielen Cafés und Lokalen, in denen man eine Pause einlegen kann. Die Fußgängerzone Strøget im Herzen Kopenhagens besteht aus mehreren aufeinanderfolgenden Straßen (Frederiksberggade, Nygade, Vimmelskaftet, Amagertorv, Østergade) und verbindet den Rådhuspladsen mit dem Kongens Nytorv. Auf der 1100 Meter langen Shoppingmeile findet man Läden jeglicher Couleur, von günstigen Modeläden bis hin zu teuren Designerboutiquen. Je näher man dem Kongens Nytorv kommt, desto edler werden die Läden. Zu den bekanntesten (dänischen) gehören das Kaufhaus Illum mit dem Designableger Illums Bolighus, Royal Copenhagen, Georg Jensen und das riesige Kaufhaus Magasin du Nord.

Loppemarked

In Kopenhagen hat fast jedes Stadtviertel seinen eigenen Flohmarkt. Angeboten wird so ziemlich alles – von Antiquitäten und Möbeln über Kleidung, Spielzeug und Küchensachen bis zum typischen Schnickschnack.

LEGO®

LEGO® – eine Abkürzung von »leg godt«, dänisch für »spiel gut« – ist der Name des größten Spielzeugherstellers der Welt, seine Nennung lässt jedes Kinderherz höherschlagen. Erfunden hat die bunten Bausteine 1949 der Däne Ole Kirk Christiansen (1891–1958). Anfangs waren es »nur« die Steine mit den typischen Noppen an der Oberseite, dann wurde die Produktpalette ständig erweitert, etwa um Platten und Schrägdach-Teile, später um Räder und sogar Figuren. Heute kann man ganze Welten aus verschiedenen Bauteilen zusammensetzen. Der LEGO® Store in Kopenhagen ist ein Muss für alle Fans.

↑ *Schmuckliebhaber haben in Kopenhagen die Qual der Wahl. Überall gibt es kleine und große Schmuckläden, die wunderschöne, individuelle Stücke anbieten*

Dänische Mode

Die Entwürfe dänischer Modedesigner sind überall auf der Welt bekannt und beliebt. Auf einem Streifzug durch Kopenhagen kann man die unterschiedlichen Designs kennenlernen. Das preisgekrönte Modelabel Munthe – hier der Laden in der Store Regnegade 2 – kreiert stilvolle Mode am Puls der Zeit.

Magasin du Nord

Das Magasin du Nord, eines der größten und exklusivsten Kaufhäuser Skandinaviens, feierte 2009 seinen 100. Geburtstag. Hier gibt es neben Kleidung, Kosmetik und Haushaltswaren auch Bücher und Schmuck.

Schon gewusst?

Die Strøget (übersetzt »Strich«) ist über einen Kilometer lang.

Marktstände

In Kopenhagen spielt gesundes Essen aus regionalen Zutaten eine große Rolle. Deshalb finden sich auch überall Marktstände mit einem vielseitigen Angebot.

TOP 3 DIY- und Dekoläden

Flying Tiger
Flying Tiger verkauft in mehreren Filialen witzige, bunte Designartikel von klein bis groß.

Søstrene Grene
Bei Søstrene Grene mit mehreren Filialen in Kopenhagen wird vieles angeboten, aber sicher nichts Lebensnotwendiges. Doch verlässt man selten eine Filiale, ohne etwas gekauft zu haben.

Selfmade
Bei Selfmade in der Vesterbrogade 18 – 20 findet man eine riesige Auswahl an Stoffen und Kurzwaren sowie viele Schnittmuster, um eigene Wohnaccessoires und Kleidung zu kreieren.

Modernes Foyer der Operaen

Unterhaltung

Ob Tiefsee oder Sternenhimmel, ob Oper, Ballett oder Jazz, ob Tag oder Nacht – Kopenhagen ist eine Metropole, die zu unterhalten weiß. Von außen sieht Dänemarks nationales Aquarium Den Blå Planet aus wie ein fantastisches UFO aus fernen Welten, von innen offenbart es die Wunder der Unterwasserwelt. Wer sich mehr für himmlischen Zauber interessiert, sollte den Rundetårn aufsuchen, auf dessen Spitze sich Europas ältestes noch funktionsfähiges Observatorium findet.

Ein Synonym für Unterhaltung ist der weltberühmte Tivoli, der große wie kleine Besucher mit seinen Fahrgeschäften, Attraktionen, Kultur- wie Musikprogrammen begeistert. Musik ist auch ein Element in den zur Weltklasse zählenden Ballettaufführungen des Königlichen Theaters. Mit einmaliger Architektur und Akustik verzaubert die Oper. Umjubeltes Highlight der Kopenhagener Kulturszene ist das Skuespilhuset.

Vor allem die Jüngeren zieht es in die Cafés und Bars von Vesterbro, wo eine lebendige Kunst- und Musikszene mit Livemusik von Jazz bis Rock oder mit Events immer Neues erfindet.

Kopenhagen am Abend

Kopenhagen ist nicht nur für seine historische Altstadt und die vielen kulturellen Sehenswürdigkeiten bekannt, sondern auch für das lebendige Nachtleben – was Entertainment angeht, gibt es keine Grenzen, auch die Vielfältigkeit ist überragend. Man hat die Auswahl zwischen »klassischer« Unterhaltung, sprich Oper, Konzerte oder Schauspiel, kann die Zeit im Vergnügungspark Tivoli vergessen, einen der vielen Musikclubs oder eine Akrobatik- und Dinnershow besuchen – und das ist nur eine kleine Auswahl.

Cirkusbygningen

In dem runden Zirkusgebäude *(siehe S. 126)* aus dem Jahr 1886 findet seit 2003 jeden Abend eine vierstündige Dinner- und Entertainment-Show mit Akrobatik- und Musikdarbietung von Wallmans statt.

Theater, Ballett und Konzerte

Das Skuespilhuset *(links, siehe S. 117)* mit Open-Air-Bereich bietet vor allem Theateraufführungen und Konzerte. Es verfügt über drei Bühnen und hat Platz für 1000 Zuschauer. Im Det Kongelige Teater *(siehe S. 117)* sind Ballettfreunde richtig. Und im DR Koncerthuset *(siehe S. 167)* reicht die Bandbreite der Darbietungen von klassischer Musik bis zu Jazz-, Rock- und Popkonzerten.

Nachtleben

Wird es in Kopenhagen dunkel, beginnt das Nachtleben zu pulsieren. Die Auswahl an gemütlichen oder hippen Cafés, Kneipen, Bars, Mikrobrauereien, Discos und exklusiven Nachtclubs ist gewaltig.

Tivoli

Die bunte Mischung aus Fahrgeschäften, Attraktionen, Kultur- und Musikprogramm macht den Vergnügungspark *(siehe S. 128f)* für Erwachsene und Kinder gleichermaßen attraktiv.

LGBTQ+ Nachtleben

Kopenhagen ist eine der queerfreundlichsten Städte der Welt, und LGBTQ+ Menschen werden von den Einheimischen freundlich empfangen. Im August findet Copenhagen Pride (www.copenhagenpride.dk) statt und im Oktober das LGBTQ+ Filmfestival Mix Copenhagen (www.mixcopenhagen.dk). Rund um den Rådhuspladsen *(siehe S. 125)* gibt es viele aufgeschlossene Bars, etwa Oscar Bar & Café (Regnbuepladsen 9). Mehr Infos über das LGBTQ+ Nachtleben finden Sie unter www.lgbt.dk und www.out-and-about.dk.

Oper

Schon die Fahrt zur Operaen *(siehe S. 152)* ist speziell, nämlich per Wasserbus. Wer keine Karten für eine Aufführung bekommt, sollte sich das interessante Gebäude mit vielen Kunstwerken im Inneren bei einer Führung ansehen.

Familien

Kopenhagen ist wie ganz Dänemark sehr kinderfreundlich und bietet selbst für die kleinsten Besucher reichlich Unterhaltung. An erster Stelle steht für Kinder wohl ein Besuch des Vergnügungsparks Tivoli oder das Stöbern im Flagship-Store von LEGO®. Auch die Wachablösung vor Amalienborg Slot ist ein sehenswertes Spektakel. Aufgrund der vielen Grünflächen und Parks mit Spielplätzen können sich Kinder immer mal wieder austoben. Auch bei Museumsbesuchen kommen sie nicht zu kurz. Viele Museen bieten spezielle Führungen oder ein anderweitiges Programm für Kinder an.

Schon gewusst?

Im LEGO® Store København gibt es exklusive Sets und eine »Pick-a-brick«-Wand.

Für kleine Entdecker

Viele Museen haben eigene Kinderabteilungen, etwa das Nationalmuseet *(siehe S. 146f)*, das SMK *(siehe S. 104f)*, das Arbejdermuseet *(siehe S. 118)* und das Louisiana Museum *(siehe S. 182f)*. Das Experimentarium *(siehe S. 165)* wartet mit vielen Mitmachstationen für jede Altersstufe auf.

↑ *Im Kaufladen aus den 1930er Jahren im Arbejdermuseet und im Frilandsmuseet* (Detail) *erfahren Kinder mehr über die Lebenswelten früherer Zeiten*

Durch die Tierwelt

Im Zoologisk Have *(siehe S. 162)* locken nicht nur die 3000 Tiere an sich, sondern auch ein Minizoo, ein Streichelgehege und der riesige »Kaninchenbau«, ein Spielplatz für die Kleinen. Den Blå Planet *(siehe S. 169)* ist das größte Aquarium Nordeuropas. Hier können Kinder exotische Fische, Rochen und Hammerhaie beobachten. Beliebt sind die Seeotter. Ein weiteres Highlight ist der Unterwassertunnel.

← *Im Unterwassertunnel kommt man Haien ganz nah*

Nervenkitzel

Ein Abenteuerspielplatz mitten in der Stadt ist Copenhill *(siehe S. 166f)*, denn auf dem Dach der Müllverbrennungsanlage Amager Bakke kann man im Winter Ski und Snowboard fahren und im Sommer wandern oder gleich an der Außenwand hochklettern. Und vom Gipfel des von Menschenhand geschaffenen Bergs hat man einen herausragenden Blick auf die Stadt.

Und sonst noch

Bootsfahrten machen immer Spaß, egal ob im Rahmen einer geführten Tour, im eigenen Boot oder im Kajak. Im Sommer bietet sich natürlich immer ein Sprung ins erfrischende Nass an, glücklicherweise gibt es in und um Kopenhagen viele schöne Bäder *(siehe S. 199)*. Darüber hinaus kann man in Kopenhagen viele Spielplätze entdecken. Eine kleine Oase mitten in Vesterbro ist der Skydebanehaven. Wahrzeichen ist ein riesiger Papagei mit Rutsche und Kletterleiter. Der Tower Playground im Fælledparken wartet mit Miniaturversionen von Kopenhagens berühmtesten Türmen auf. Im Fælledparken gibt es zudem noch einen großen Skaterpark. Auf dem Bredegrund Byggelegeplads in Amager können Kinder u. a. an Bord eines Piratenschiffs klettern.

Vergnügen pur

Was wäre Kopenhagen ohne den Tivoli *(siehe S. 120f)*, in dem sich für jede Altersklasse etwas findet? Bakken *(siehe S. 176)* bietet ebenfalls über 100 Attraktionen für Groß und Klein.

→

Nostalgisches Karussell im Tivoli

Fahrräder vor bunter Fassade

Mobilität

Während man in anderen europäischen Großstädten noch mit Staus und verpesteter Luft kämpft, sind die Kopenhagener schon lange aufs Rad umgestiegen. So sind sie in ihrer Stadt schneller, kostengünstiger und gesünder unterwegs. Gut 50 Prozent der Einwohner nutzen ihr Bike täglich, um ins Büro oder zur Schule zu kommen, zum Shoppen oder einfach nur zum Vergnügen. Und ein Vergnügen ist das Fahrradfahren in der Bike-City sommers wie winters. Jeder Besucher kann sich unkompliziert und schnell ein Fahrrad oder ein Elektrobike ausleihen und seine Entdeckungstour auf zwei Rädern durch Kopenhagen starten.

Neben dem Fahrrad ist der öffentliche Nahverkehr eine hervorragende Wahl, wenn es gilt, schnell von A nach B zu kommen. Metro, Busse, Züge und Hafenbusse bilden ein gut ausgebautes, einfach zu benutzendes Verkehrsnetz.

Durch den Ausbau und die Verschönerung von Gehwegen wurde in Kopenhagen auch das Zufußgehen wiederentdeckt. Die Verwaltung arbeitet seit Jahren daran, umweltfreundliche Mobilität attraktiv zu machen – mit dem Ziel, bis 2025 die erste klimaneutrale Hauptstadt der Welt zu sein.

Radfahren in Kopenhagen **68 – 69**

Radfahren in Kopenhagen

Kopenhagen gilt als das Radfahrparadies schlechthin. Dass die Stadt für Radfahrer ideal ist, merkt man auch als Besucher sofort. Eigene Radspuren, die deutlich breiter sind als die in Deutschland, und sogar »Radautobahnen« machen das Fahrrad zum perfekten Transportmittel. Räder kann man an jeder Ecke leihen – direkt beim Hotel oder in Läden.

Lastenräder

Lastenräder gehören in Kopenhagen zum Stadtbild: Sei es zum Transport von Kindern oder von Waren. Beispielsweise wird die Post in Kopenhagen fast vollständig von Briefträgern mit Lastenrädern ausgetragen.

Cykelslangen

Die 235 Meter lange »Fahrradschlange« verbindet seit 2006 über das innere Hafenbecken den Stadtteil Vesterbro mit dem Viertel Islands Brygge.

Cykelsuperstier

Die Radschnellwege sollen vor allem Pendlern das Erreichen des Stadtzentrums erleichtern. Fahrradampeln und Geschwindigkeitsanzeiger an diesen »Fahrrad-Autobahnen« sorgen dafür, dass die Radler auf einer grünen Welle in die Hauptstadt »schwimmen«.

Entdeckertipp

Kinder-Verkehrsspielplatz

Auf dem Verkehrsspielplatz auf dem Gunnar Nu Hansens Plads in Østerbro mit Ampeln, Verkehrsschildern, Straßenmarkierungen, Radwegen, Tankstellen und vielem mehr können Kinder in einer sicheren Umgebung lernen, sich im Straßenverkehr zu bewegen (www.kk.dk/trafiklegepladsen).

Brücken

Mittlerweile gibt es in Kopenhagen etliche Brücken, die nur für Radfahrer und Fußgänger gedacht sind. Sie verbinden verschiedene Stadtteile miteinander, verkürzen Wegstrecken und verhindern Staus.

Kopenhagen mit dem Rad

Man kann in Kopenhagen fast überall ein Fahrrad ausleihen *(siehe S. 199)* und sofort losfahren. Aber Achtung: Dänische Räder haben eine Rücktrittbremse! Mit dem Rad verschafft man sich schnell einen Überblick, wer jedoch nicht ziellos losradeln will, kann an geführten Radtouren von beCopenhagen (www.becopenhagen.dk), BajaBikes (www.bajabikes.eu/de) und Copenhagen Bikes (www.copenhagenbikes.dk) teilnehmen. Oder man lädt sich die App komoot (www.komoot.de) aufs Handy und kann zwischen 20 Radtouren auswählen.

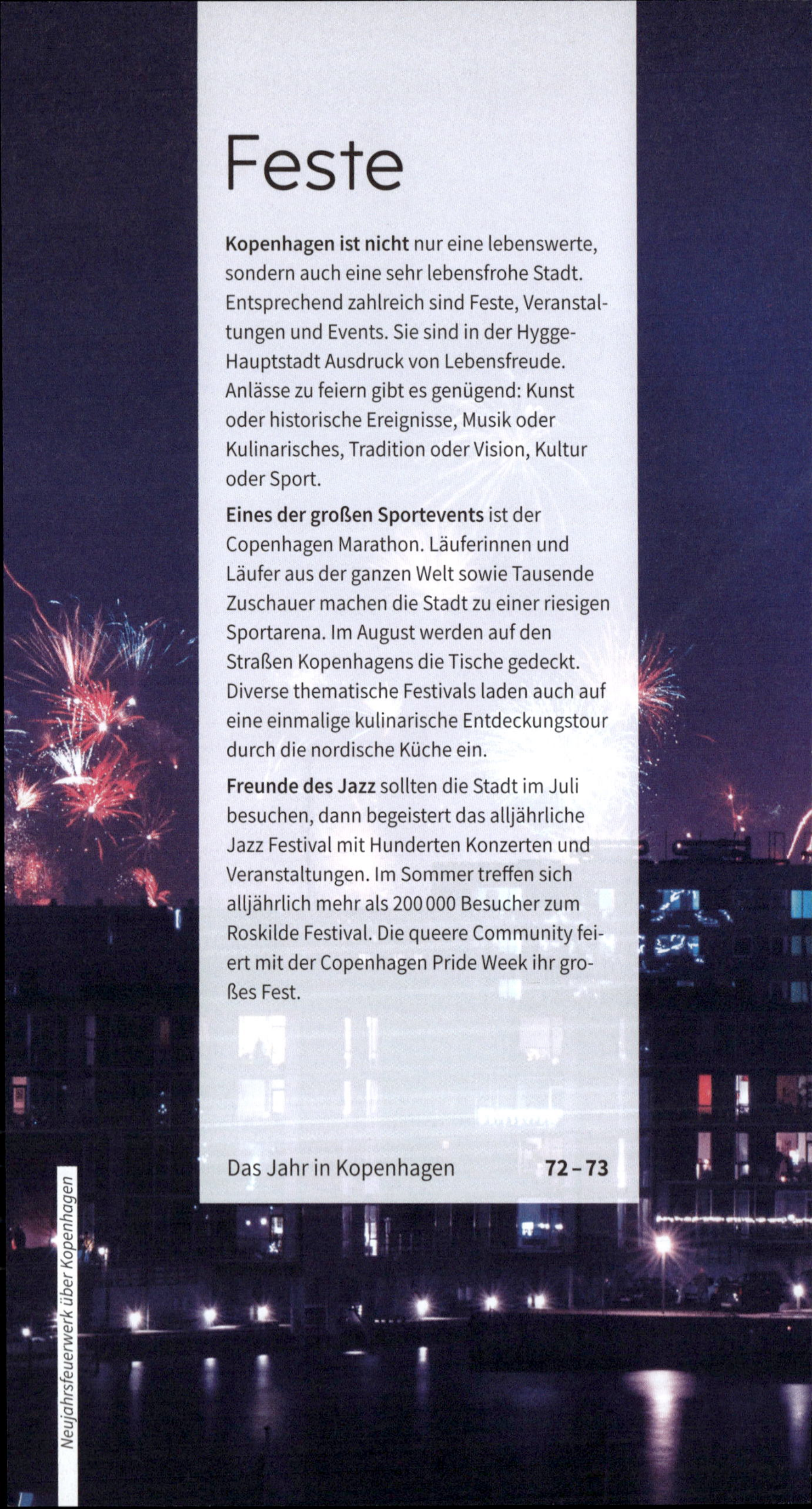

Neujahrsfeuerwerk über Kopenhagen

Feste

Kopenhagen ist nicht nur eine lebenswerte, sondern auch eine sehr lebensfrohe Stadt. Entsprechend zahlreich sind Feste, Veranstaltungen und Events. Sie sind in der Hygge-Hauptstadt Ausdruck von Lebensfreude. Anlässe zu feiern gibt es genügend: Kunst oder historische Ereignisse, Musik oder Kulinarisches, Tradition oder Vision, Kultur oder Sport.

Eines der großen Sportevents ist der Copenhagen Marathon. Läuferinnen und Läufer aus der ganzen Welt sowie Tausende Zuschauer machen die Stadt zu einer riesigen Sportarena. Im August werden auf den Straßen Kopenhagens die Tische gedeckt. Diverse thematische Festivals laden auch auf eine einmalige kulinarische Entdeckungstour durch die nordische Küche ein.

Freunde des Jazz sollten die Stadt im Juli besuchen, dann begeistert das alljährliche Jazz Festival mit Hunderten Konzerten und Veranstaltungen. Im Sommer treffen sich alljährlich mehr als 200 000 Besucher zum Roskilde Festival. Die queere Community feiert mit der Copenhagen Pride Week ihr großes Fest.

Das Jahr in Kopenhagen **72 – 73**

DAS JAHR IN KOPENHAGEN

Januar

△ **Nytårsdag** *(1. Jan).* Das neue Jahr wird in Kopenhagen mit viel Pomp, Feuerwerken und Konzerten begrüßt. Typisch dänisch ist es übrigens, ins neue Jahr zu hüpfen. Man sollte sich also nicht wundern, wenn die Menschen um einen herum plötzlich einen Satz machen, wenn das neue Jahr beginnt.

Februar

Copenhagen Fashion Week *(Anfang Feb).* Die Fashion Week hat sich wie keine andere auf das Thema Nachhaltigkeit spezialisiert.

△ **Copenhagen Light Festival** *(Feb).* Das Festival lässt die Innenstadt mit zahlreichen Lichtinstallationen an kulturellen Hotspots, historischen Gebäuden und Kanälen leuchten.

Mai

Pinsekarneval *(Pfingstwochenende).* Bei dem dreitägigen Event nach brasilianischem Vorbild gibt es eine bunte Parade mit Tanzeinlagen (www.cphcarnival.dk).

△ **Copenhagen Marathon** *(Mitte Mai).* Zu diesem Wettlauf treten Profis aus ganz Europa an (www.copenhagenmarathon.dk).

Juni

Distortion *(Anfang Juni).* Kopenhagens größtes Straßenfest und Clubfestival – jeden Tag in einem anderen Stadtteil (www.cphdistortion.dk).

△ **Sankt Hans Aften** *(23. Juni).* Die Sonnwendfeiern werden mit Feuern begangen.

Copenhell *(Ende Juni).* Drei Tage Metal, Hard Rock und Rock auf Refshaleøen (www.copenhell.dk).

September

△ **Golden Days** *(2 Wochen Anfang Sep).* Bei dem Festival, an dem über 70 Kultureinrichtungen teilnehmen, wird Kopenhagens reiches Kulturerbe mit Konzerten, Ausstellungen, Wanderungen, Theateraufführungen und Veranstaltungen im Freien gefeiert. Jedes Jahr befasst sich das Fest mit einer anderen Periode der Geschichte (www.goldendaysfestival.dk).

Oktober

Copenhagen Blues Festival *(Anfang Okt).* Vier Tage Blues (www.copenhagenbluesfestival.dk).

△ **Kulturnatten** *(2. Fr im Okt).* In dieser Nacht sind Museen, Schlösser, Theater und Kirchen geöffnet (www.kulturnatten.dk).

Tivoli Halloween *(zweite Okt-Hälfte).* Hexen, Laternen und Kürbisse allüberall.

März

△ **CPH:DOX** *(Mitte – Ende März).* Größtes Dokumentarfilmfest in Nordeuropa (www.cphdox.dk).

Fastelavn *(Fasching).* Zur dänischen Faschingstradition gehört es, dass Kinder auf ein mit Süßigkeiten gefülltes Fass schlagen, bis es bricht. Außerdem isst man *fastelavnsboller* (Faschingsbrötchen), Blätterteiggebäck mit verschiedenen Füllungen und bunter Glasur.

April

Abendkonzerte im Tivoli *(Mitte Apr).* Der Vergnügungspark öffnet für die Sommersaison seine Pforten. Freitags finden Abendkonzerte statt.

△ **Copenhagen Sakura Festival** *(Mitte Apr).* Auch in Kopenhagen wird die Kirschblüte gefeiert. Im Langelinie Park finden Vorführungen japanischer Kultur und Kunstformen statt, und in Workshops kann man traditionelle Techniken wie Ikebana erlernen.

Juli

△ **Roskilde Festival** *(Ende Juni – Anfang Juli).* Eines der größten Musikfestivals Europas (www.roskilde-festival.dk).

Copenhagen Jazz Festival *(Anfang – Mitte Juli).* Zwei Wochen Jazz, Blues und Fusion in den Parks der Stadt, in Cafés, Museen, der Oper und sogar in Apotheken und Antiquariaten.

August

△ **HamletScenen** *(Aug).* Helsingør. Aufführungen von Shakespeares Werken im Kronborg Slot (www.hamletscenen.dk).

Copenhagen Pride *(Mitte Aug).* LGBT+ Festival (www.copenhagenpride.dk).

Copenhagen Opera Festival *(Ende Aug).* Opern im öffentlichen Raum (www.operafestival.dk).

Kulturhavn *(Ende Aug).* Kulturfestival rund um den Hafen (www.kulturhavn.kk.dk).

November

△ **Hubertusjagt** *(Dyrehaven, Klampenborg, Anfang Nov).* Symbolische Fortsetzung der alten Parforcejagden (www.hubertusjagt.dk).

Nordic Adventure Film Festival *(Ende November).* Abenteuer-Filme aus aller Welt (www.adventurefilmfest.dk).

Tivoli-Weihnacht *(Nov – Dez).* Zahlreiche vorweihnachtliche Veranstaltungen.

Dezember

△ **Weihnachtsmärkte** *(Dez).* In ganz Kopenhagen gibt es mehrere Weihnachtsmärkte, besonders schön ist der am Nyhavn.

Jul *(24. – 26. Dez).* An Heiligabend gibt es in Dänemark traditionell Entenbraten mit Rotkohl und Kartoffeln. Zum Dessert isst man Reispudding. Wer die darin versteckte Mandel findet, erhält einen Preis.

Fassade von Det Kongelige Teater

Geschichte

Kopenhagen hat eine wechselvolle Geschichte hinter sich, wurde oftmals zerstört, aber immer wieder aufgebaut, was auch unter einem architektonischen Gesichtspunkt eine überaus ansprechende und interessante Mischung zur Folge hatte.

Von der ersten urkundlichen Erwähnung 1043 als kleines Dorf dauerte es nur knapp 200 Jahre, bis Kopenhagen Stadtrecht erhielt und 1443 sogar zu dänischen Landeshauptstadt erklärt wurde. War die Stadt zunächst in erster Linie ein belebter Handelsplatz, entwickelte sie sich nach und nach auch zum kulturellen Mittelpunkt des Landes, bereits 1479 wurde als Zeichen hierfür die Universität gegründet.

In den nächsten Jahrhunderten bauten verschiedene Könige mit ihren Schlössern und Erweiterungsplänen Kopenhagen zur prachtvollen Metropole aus.

Im 21. Jahrhundert hat sich Kopenhagen vor allem dem Klimaschutz verschrieben – von der Energiegewinnung über die fahrradfreundliche Umgestaltung der Stadt bis zur klimafreundlichen Abfallentsorgung.

1

KURZE GESCHICHTE

Kopenhagen ist im Vergleich zu anderen europäischen Hauptstädten recht jung. Umso erstaunlicher ist ihr Aufstieg, und das trotz etlicher Rückschläge wie Pestausbrüche, Feuersbrünste und Bombardements, die jedoch immer wieder zu einer neuen Blüte führten.

Anfänge

Kopenhagen wird das erste Mal 1043 in einer isländischen Sage unter dem Namen Havn erwähnt. Das eigentliche Gründungsjahr wird jedoch auf das Jahr 1167 festgelegt, als Bischof Absalon von Roskilde im Auftrag von Valdemar I. mit dem Bau einer Festung zum Schutz der Siedlung begann. In der Folgezeit wurde die Stadt mehrfach von Norwegern, Germanen und der Hanse zerstört. Erst mit der Gründung der Kalmarer Union 1397 zwischen Dänemark, Norwegen und Schweden begann der Aufstieg Kopenhagens zu einem der wichtigsten Handelsplätze im Ostseegebiet.

Schon gewusst?

Reste von Absalons Burg befinden sich heute unter Schloss Christiansborg.

Chronik

1043

Erste schriftliche Erwähnung des Fischerorts »Havn«

Bischof Absalon

1167

Gründung Kopenhagens durch Bischof Absalon, der eine Festung in Havn baut

1254

Kopenhagen erhält Stadtrecht

1416

Erik VII. erklärt Kopenhagen zur Residenzstadt

Aufstieg

Mehr und mehr entwickelte sich die Stadt zum beliebten Handelsplatz im Ostseeraum. 1416 stattete Erik VII. Kopenhagen mit Handelsprivilegien aus, erklärte die Stadt zuerst zu seiner Residenz, und 1443 löste Kopenhagen dann sogar Roskilde als Hauptstadt ab. 1449 wurde Christian I. der erste König von Dänemark. Während seiner Regierungszeit entwickelte sich Kopenhagen immer mehr zum kulturellen Mittelpunkt des Landes.

17. und 18. Jahrhundert

Im 17. Jahrhundert entstanden unter Christian IV. prächtige Renaissance-Bauten wie die Børsen, der Rundetårn und Schloss Rosenborg. Vor den Stadtmauern gründete er ein neues Handelszentrum: Christianshavn. 1711 und 1712 wütete die Pest in Kopenhagen, fast ein Drittel der Einwohner starb. 1728 zerstörte ein Brand die Stadt. Ein zweiter äscherte 1795 mehr als 1000 Häuser ein. Nichtsdestotrotz wuchs Kopenhagen: Zwischen 1746 und 1766 ließ Frederik V. das klassizistische Viertel Frederiksstaden rund um Amalienborg anlegen.

1 *Gemälde der Bombardierung Kopenhagens durch die englische Marine im Jahr 1801* ↑

2 *Stadtansicht von 1515*

3 *Amalienborg Slot mit dem Reiterstandbild Frederiks V.*

4 *Historisches Foto vom Rundetårn, den Christian IV. erbauen ließ*

1443
Kopenhagen löst Roskilde als Hauptstadt ab

Christian IV.

1596–1648
Regierungszeit von Christian IV. Er gilt als Kopenhagens »Baumeister«

1728, 1795
Große Brände vernichten weite Teile der Stadt. Frederik V. legt das Viertel rund um Amalienborg Slot an

1801, 1807
Die englische Marine bombardiert Kopenhagen, die Stadt liegt in Trümmern

Wappen von Kopenhagen

1800–1860
Goldenes Zeitalter, Wiederaufbau der Stadt

1

Das Goldene Zeitalter

Trotz britischer Angriffe 1801 und 1807 auf Kopenhagen mit fatalen Folgen erlebte die Hauptstadt in der Zeit eine beispiellose kulturelle Blüte. Kopenhagen wurde im klassizistischen Stil wiederaufgebaut, Vertreter des Goldenen Zeitalters erwarben über die Grenzen Dänemarks hinaus Anerkennung. Um das dicht besiedelte Stadtgebiet zu entlasten, entstanden 1853 die Viertel Nørrebro und Vesterbro. Zudem wurden zahlreiche kulturelle Institutionen gegründet, etwa der Vergnügungspark Tivoli, Det Kongelige Teater, das Statens Museum for Kunst und die Ny Carlsberg Glyptotek.

Weltkriege

Den Ersten Weltkrieg überstand Dänemark relativ unbeschadet. Nach der »friedlichen Besetzung« des neutralen Landes 1940 durch Deutschland kooperierte die dänische Regierung zunächst, doch der Widerstand wuchs bis 1943 stark, Juden wurden noch rechtzeitig in das sichere Schweden verbracht. Von Bombardement in den letzten Tagen des Weltkriegs abgesehen, blieb Kopenhagen von Kriegszerstörungen verschont.

Margrethe II. (*1940)

Dank neuer Gesetze erbte Margrethe und nicht ihr Onkel den Thron und wurde die zweite Königin in der dänischen Geschichte. Die Aufgaben des Herrschers sind weitgehend repräsentativ. Margrethe ist eine begabte Künstlerin und arbeitet unter dem Pseudonym Ingahild Grathmer. 2024 dankte sie ab, neuer König wurde Frederik X.

Chronik

Tivoli um 1900

1843
Eröffnung des Tivoli

1853
Erweiterung der Stadt, es entstehen die Stadtviertel Nørrebro und Vesterbro

1913
Die Statue der Kleinen Meerjungfrau wird aufgestellt

1918
Christiansborg Slot wird Sitz des dänischen Parlaments

Christiansborg Slot mit Turm

1940–45
Deutsche Besatzung

2

3

4

Nachkriegszeit

Um die Ausweitung des Stadtgebiets zu steuern, trat 1947 der sogenannte Fingerplan in Kraft, wonach sich neue Gebiete wie Finger ins Kopenhagener Umland strecken. Zwischen den Fingern sollten Naherholungsgebiete angelegt werden. Dank diverser Pionierprojekte gewann Kopenhagen zunehmend Bekanntheit, 1962 entstand etwa die Fußgängerzone Strøget, eine der ersten autofreien Einkaufsstraßen Europas. Große kulturelle Impulse erhielt Kopenhagen zudem durch die Ernennung 1996 zur Europäischen Kulturhauptstadt.

Kopenhagen heute

Seit 1990 findet eine neue Stadtentwicklung statt, etwa mit der Errichtung vieler moderner Bauten am Hafen. 2000 wurde die Øresundsbron eröffnet. Sie verbindet Dänemark mit Schweden, Kopenhagen mit Malmö. Dadurch gewann Kopenhagen auch einen Stadtteil dazu: Ørestad. Besonderheit der 2002 eingeweihten Metro ist, dass sie fahrerlos fährt. Die umweltfreundliche Stadtplanung trägt dazu bei, dass Kopenhagen sein Ziel, bis 2025 CO_2-neutral zu sein, erfüllen konnte.

1 *Kupferstich des Kongelige Teater* ↑

2 *Die Fußgängerzone Strøget*

3 *Ausstellung im Frihedsmuseet*

4 *Fahrerloser Wagen der Kopenhagener Metro*

1949
»Fingerplan« zur regionalen Entwicklung des Großraums Kopenhagen

1962
Entstehung der Strøget, einer der weltweit ersten Fußgängerzonen

1972
Margrethe II. wird Königin

1971
Gründung der Freistadt Christiania

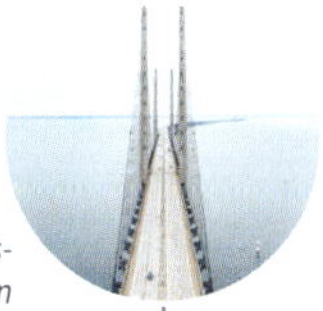

Øresundsbron

2000
Eröffnung der Øresundsbron, Dänemark lehnt Euro-Einführung ab

2023
Kopenhagen ist Welthauptstadt der Architektur

2024
Margrethe II. dankt ab, es folgt ihr Sohn Frederik X.

Daten und Fakten

Geografische Daten

Fläche: 86,2 km²
Höhe: 24 m über NN

Lage: Kopenhagen liegt auf mehreren Inseln an der Ostküste Seelands (Sjælland) am Øresund. Der Nordteil der Insel Amager gehört zum Stadtgebiet. Zwischen Amager und der Insel Saltholm erstreckt sich die Øresundsbron. Diese Brücke verbindet Kopenhagen mit Malmö in Schweden.

Name: Der Name København stammt von Køpmannæhafn (Kaufmannshafen). Im Isländischen heißt die Stadt bis heute Kaupmannahöfn.

Panoramablick auf Kopenhagen

Entfernung von Kopenhagen zu anderen Städten

Berlin	440 km
Hamburg	330 km
Frankfurt am Main	820 km
München	980 km
Zürich	1200 km
Wien	1140 km

Lage

55°41' nördlicher Breite,
12°35' östlicher Länge

Zeitzone

MEZ bzw. MESZ (wie Berlin)

Verwaltung

Flagge von Dänemark

Kopenhagen ist die Hauptstadt des Staates Dänemark sowie das kulturelle und wirtschaftliche Zentrum. Hier ist der Sitz des Parlaments (Folketing), der Regierung sowie die Residenz des dänischen Königshauses.

Die Kommune Kopenhagen (Københavns Kommune) gehört zur Verwaltungsregion Hovedstaden und zur dänisch-schwedischen Metropolregion Øresundregion (Provinzen Schonen, Hovedstaden und Seeland).

Die Kommune Kopenhagen umfasst seit 2007 zehn Stadtteile: Indre By, Vesterbro/Kongens Enghave, Nørrebro, Østerbro, Amager Øst, Amager Vest, Valby, Bispebjerg, Vanløse und Brønshøj-Husum.

Die drei Kommunen Kopenhagen, Frederiksberg und Gentofte werden als »Hauptstadt« (Hovedstaden) zusammengefasst.

Bevölkerung

Einwohner
653 660 Einwohner.
Im Ballungsraum Kopenhagen leben 1 363 300 Einwohner, in der Metropolregion Øresundregion 3,88 Millionen.

Bevölkerungsdichte
Durch die kleine Fläche von 86,2 km² ergibt sich eine Dichte von 7583 Einwohnern pro Quadratkilometer (zum Vergleich: München 4800 Einw./km², Singapur 8749 Einw./km²).

Bevölkerungsstruktur
Nach dem großen demografischen Boom in den 1990er Jahren bis 2010 stieg der Anteil der Einwanderer in Kopenhagen an: 76 % der Bewohner sind Dänen, 18 % Einwanderer, 6 % Kinder von Einwanderern.

Lebensqualität
Kopenhagen ist zwar eine der teuersten Städte der Welt (*Forbes*-Liste), aber die Lebensqualität ist hier besonders hoch. Kopenhagener gelten als die glücklichsten Menschen der Welt. Sie fühlen sich rundum »hyggelig«.

Wirtschaft

Beschäftigungsstruktur: Die Mehrheit der 350 000 Beschäftigten Kopenhagens arbeitet im Dienstleistungs-, Finanz- und Forschungsbereich. Knapp 10 000 sind in der industriellen Produktion tätig.

Zentrale Stellung: Kopenhagen ist das unumstrittene Wirtschafts-, Finanz-, Wissenschafts- und Verkehrszentrum Dänemarks.

Business Cluster: Kopenhagen und die Øresundregion bilden »Business Cluster« in den Bereichen Informationstechnologie, Biotechnologie, Pharmazie, Umwelttechnik und »Smart City Solutions«.

Firmen: Neben berühmten Brauereien wie Carlsberg und Tuborg und der Porzellanfirma Royal Copenhagen sind vor allem zu nennen: die weltgrößte Reederei A.P. Møller-Mærsk, die Pharmafirmen Novo Nordisk und Lundbeck, die Biotech-Firma Novozymes und das Medicon Valley für Life Science.

Verkehr

Flughafen: Der Flughafen Kopenhagen-Kastrup, acht Kilometer südlich der Stadt, besteht schon seit 1925. Jährlich passieren ihn knapp 30 Millionen Reisende, es gibt 265 000 Starts und Landungen.

S-tog (S-Bahn): Kopenhagens S-Bahn verbindet Stadt und Umland mit sieben Linien. Insgesamt hat das 170 Kilometer lange Netz 85 Stationen, inklusive einer Ringlinie um das Stadtzentrum.

Metro (U-Bahn): In Kopenhagen gibt es vier U-Bahn-Linien, mit denen man alle Sehenswürdigkeiten sowohl im Innenstadtbereich als auch in Außenbezirken erreicht. Alle Züge sind fahrerlos und vollautomatisch.

Havnebussen (Hafenbus): Eine Besonderheit sind die elektrischen Hafenbusse, die mit zwei Linien und neun Anlegestellen von Refshaleøen im Norden bis nach Teglholmen im Süden verkehren. Diese Fahrt lohnt sich!

Klima

Temperaturen

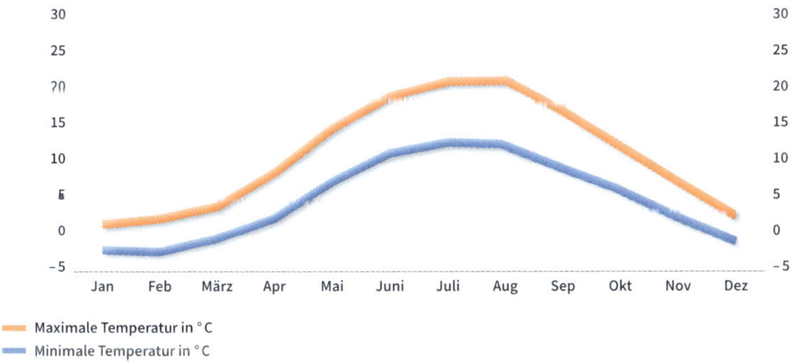

Sonnenstunden und Regentage

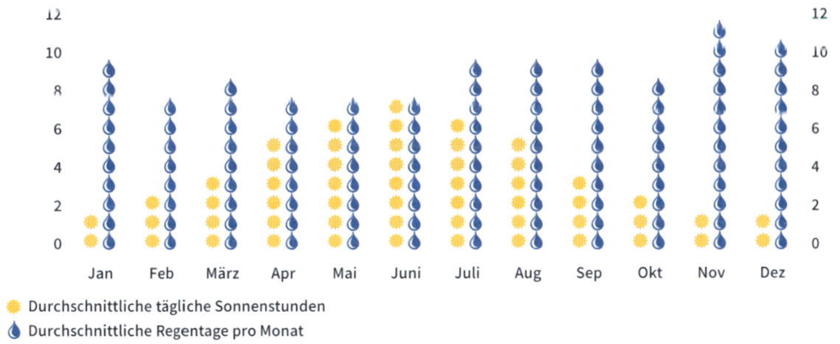

KOPENHAGEN ERLEBEN

Die bunten Häuser am Nyhavn

KOPENHAGEN
INNENSTADT

Die Innenstadt Kopenhagens (Indre By), von den Einwohnern einfach »City« genannt, ist fast deckungsgleich mit der Altstadt der dänischen Hauptstadt. Sie ist die historische Mitte von Kopenhagen – alle anderen Stadtteile wurden erst nach 1850 angelegt. In diesem Bereich liegen die meisten historischen Sehenswürdigkeiten, Restaurants, Hotels und Shoppingmöglichkeiten, aber auch etliche der modernen architektonischen Wahrzeichen der Stadt.

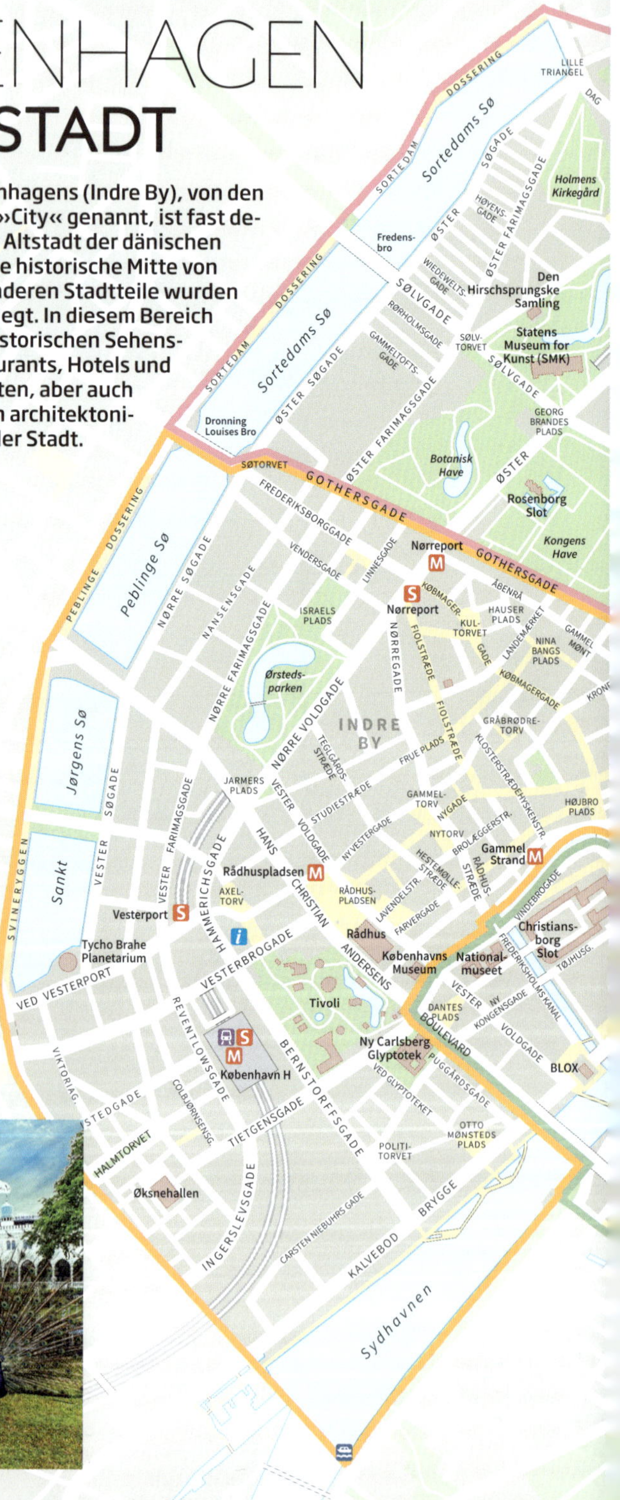

Maurischer Palast, Tivoli

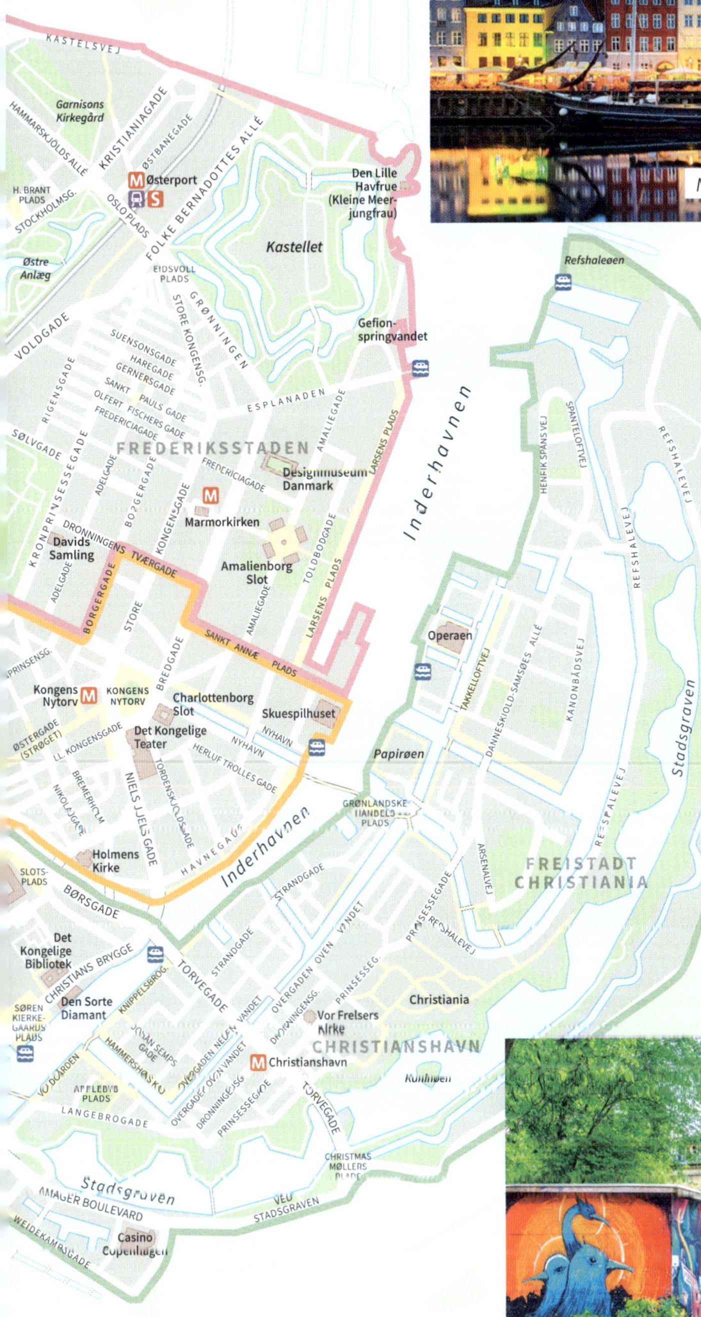

Nyhavn

Christiania

FRIDERICO QUINTO
CLEMENTI
PACIFICO
ARTIUM TUTORI
AETAS
GRATA FOELIX

Reiterdenkmal Frederiks V. vor Amalienborg Slot (siehe S. 98f)

Norden

Im nördlichen Zentrum Kopenhagens finden sich stattliche Residenzen und viele Grünflächen. Ein Blick auf die Karte zeigt, dass dieser Teil der Stadt im Gegensatz zu den mäandernden Straßen weiter südlich genau geplant und angelegt wurde.

Dänemarks »Baukönig« Christian IV. ließ 1626 das fünfzackige Kastellet mit seinen fünf Bastionen errichten. Obwohl in der Festung auch heute noch das dänische Militär stationiert ist, dient sie doch in erster Linie als öffentlicher Park.

Frederik V. schuf mit dem Viertel Frederiksstaden, einem europäischen Meisterwerk des Rokoko, seinen eigenen Beitrag zur Stadtentwicklung. Zu diesem Komplex gehört auch Amalienborg Slot, das eigentlich aus vier einzelnen Palästen besteht. Die heute vorherrschenden Gebäude im neoklassizistischen Stil stammen aus Dänemarks Goldenem Zeitalter im 19. Jahrhundert.

Die vielen Fußgängerzonen und Radwege zeugen von Kopenhagens Bestreben, bis 2025 klimaneutral zu werden.

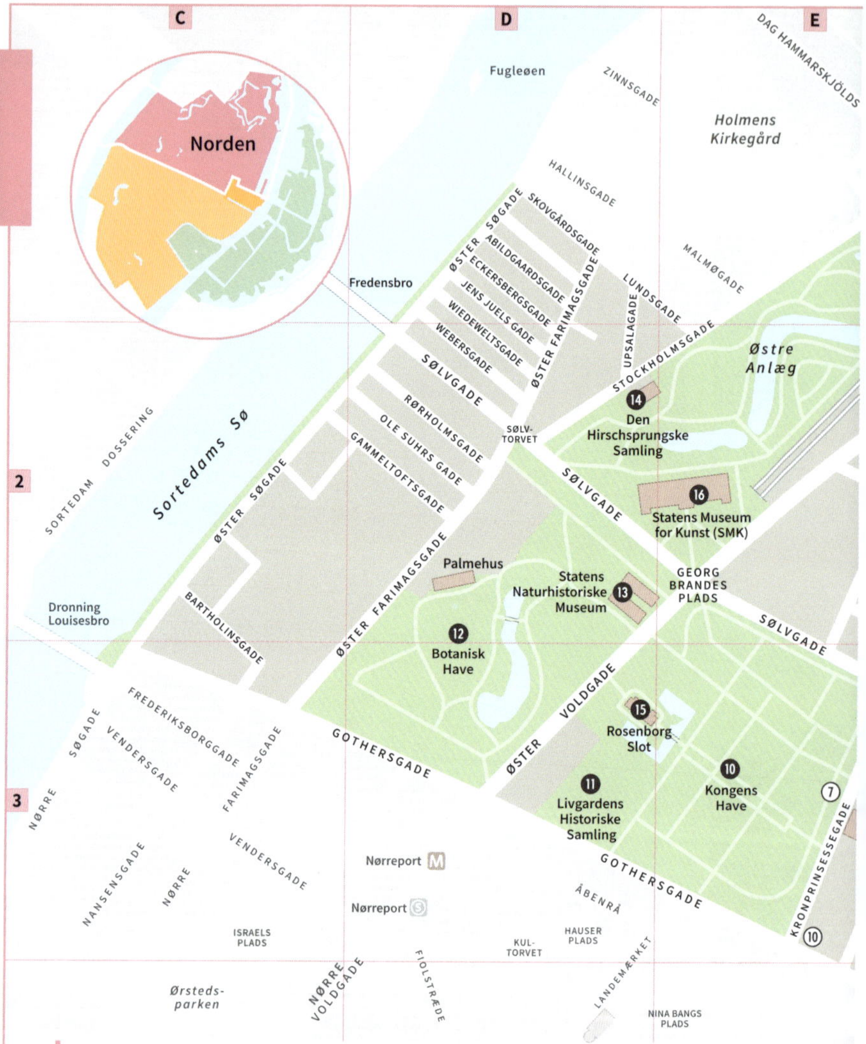

Norden

Highlights

- 6 Designmuseum Danmark
- 7 Amalienborg Slot
- 15 Rosenborg Slot
- 16 Statens Museum for Kunst (SMK)

Sehenswürdigkeiten

- 1 Den Lille Havfrue (Kleine Meerjungfrau)
- 2 Kastellet
- 3 St Alban's Church
- 4 Gefionspringvandet
- 5 Medicinsk Museion
- 8 Marmorkirken
- 9 Davids Samling
- 10 Kongens Have
- 11 Livgardens Historiske Samling
- 12 Botanisk Have
- 13 Statens Naturhistoriske Museum
- 14 Den Hirschsprungske Samling

Restaurants

- ① Toldboden
- ② Kafferiet
- ③ Madklubben
- ④ Rebel
- ⑤ AOC
- ⑥ Amalie
- ⑦ Orangeriet
- ⑧ Bottega Barlie
- ⑨ Kokkeriet

Shopping

- ⑩ Stine Goya Store
- ⑪ Bergsøe
- ⑫ Fil de Fer
- ⑬ Another View
- ⑭ Frama Studio Store
- ⑮ Galerie Mikael Andersen
- ⑯ Bredgade Kunsthandel
- ⑰ Galleri Christoffer Egelund
- ⑱ Løgismose

E

F
G
H
1
2
3
4
5
Garnisons Kirkegård
Østerport
Østerport
Langelinie Lystbådehavn
1 Den Lille Havfrue (Kleine Meerjungfrau)
Kastelskirken
2 Kastellet
Kastelsmøllen
EIDSVOLL PLADS
4 Gefionspringvandet
3 St Alban's Church
Nordre Toldbod (Københavns Havn)
Frihedsmuseet
FREDERIKSSTADEN
6 Designmuseum Danmark
Den Kongelige Afstøbningssamling
5 Medicinsk Museion
Alexander Nevsky Kirke
Marmorkirken
8 Marmorkirken
Inderhavnen
Davids Samling
9
7 Amalienborg Slot
Amaliehaven
Operaen
OFELIA PLADS
Südosten
Seiten 136–155
Zentrum
Seiten 108–135
Skuespilhuset
Det Kongelige Teater
GRØNLANDSKE HANDELS PLADS
Holmens Kirke
Gammel Dok
CHRISTIANSHAVN
Inderhavnen
Trangraven
Christianshavns Kanal
0 Meter 300
N

Persönliche Favoriten

Den Norden des Zentrums könnte man auch als das königliche Kopenhagen beschreiben. Hier liegen prächtige Schlösser, herrschaftliche Parks, herausragende Museen – und kleine Perlen.

Orangeriet

Eines der schönsten Restaurants, um an einem Sommerabend auf der Terrasse zu sitzen und in den Kongens Have zu blicken – und das alles bei herrlichen Speisen.

Lichtdurchfluteter Speiseraum des Orangeriet

Wie der Name schon erahnen lässt, befindet sich das Restaurant in der ehemaligen Orangerie des Kongens Have. Deshalb speist man auch stilvoll in einem lichtdurchfluteten und hellen Raum zwischen Orangenbäumchen mit Blick direkt in den Park oder – wenn es das Wetter zulässt – unter einem Sonnenschirm draußen auf der Terrasse.

Zur Mittagszeit werden *smørrebrød*, Salate und Shrimps serviert, abends wird es dann modern nordisch mit vielen hervorragenden Fischgerichten. Auch die Desserts sind ein Gedicht, also unbedingt Platz dafür lassen. Am Sonntag gibt es übrigens »nur« Sandwiches und Gebäck. Das Orangeriet liegt ideal, um sich nach einem Besuch von Amalienborg Slot und einem Spaziergang durch den Kongens Have zu stärken.

Orangeriet
E3 Kronprinsessegade 13
+45 33 11 13 07 Mo – Fr 11:30 – 15, Do – Sa 18 – 23, So 12 – 16 restaurant-orangeriet.dk

Museumsshop im Statens Museum for Kunst

Das Statens Museum for Kunst als größtes Museum für bildende Kunst in Dänemark ist immer einen Besuch wert, ebenso der Museumsshop.

Im Museumsshop des Statens Museum for Kunst *(siehe S. 104f)* gibt es nicht nur eine riesige Auswahl an dänischen und internationalen Kunstbüchern und Ausstellungskatalogen, sondern auch Postkarten, Plakate, Spielzeug, Zeichen- und Malbedarf sowie einzigartige Designartikel. Man kann sogar einen originalen Künstlerdruck mit nach Hause nehmen. Besonders schön sind die bunten, fantasievollen Mobiles. Es macht einfach riesigen Spaß, durch die Auswahl zu stöbern. Hier findet man auf jeden Fall ein schönes Erinnerungsstück an Kopenhagen oder ein gelungenes Mitbringsel für Kunstsinnige.

Museumsshop im Statens Museum for Kunst
E2 Sølvgade 48 – 50 +45 33 74 84 94
Di – So 11–18 (Mi bis 20) smk.dk

Museumsshop im Statens Museum for Kunst

Windmühle im Kastellet

Kastellet

Das Kastellet ist nicht nur eine beeindruckende Festung aus dem 17. Jahrhundert, sondern lockt auch zu einem wunderschönen Spaziergang auf den Wallanlagen.

Auf dem Weg zur Kleinen Meerjungfrau kommt man unweigerlich am Kastellet *(siehe S. 94)* vorbei. Man sollte aber nicht nur einen kurzen Blick auf die Gebäude im Inneren der im Jahr 1663 errichteten Zitadelle werfen, etwa die Kirche, sondern sich die Zeit für einen Spaziergang auf der fünfzackigen Wallanlage der Festung nehmen. Man kann die ganze, von Wassergräben umgebene Anlage auf einem Weg auf dem Wall umrunden, kommt an allen Kanonen und einer Windmühle vorbei und hat von der erhöhten Position einen wunderbaren Blick auf die Stadt, das Meer und die Kreuzfahrtschiffe. Den kann man auch von einer der Bänke genießen – gern auch bei einem mitgebrachten Picknick. Oder man lässt einfach die Seele baumeln und erfreut sich an der Ruhe hoch oben über dem Trubel weiter unten.

Kastellet
FG1–2 Gl. Hovedvagt, Kastellet 1
Gelände: tägl. 6–22 kastelletsvenner.dk

Frihedsmuseet

Das »Museet for Danmarks Frihedskamp 1940–1945« ist Teil des Nationalmuseums und erzählt von der Besatzung und dem Widerstandskampf in Dänemark von 1940 bis 1945.

Das neue Museumsgebäude – den Vorgängerbau verwüstete 2013 ein Brand – wurde im Juli 2020 eröffnet. Im Gegensatz zum ursprünglichen Museum auf Straßenniveau wurde das neue hauptsächlich unterirdisch angelegt, um die Exponate vor Tageslicht zu schützen. Von selbst gebauten Waffen bis zu Fotos von Widerstandskämpfern, die für ihre Sache starben, zeigt das Frihedsmuseet die Ereignisse des Widerstands anhand von Originalgegenständen, Dokumenten und Filmen. Viele der Exponate sind interaktiv, so haben Besucher etwa die Möglichkeit, illegale Zeitschriften zu drucken, Telefongespräche abzuhören und die Telefonate der deutschen Besatzer zu entschlüsseln. Eine Abteilung zeigt, wie die Evakuierung der jüdischen Bevölkerung nach Schweden gelang.

Boot, mit dem Juden nach Schweden gelangten

Frihedsmuseet
G2 Esplanaden 13 +45 41 20 60 80
Di–So 10–17 (Mai–Aug: tägl.)
natmus.dk/museer-og-slotte/frihedsmuseet

Spaziergang rund um Amalienborg Slot

Länge 1,5 km **Dauer** 20 Minuten
U-Bahn Marmorkirken

Frederik V. machte Amalienborg Slot zum Zentrum eines neuen, edlen Viertels, das er anlässlich des 1748 begangenen 300. Jahrestags der Oldenburg-Dynastie erbauen ließ. Zu Ehren des Königs heißt das Viertel Frederiksstaden. Auch heute noch ist das royale Flair greifbar. Staatliche Bauten und weite Durchgänge umgeben Amalienborg Slot, die offizielle Residenz von Frederik X. Die beste Zeit für einen Besuch ist mittags (12 Uhr), wenn die tägliche Zeremonie zur Wachablösung stattfindet.

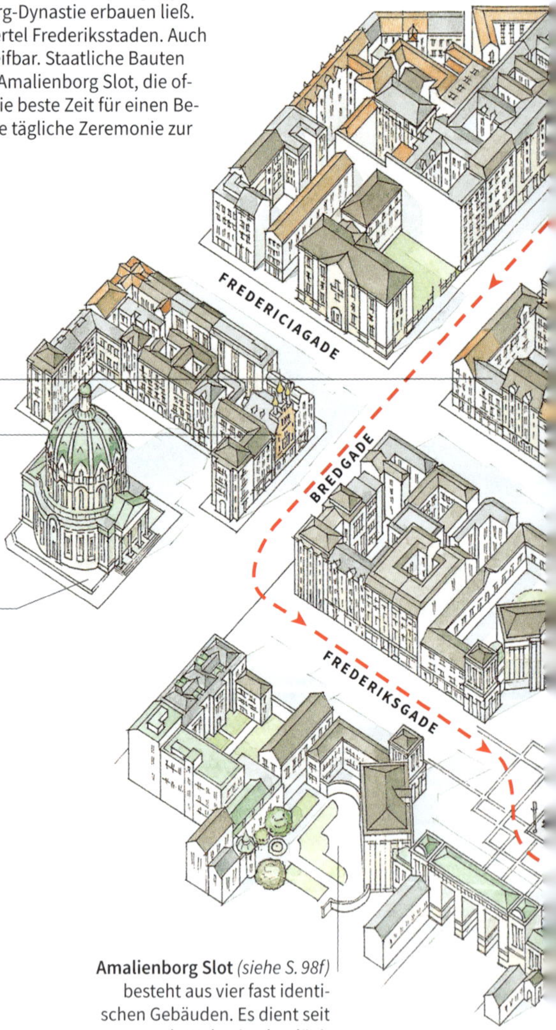

Das **Medicinsk Museion** *(siehe S. 95)* in der früheren dänischen Akademie für Chirurgie erläutert die nicht selten makaber anmutende Geschichte der Medizin.

Die **Alexander Nevsky Kirke** ist russisch-orthodox und wurde 1883 erbaut. Sie war ein Geschenk des russischen Zarenhauses.

Die auch Frederiks Kirke genannte **Marmorkirken** *(siehe S. 100)* liegt westlich von Amalienborg Slot. Ihre riesige Kuppel ruht auf zwölf Säulen. Mit 31 Meter Durchmesser ist sie eine der größten in Europa.

Amalienborg Slot *(siehe S. 98f)* besteht aus vier fast identischen Gebäuden. Es dient seit 1794 als Wohnsitz der dänischen Königsfamilie.

Schöne Aussicht
Auf zur Kuppel

Von der Kuppel der Marmorkirken, der größten Skandinaviens, hat man einen unschlagbaren Blick über das Zentrum von Kopenhagen, vor allem auf Amalienborg Slot und die Oper auf der anderen Hafenseite.

0 Meter 50 N

Blick vom Rondell von Amalienborg Slot auf die Marmorkirken ↑

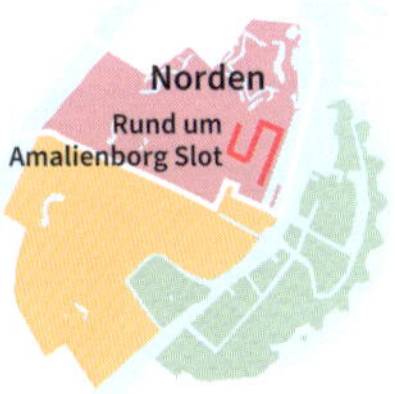

Zur Orientierung

Siehe Stadtteilkarte S. 88f

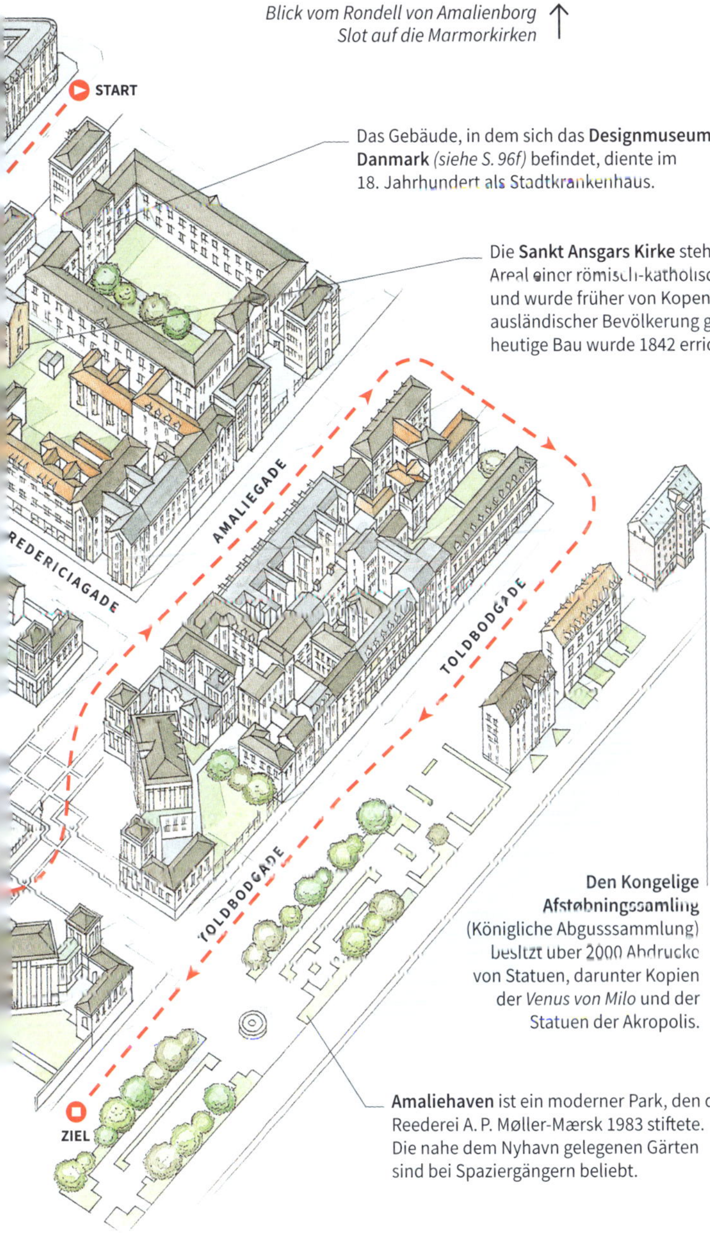

Das Gebäude, in dem sich das **Designmuseum Danmark** *(siehe S. 96f)* befindet, diente im 18. Jahrhundert als Stadtkrankenhaus.

Die **Sankt Ansgars Kirke** steht auf dem Areal einer römisch-katholischen Kapelle und wurde früher von Kopenhagens ausländischer Bevölkerung genutzt. Der heutige Bau wurde 1842 errichtet.

Den Kongelige Afstøbningssamling (Königliche Abgusssammlung) besitzt über 2000 Abdrucke von Statuen, darunter Kopien der *Venus von Milo* und der Statuen der Akropolis.

Amaliehaven ist ein moderner Park, den die Reederei A. P. Møller-Mærsk 1983 stiftete. Die nahe dem Nyhavn gelegenen Gärten sind bei Spaziergängern beliebt.

Toreingang zum Kastellet

1 Den Lille Havfrue

G1 Langelinie
Østerport 27

Die überraschend kleine Figur von der Kleinen Meerjungfrau, die auf einem Stein sitzt und wehmütig auf das Meer und die vorbeifahrenden Schiffe blickt, ist Dänemarks bekanntestes Wahrzeichen. Die Skulptur wurde im Auftrag von Carl Jacobsen, Chef der Carlsberg-Brauerei, geschaffen. Sie entstand in Anlehnung an das gleichnamige Ballett, das wiederum auf Hans Christian Andersens Märchen von der Meerjungfrau basiert, die sich unsterblich in einen Prinzen verliebt.

Der Bildhauer Edvard Eriksen (1876–1959), der den Auftrag erhielt, eine Kleine Meerjungfrau zu schaffen, engagierte Ellen Price, die Primaballerina, die den Part getanzt hatte, als Modell. Doch als die Tänzerin erfuhr, wo die Figur platziert werden sollte, verweigerte sie weitere Sitzungen und verlangte, dass nur ihr Gesicht zu sehen sein dürfe. Für den Körper saß dann die Frau des Bildhauers Modell.

Die Bronze wurde 1913 am Ende der Hafenpromenade aufgestellt. Dort wurde sie immer wieder das Opfer von Vandalismus. 1961 malte jemand ihr Haar rot an. Drei Jahre später sägte ein Unbekannter ihren Kopf ab. Kurz darauf verlor sie beide Arme, 1998 wurde sie erneut geköpft, 2003 von ihrem Felsen »gesprengt«. Inzwischen wurde sie etwas weiter draußen im Meer platziert.

2 Kastellet

FG1–2 Gl. Hovedvagt, Kastellet 1 Østerport 27 Gelände: tägl. 6–22 kastelletsvenner.dk

Auf dem Gelände wurde bereits im Jahr 1626 eine Festung gebaut, die 1658 bei einem Angriff der Schweden allerdings so gravierende Mängel zeigte, dass die Verteidigungsanlage auf Geheiß von Frederik III. erneuert wurde. 1667 waren die Umbauten dann fertig.

Der endgültige Bau, das Kastellet (Zitadelle), bestand aus einer von hohen Dämmen und einem tiefen Graben umgebenen Befestigungsanlage in Form eines Fünfzacks mit fünf Bastionen. Im 19. Jahrhundert wurde sie teilweise zerstört, danach wiederaufgebaut. Im Zweiten Weltkrieg diente das Fort den deutschen Besatzern als Hauptquartier. Jetzt hat dort das dänische Militär Einzug gehalten. Dennoch sind das Gelände und einige Gebäude wie die Kirche öffentlich zugänglich.

Im 19. Jahrhundert fand das Kastellet auch als Gefängnis Verwendung. Die Zellen waren zur Kirche hin so ausgerichtet, dass die Gefängnisinsassen durch Gucklöcher in den Wänden an der Messe teilnehmen konnten.

Das Märchen von der kleinen Meerjungfrau

Die Meerjungfrau lebte mit ihren fünf Schwestern im Meer. Sie hatte keine Beine, sondern einen Fischschwanz. Eines Tages rettete sie einen Prinzen von einem sinkenden Schiff und verliebte sich in ihn. In ihrer verzweifelten Sehnsucht tauschte sie bei der bösen Meerhexe ihre schöne Stimme gegen zwei Beine, sodass sie an Land gehen konnte. Die Hexe warnte sie jedoch, dass sie sterben würde, falls der Prinz eine andere heiratete. Der betete seine stumme Geliebte zwar an, musste aber die Prinzessin eines anderen Königreichs ehelichen. Vor der Hochzeit gaben die Schwestern der Meerjungfrau ein Zaubermesser. Damit sollte sie den Prinzen töten, um ins Meer zurückkehren zu können. Doch die Meerjungfrau war außerstande, den Geliebten zu töten, und starb bei Sonnenaufgang.

3 St Alban's Church

G2 Churchillparken 11 27 Apr–Sep: Mo–Sa 10–16, So 13–16 Mi 10:30, So 10:30 st-albans.dk

Die Kirche wurde 1887 für die anglikanische Gemeinde Kopenhagens gebaut und nach Sankt Alban benannt: Der römische Soldat war im 4. Jahrhundert zum Christentum konvertiert und starb als Märtyrer.

Die elegante neogotische Kirche befindet sich nicht weit vom Gefion-Springbrunnen an der Langelinie-Promenade im Churchillparken. Sie war ein Geschenk von Edward, Prince of Wales, der um die Hand Prinzessin Alexandras, der Tochter Christians IX., anhielt. Sie heirateten 1863, 1901 bestieg der Prinz als Edward VII. den Thron. Die Kirche besitzt schöne Glasmosaikfenster und eine Miniatur von Bertel Thorvaldsens Skulptur *Johannes der Täufer beim Gebet in der Wüste*. Bis heute findet der Gottesdienst hier auf Englisch statt.

4 Gefionspringvandet

G2 Churchillparken
27

Der 1908 eingeweihte Gefion-Springbrunnen, der dank einer größeren Spende der Carlsberg-Stiftung errichtet wurde, ist eines der größten Monumente Kopenhagens und die beeindruckende Arbeit von Anders Bundgaard. Zentrale Figur ist die Göttin Gefion, eine germanische Mythengestalt. Der Sage nach versprach der schwedische König ihr so viel Land, wie sie binnen eines Tages und einer Nacht pflügen konnte. Gefion verwandelte daraufhin ihre vier Söhne in Ochsen und spannte sie vor einen Pflug. Bis zum ersten Hahnenschrei hatte sie einen beträchtlichen Teil Schwedens umgepflügt. Sie nahm dieses Land und warf es ins Meer, wodurch die Insel Seeland entstand. Zurück blieb ein Loch, das zum See Vänern wurde.

Schon gewusst?

Per SMS wird die Betriebsabteilung über Fehler des Gefionspringvandet informiert.

5 Medicinsk Museion

F3 Bredgade 62 +45 35 32 38 00 Marmorkirken
23 Di–Fr 10–16, Sa, So 12–16 museion.ku.dk

Das Medicinsk Museion, eine Kombination aus Museum und Forschungsstelle der Universität von Kopenhagen, wurde 1907 auf eine private Initiative hin gegründet. Zur Eröffnung wurde der 50. Geburtstag der dänischen Medizingesellschaft mit einer Ausstellung historischer medizinischer Geräte begangen.

Die Hauptausstellung des Museums befindet sich in der Bredgade im Gebäude der früheren Königlichen Akademie der Chirurgen aus dem Jahr 1789 und anhängenden Gebäuden in Frederiksstaden. Dieses zentrale Stadtviertel steht auf der Liste für die Aufnahme als UNESCO-Welterbe. Das Medicinsk Museion verfügt über eine der größten und besten Sammlungen historischer Medizinartefakte in Europa.

Darüber hinaus gibt es eine große Bildersammlung, ein Archiv für Dokumente und eine historische Bibliothek. Ein weiterer Ausstellungsraum liegt im Hauptgebäude der medizinischen Fakultät im Blegdamsvej.

St Alban's Church ist auf einer Seite von einem See umgeben

Der Gefionspringvandet mit der Göttin Gefion und ihren Söhnen in Ochsengestalt

6

Designmuseum Danmark

FG3 Bredgade 68 +45 33 18 56 56 Østerport Marmorkirken 1A, 15 Di – So 10 – 18 (Mi bis 20) 1. Jan, 13. Feb, 24.– 26., 31. Dez designmuseum.dk

In einer Stadt, die bekannt ist für ihr Design, zelebriert das Designmuseum Danmark die Geschichte von dänischem und internationalem Industriedesign, Möbelkunst und Kunsthandwerk in Skandinavien. Nach der Renovierung und Neugestaltung der Innenräume erstrahlt das Museum in neuem Glanz.

In dem von den dänischen Architekten Nicolai Eigtved und Laurids de Thurah geplanten und Mitte des 18. Jahrhunderts gebauten Komplex befand sich bis 1919 ein Krankenhaus, in dem 1855 der Philosoph Søren Kierkegaard starb. Seit 1926 ist hier das 1890 gegründete Designmuseum Danmark mit der landesweit größten Sammlung dänischen und internationalen Designs untergebracht. Die Ausstellung »Wonder« konzentriert sich darauf, wie etwas zum Kunstobjekt wird. Zuerst betritt man das Haus eines Privatsammlers, danach warten Objekte und Möbel in Regalen darauf, ausgestellt zu werden. Anschließend werden einige der faszinierenden Objekte der Sammlung in einem gigantischen, 17 Meter langen Schaukasten präsentiert. Die Ausstellung »Mønsterkraft« erforscht in Zusammenarbeit mit dem Künstler, Modedesigner und Musiker Henrik Vibskov Muster in der Natur, auf Kleidung und in Häusern als Schnittstelle zwischen Kunst und Design. In der Ausstellung »Bord, dæk dig!« (Tischlein deck dich) wird auf sieben Tischen mit Silber, Glas und Porzellan die Geschichte der Tischdekoration von der Renaissance bis heute gezeigt. »Dansk sølv« zeigt ikonische Silberwaren. »In the Making« stellt anhand vieler Alltagsobjekte den Designprozess dar. Neben diesen Dauerausstellungen finden viele Wechselausstellungen statt. Besuchen Sie auch das Café und den Garten.

Kaare Klint (1888 -1954)

Der Architekt und Möbeldesigner Kaare Klint gestaltete Anfang der 1920er Jahre zusammen mit Ivar Bentsen das ehemalige Hospital für eine museale Nutzung um. Nicht umsonst trägt das Museumscafé seinen Namen: Der »große alte Mann des dänischen Möbeldesigns« entwarf das gesamte Mobiliar des Museums und gilt als einer der einflussreichsten Vertreter des skandinavischen Designs.

Wichtige Designs

1924

Kaare Klint, Vater der Dänischen Moderne, gründet die Königlich Dänische Kunstakademie

1926

Der funktionalistische Architekt Poul Henningsen designt die PH-Lampe, die blendfreies Licht abgibt

↑ *Das Rokoko-Gebäude, in dem das Designmuseum Danmark liegt, und die Ausstellung »Wunder«* (Detail)

1927
Kaare Klints »Red Chair« zeugt vom geometrischen Verständnis des Designers. Die Stühle fügen sich perfekt um einen Tisch

1949
Hans Wegner, der »Meister der Stühle«, entwirft den »Wishbone Chair« mit Y-Lehne

1958
Arne Jacobsen designt für das Royal Hotel Copenhagen den berühmten »Egg Chair«

1963
Grete Jalk designt laminierte Sperrholzmöbel, darunter den »GJ Chair«. Ihre günstig zu produzierenden Möbel sind auch international beliebt

7

Amalienborg Slot

FG3 Amalienborg Slot, Palais Christians VII., Amalienborg Slotsplads
+45 33 15 32 86 Nørreport Marmorkirken 23
siehe Website amalienborg.dk

Die Residenz von König Frederik X. und seiner Familie besteht aus vier Gebäuden, die sich um einen achteckigen Platz gruppieren. Einen Einblick in das royale Leben bekommt man als Zuschauer der Wachablösung und bei einem Besuch des Museums.

Die vier Palais von Amalienborg waren eigentlich als Residenzen für wohlhabende Familien gedacht. Als jedoch Christiansborg Slot 1794 niederbrannte, kaufte sie Christian VII. nach und nach für die königliche Familie. Das Palais von Christian VII. (Palais Moltke), ein Entwurf von Nicolai Eigtved, ist für den Rittersaal bekannt, der als einer der schönsten Räume des dänischen Rokoko gilt. Seit 1885 wird das Palais hauptsächlich als Gästehaus und für Zeremonien genutzt.

Die **Schlossgalerie** hat eine wunderbare, von Giovanni Battista Fossati gestaltete Decke. Der französische Architekt Nicolas-Henri Jardin entwarf das Mobiliar.

Der **Kachelofen** in diesem Raum stammt aus einer Fabrik in Lübeck. Die Seide-Samt-Tapisserien waren Geschenke von Ludwig XV. an den Grafen Moltke.

Im **Großen Saal** kann man die Kunstfertigkeit des Hofbaumeisters Nicolai Eigtved bewundern. Er ist das schönste Beispiel des dänischen Rokoko.

Alle **Statuen** wurden in den 1970er Jahren von Eric Erlandsen mit der Hilfe des SMK *(siehe S. 104f)* restauriert.

Das **Foyer** wurde originalgetreu restauriert. Die Dekorationen sind den damaligen Entwürfen nachgebildet.

Schon gewusst?

Täglich findet um 12 Uhr vor dem Schloss der Wachwechsel statt.

Highlight

↑ *Auf diesem Balkon erscheint die königliche Familie*

Die **Königlichen Gardisten** mit ihren Pelzmützen stehen vor ihren roten Häuschen Tag und Nacht Wache.

Vier Palais

Amalienborg hieß ein früheres Lustschloss, das Frederik III. 1669 für seine Frau Sophie Amalie von Braunschweig-Calenberg bauen ließ. Der heutige Komplex besteht aus vier Palais: Palais Christians VII., Palais Christians VIII., Palais Frederiks VIII., Palais Christians IX. Das Reiterdenkmal Frederiks V. von Jacques Saly in der Mitte des Platzes kostete angeblich ebenso viel wie die ganze Anlage.

↑ *Die Garde vor Amalienborg Slot bewacht die königliche Familie*

Schöne Wandelgänge mit Bänken im Kongens Have

8

Marmorkirken

F3 Frederiksgade 4 +45 33 15 01 44 Marmorkirken 23 Kirche: Mo–Do, Sa 10–17, Fr, So 12–17; Kuppel: Sommer: tägl. 13; Winter: Sa, So 13 marmorkirken.dk

Die Kuppel der barocken Frederiks Kirke, die auch Marmorkirken genannt wird, erinnert viele an den Petersdom. Die von Nicolai Eigtved erbaute Kirche ist nach Frederik V. benannt, der anlässlich des 300-jährigen Thronjubiläums seiner Familie das neue Stadtviertel Frederiksstaden mit der Kirche als Kernstück errichten ließ. Als die Bauarbeiten 1749 begannen, war als Baumaterial aus Norwegen importierter Marmor vorgesehen (daher der Name der Kirche). Doch schon bald war klar, dass ein derartiges Unterfangen die Finanzkraft der Schatzkammer sprengen würde. 1770 wurde das Bauvorhaben deshalb gestoppt.

Ein Jahrhundert später vollendete man den Bau mit einheimischem Marmor. Augenfälligstes Merkmal ist die Kuppel – eine der größten Europas. Besucher können die 260 Stufen hinaufsteigen und von der Spitze den Blick genießen. In der Kirche sind Fresken dänischer Künstler zu sehen. Die Fassade ist mit Heiligenstatuen verziert.

9

Davids Samling

E3 Kronprinsessegade 30–32 +45 33 73 49 49 Nørreport, Marmorkirken 23 Di–So 10–17 (Mi bis 21) davidmus.dk

Der Rechtsanwalt Christian Ludvig David rief 1945 die C. L. David Stiftung und Sammlung ins Leben. Davids Urgroßvater war Besitzer des Gebäudes von 1811 bis zu seinem Tod 1830. David kaufte es 1917 zurück und wohnte hier bis zu seinem Tod 1960. Zur Erweiterung erwarb die Stiftung 1986 das Nachbargebäude.

Am bekanntesten ist das Museum für seine Sammlung islamischer Kunst. Unter den Kostbarkeiten, von denen manche aus dem 6. Jahrhundert stammen, sind Keramik, Seide, Schmuck und Dolche.

Zu sehen sind auch europäische Kunst und Möbel sowie dänische Silberwaren.

10

Kongens Have

DE3 Nørreport 23 tägl. 7–Sonnenuntergang

Christian IV. ließ 1606 den Königsgarten anlegen. Er ist Kopenhagens ältester Park und weitgehend originalgetreu erhalten. Im 17. Jahrhundert versorgten seine Gärten den Hof mit Obst, Gemüse und Rosen. Heute nutzen die Kopenhagener die Anlagen, um spazieren zu gehen und auszuspannen. Hier steht auch ein bekanntes Denkmal der Stadt: die Statue von H. C. Andersen von 1877.

11

Livgardens Historiske Samling

D3 Gothersgade 100 +45 45 99 40 00 Nørreport 6A Sa, So 11:30–15 livgardens historiskesamling.dk

Die Königliche Leibgarde mit ihren farbenfrohen Uniformen und den Pelzmützen gehört zu den Wahrzeichen von Kopenhagen. Die tägliche Wachablösung vor Amalienborg Slot zieht stets viele Besucher an. Das Museum ist in einem Komplex aus 200 Jahre alten Kasernen untergebracht und zeigt die Geschichte der Garde von 1658 bis heute anhand von Waffen, Uniformen und vielem mehr.

12

Botanisk Have

DE2–3 Gothersgade 128 Nørreport 14, 94N, 184, 185 tägl. 8:30–18 (Okt–März: bis 16); Palmen- und Schmetterlingshaus: Di–So 10–17 (Okt–März: bis 15:30) snm.ku.dk

Die Kuppel der Marmorkirken

Blick auf das Palmenhaus im Botanisk Have

Unter den 20 000 Pflanzenarten, die im Botanischen Garten wachsen, sind einheimische Gewächse vertreten, aber auch exotische Arten aus der ganzen Welt. Der Garten wurde bereits im Jahr 1600 gegründet und zog zweimal um, bis er 1874 an seinem jetzigen Standort auf dem Gelände der ehemaligen Stadtbefestigungen eingeweiht wurde. Aus den früheren Bollwerken wurden Steingärten, der ehemalige Stadtgraben ist heute ein schöner See mit Wasser- und Sumpfpflanzen.

Der Botanische Garten besitzt zudem einen kleinen Wald, Wasserfälle und Gewächshäuser, von denen eines über 1000 Kakteenarten beherbergt. Auch Kaffeepflanzen, Tee, Papaya, Avocado und Ananas kann man hier heranwachsen sehen.

Zum Garten gehören zudem 27 Gewächshäuser. Das eindrucksvollste ist das 16 Meter hohe alte Palmenhaus aus dem Jahr 1874. Die Palmen kann man auch von der Galerie unter dem Dach, die man über eine Wendeltreppe erreicht, bewundern. Vom Café davor hat man einen schönen Blick auf den Garten. In einem gekühlten Gewächshaus herrschen Umweltbedingungen für arktische Pflanzen.

13

Statens Naturhistoriske Museum

D2 · Øster Voldgade 5 – 7 · +45 35 32 22 22 · Nørreport · 23, 94N, 184, 185 · Di – So 10 –17 (Mi bis 21) · snm.ku.dk

Nahe dem Ostende des Botanisk Have wurde 1893 das Naturhistorische Museum in einem Bau im Stil der italienischen Renaissance eröffnet. Es ist mit Steinrosetten, Säulen und Bogen verziert.

Zu den ältesten Exponaten gehören die im Hof ausgestellten Meteoriten. Der größte von ihnen wurde 1963 auf Grönland gefunden, er ist mit 20 Tonnen der sechstschwerste der Welt.

Die Objekte der Sammlungen des Museums sind über 400 Jahre lang zusammengetragen worden und umfassen Exponate wie Gesteine, darunter auch ein Stück des Monds, das von Apollo 17 mitgebracht wurde, Mineralien aus der ganzen Welt, Meteoriten und Fossilien.

Außerdem erfährt man mehr über unser Sonnensystem und die Erde sowie die Naturkräfte, die unseren Planeten und das Leben darauf über Millionen von Jahren geformt haben.

14

Den Hirschsprungske Samling

D2 · Stockholmsgade 20 · +45 35 42 03 36 · Østerport · Nørreport · 6A, 14, 94N, 184, 185 · Mi – So 11–17 · hirschsprung.dk

Die Sammlung ist eine der besten in Kopenhagen und verdankt ihre Existenz dem Mäzenatentum Heinrich Hirschsprungs (1836 –1908), eines dänischen Tabakbarons, der viele dänische Künstler unterstützte. Die Sammlung Hirschsprung ist seit 1911 öffentlich zugänglich und in einem klassizistischen Bau am Rand des Parks Østre Anlæg ausgestellt.

Die Sammlung umfasst Werke dänischer Künstler des 19. und 20. Jahrhunderts, darunter Eckersberg, Købke, Bendz, Marstrand, Anna und Michael Ancher, P. S. Krøyer und Vilhelm Hammershøi.

Früher versorgten die Gärten des Kongens Have den Hof mit Obst und Gemüse, heute nutzen die Kopenhagener sie zum Entspannen.

15

Rosenborg Slot

D3 · Øster Voldgade 4A · +45 33 15 32 86 · Nørreport
6A, 94N, 184, 185 · siehe Website · 1. Jan, 24., 25., 31. Dez
rosenborgcastle.dk

Das Königsschloss könnte mit seinen Türmchen, Giebeln und wunderschön gestalteten Gärtchen direkt einem Märchen von H. C. Andersen entsprungen sein. Es verwahrt eine reiche Schatzkiste royaler Objekte und Waffen, die größten Preziosen befinden sich aber im Keller: Dort liegen die dänischen Kronjuwelen und andere königliche Insignien.

Der Renaissance-Palast wurde von 1606 bis 1624 auf Geheiß von Christian IV. als Sommerresidenz erbaut. Bis Anfang des 18. Jahrhunderts, als Frederik IV. in Fredensborg ein größeres Schloss bauen ließ, wurde Rosenborg Slot von mehreren Königen genutzt. Schon seit dem frühen 19. Jahrhundert ist das Gebäude ein Museum und eine von Kopenhagens beliebtesten Sehenswürdigkeiten. Besucher können sich 24 königliche Räume ansehen.

Das barocke Dekor des **Marmorsaals** geht auf Frederik III. zurück. Der italienische Stuckateur Francesco Bruno verkleidete die Wände mit Marmorimitationen.

In der **Großen Halle** hängen Gobelins aus dem 17. Jahrhundert. Die Halle enthält eine Sammlung von Silberobjekten aus dem 18. Jahrhundert.

Der **Turm** gehört zu den beliebtesten Wahrzeichen der Stadt.

An den Wänden des **Treppenaufgangs** hängen Reiterbilder, Porträts und Blumenaquarelle von Maria Sibylla Merian.

Das **Winterzimmer Christians IV.** enthält eine Sammlung holländischer Gemälde sowie eine Sprechverbindung zum unterhalb gelegenen Weinkeller.

Schon gewusst?

Die unterirdische Schatzkammer birgt die drei Kilogramm schwere Krone von Christian IV.

Highlight

Das Winterzimmer Christians IV. und Rosenborg Slot (Detail) ↑

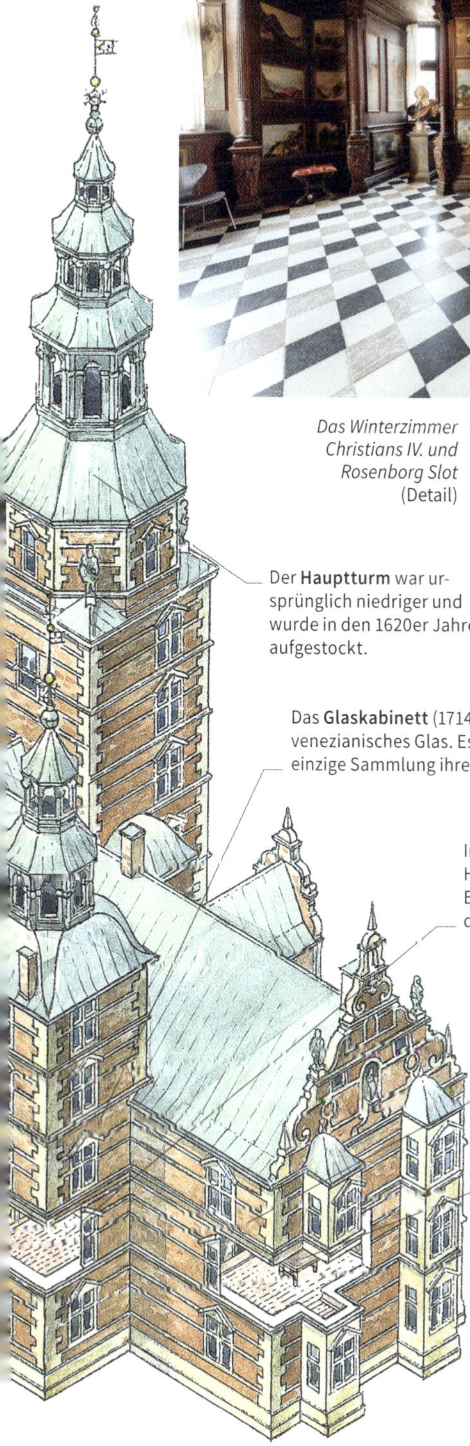

Der **Hauptturm** war ursprünglich niedriger und wurde in den 1620er Jahren aufgestockt.

Das **Glaskabinett** (1714) zeigt venezianisches Glas. Es ist die einzige Sammlung ihrer Art.

Im **Chinesischen Salon** wohnte Sophie Hedevig, die Schwester von Frederik IV. Bemerkenswert ist u. a. eine Gitarre mit dem Monogramm der Prinzessin.

Der dritte Stock wurde 1634 fertiggestellt und bietet Platz für den prachtvollen, langen **Bankettsaal**

Den Tisch in der Mitte des **Königsgemachs von Frederik IV.** erhielt dieser 1709 vom Großherzog der Toskana. Der Kronleuchter aus Bergkristall wurde wahrscheinlich in Wien hergestellt.

16

Statens Museum for Kunst (SMK)

E2 Sølvgade 48–50 +45 33 74 84 94 Nørreport, Østerport 6A, 23, 94N, 184, 185 Di–So 10–18 (Mi bis 20) 1., 2. Jan, 24., 25., 31. Dez smk.dk

Die Dänische Nationalgalerie enthält eine faszinierende Sammlung europäischer Kunst. Unter den dänischen Malern sind zahlreiche Künstler des Goldenen Zeitalters vertreten sowie Skagen-Maler. Zu sehen sind auch Werke alter Meister sowie Meisterwerke des 20. Jahrhunderts.

Die dänische Nationalgalerie Statens Museum for Kunst ist das größte Museum für bildende Kunst in Dänemark. Das vom Architekten Vilhelm Dahlerup entworfene Museum wurde im Jahr 1897 eröffnet. 1998 wurde das Hauptgebäude durch einen modernen Erweiterungsbau der Architektin Anna Maria Indrio ergänzt.

Ein Schwerpunkt des Museums liegt auf dänischer und nordischer Kunst zwischen 1750 und 1900 mit vielen Werken aus dem Goldenen Zeitalter von Künstlern wie Christoffer Wilhelm Eckersberg und Constantin Hansen. Von der Skagen-Schule sind Werke von Peder Severin Krøyer sowie Anna und Michael Ancher zu sehen.

Tizian, Brueghel, Rubens und Rembrandt gehören zu den alten Meistern, die im SMK gezeigt werden, während Picasso, Matisse, Munch und Emil Nolde sowie Werke der Dänen Asger Jorn, Per Kirkeby und zeitgenössische Installationen die Kunst des 20. und 21. Jahrhunderts repräsentieren. An den Wochenenden gibt es Workshops für Kinder.

Highlights

Bildhauer in seinem Atelier (1827)

Das Gemälde von Wilhelm Ferdinand Bendz zeigt den Bildhauer Christen Christensen

Parti ved Dosseringen (1838)

Christen Købke malte großflächige Landschaftsansichten von Kopenhagen und Umgebung

Ernte (1885)

Laurits Andersen Ring malte Landarbeiter in einer zunehmend industrialisierten Welt

Interieur Strandgade 30 (1901)

Vilhelm Hammershøi war berühmt für seine dezenten Werke, die oft Räume zeigten

Schon gewusst?

Bis 1849 befand sich die Sammlung im Besitz der dänischen Könige.

↑ *In der Halle zwischen dem Hauptgebäude und dem Erweiterungsbau sind Skulpturen ausgestellt*

Kurzführer

Zeitgenössische Kunst ist im X-Rummet im Erdgeschoss zu sehen, auf dem Skulpturenweg finden sich dänische und internationale Skulpturen. Die Dauerausstellung ist im ersten Stock und im neuen Flügel untergebracht, der über ein Atrium mit dem Altbau verbunden ist. Das Museum besitzt auch Flächen für Wechselausstellungen zu bestimmten Künstlern und Epochen. Das Museumscafé ist ein schöner, moderner Ort für einen Imbiss in Bio-Qualität.

Restaurants und Cafés

Die Restaurants und Cafés im königlichen Viertel Frederiksstaden sind gemäß ihrer Umgebung gehoben und sehr traditionell – hier bekommt man etwa das beste *smørrebrød* der Stadt. Natürlich gibt es auch »Ausreißer«, in denen alte dänische Rezepte modern interpretiert werden. Bei schönem Wetter verströmen die Lokale und Cafés in und an den Parks sowie das Restaurant Toldboden am alten Fähranleger einen ganz besonderen Charme.

① Toldboden (Kr)(Kr)
Dänisch
Nordre Toldbod 18 – 24
+45 33 93 07 60
Mo – Sa 12 – 21 (Fr, Sa bis 22), So 12 – 20; Bar: ab 11:30 (So ab 10)
toldboden.com
Am alten Fährhafen, gleich bei der Kleinen Meerjungfrau, werden Steaks, Fisch und Seafood frisch vom Grill serviert. Innen kann man den Köchen zusehen, auf der Terrasse hat man einen einmaligen Blick aufs Meer.

② Kafferiet (Kr)
Café
Esplanaden 44
+45 30 66 90 50
tägl. 8 –18 (Sa, So ab 9)
kafferiet.dk
Das Kafferiet ist ein kleines Café mit künstlerischer und fantasievoller Einrichtung, exzellenten Kaffeespezialitäten, Tee und Snacks sowie Sitzplätzen vor der Tür mit Blick auf den Park.

③ Madklubben (Kr)(Kr)
Bistro
Store Kongensgade 66
+45 33 32 32 34
Mo – Sa 17:30 – 24
madklubben.dk
Hier wird exzellente moderne dänische und internationale Küche aus hochqualitativen Zutaten zu – für Kopenhagen – moderaten Preisen serviert.

④ Rebel (Kr)(Kr)(Kr)
International
Store Kongensgade 62
+45 33 32 32 09
Do – Fr 12 –14:40, Di – Sa 17:30 –21 (Fr, Sa bis 21:30)
restaurantrebel.dk
In dem modernen Bistro kann man in angenehmer Atmosphäre ein »rebellisches« kulinarisches Erlebnis genießen.

⑤ AOC (Kr)(Kr)(Kr)
Neu nordisch
Dronningens Tværgade 2
+45 33 11 11 45
Mi – Sa 18 – 24 (Fr, Sa bis 1)
restaurantaoc.dk

Von der Terrasse des Toldboden blickt man aufs Meer

Typisches smørrebrød *mit Lachs und Gurkenscheiben*

In einem Kellergewölbe aus dem 17. Jahrhundert wird neue nordische Küche serviert. Ein intensives Geschmackserlebnis ist garantiert!

⑥ Amalie (Kr)(Kr)
Smørrebrød
Amaliegade 11
+45 33 12 88 10
Mo – Sa 11:30 –16 (Sa bis 17)
restaurantamalie.dk
Für ein traditionelles dänisches Mittagessen sollten Sie in das kleine Restaurant aus dem Jahr 1755 gehen – zur Auswahl stehen 15 *smørrebrøds*.

⑦ Orangeriet (Kr)(Kr)
(siehe S. 90)

⑧ Bottega Barlie (Kr)
Wein
Fredericiagade 78
+45 20 57 67 50
Di – Fr 7:30 – 23, Sa 9 – 23, So 10 –16
barlie.dk
Natürlich liegt der Fokus in der Bottega auf Wein, es gibt dazu aber auch einfache, schmackhafte Gerichte.

⑨ Kokkeriet (Kr)(Kr)(Kr)
Gourmet
Kronprinsessegade 64
+45 33 15 27 77
Mo – Sa 17 –1
kokkeriet.dk
Das Kokkeriet serviert schön angerichtete, innovative und doch traditionelle Sterne-Küche. Dezentes Ambiente, aufmerksamer Service.

Shopping

Beim Shopping verhält es sich im Norden ähnlich wie bei den Restaurants und Cafés: Die Auswahl ist nicht so überbordend wie im Zentrum, aber überaus fein. Kunst-, Design- und Antiquitätenliebhaber werden hier sicher fündig, schließlich sind im Norden die meisten Galerien der Stadt beheimatet. Und auch sonst gibt es Schönes und Interessantes zu entdecken.

⑩ Stine Goya Store (Kr)(Kr)(Kr)
Designermode
Gothersgade 58
+45 32 17 10 00
Mo – Fr 11–18, Sa 11–16
stinegoya.com
Die tragbare, feminine Designermode von Stine Goya, die auch in Deutschland bekannt ist, verführt mit interessanten Mustern und bunten Farben aus fließenden Stoffen. Flippige Schuhe und Accessoires.

⑪ Bergsøe (Kr)(Kr)(Kr)
Schmuck
Kronprinsessegade 25
+45 33 91 58 27
Di – Fr 12 –18, Sa 11–15
bergsoe.dk
Hier gibt es einzigartigen modernen Schmuck von Josephine Bergsøe – exquisite Ringe, Ohrringe, Ketten und Armreife. Das tragen auch die Damen der königlichen Familie.

⑫ Fil de Fer (Kr)(Kr)
Vintage
Store Kongensgade 83A
+45 33 32 32 46
Mo – Fr 10 –18, Sa 10 –16
fildefercph.com
Ein buntes Sammelsurium an französischen Waren. Das Angebot reicht von typisch französischen Einrichtungsgegenständen über Silberwaren bis zu Geschirr und Gartenmöbeln.

⑬ Another View (Kr)(Kr)(Kr)
Designermode
Store Kongensgade 85
+45 42 70 02 24
Mo – Fr 11–18, Sa 11 –15
anotherview.dk
Another View möchte die Modelndustrie in eine nachhaltige Richtung verbessern. Hier findet man Damenbekleidung, die die Laune hebt.

⑭ Frama Studio Store (Kr)(Kr)
Design
Fredericiagade 57
+45 31 10 21 92
Mo – Fr 10 –17, Sa, So 10 –15
framacph.com
In dem Showroom gibt es nicht nur Möbel und Beleuchtung, sondern auch Bücher und Kleidung – alles in minimalistischem Design.

⑮ Galerie Mikael Andersen (Kr)(Kr)(Kr)
Kunstgalerie
Bredgade 63
+45 33 33 05 12
Di – Fr 12 –18, Sa 11–15
mikaelandersen.com
Die Galerie zeigt zeitgenössische Werke junger dänischer und internationaler Künstler.

⑯ Bredgade Kunsthandel (Kr)(Kr)(Kr)
Kunstgalerie
Bredgade 67 – 69
+45 33 13 50 41
Di – Sa 12 –17
Die Galerie präsentiert über 400 Künstler verschiedener Schulen mit Fokus auf die klassische Moderne.

⑰ Galleri Christoffer Egelund (Kr)(Kr)(Kr)
Kunstgalerie
Bredgade 75
+45 33 93 92 00
Mi – Fr 15 –18, Sa 12 –16
christofferegelund.dk
In großen Ausstellungen wird hier skandinavische und internationale Kunst gezeigt, auch Skulpturen, Installationen und Videokunst.

⑱ Løgismose (Kr)(Kr)
Delikatessen
Nordre Toldbod 16
+45 33 32 93 32
Di, Mi 11–18, Do, Fr 10 –19, Sa 10 –17
loegismose.dk
Für Gourmets ist der Delikatessen- und Weinladen der Himmel auf Erden. Hier gibt es über 4000 Produkte, auch vieles in Gläsern.

Buntes Sammelsurium bei Fil de Fer – ideal zum Stöbern

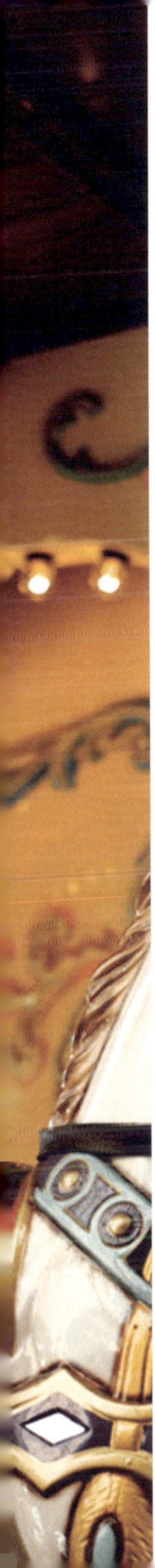

Karussellpferd im Vergnügungspark Tivoli (siehe S. 128f)

Zentrum

Dieser Teil Kopenhagens ist mit Indizien für eine Wikingersiedlung aus dem 10. Jahrhundert wohl der älteste der Stadt. Christian IV. ließ ihn im 17. Jahrhundert vergrößern, es folgten Jahrzehnte kriegerischer Auseinandersetzungen. Die Straßen wurden mehrmals von den Schweden belagert, im 18. Jahrhundert dezimierten Feuer und die Pest die Bevölkerung. Die alten verwitterten Wände gaben schlussendlich während des massiven Bombardements des britischen Admirals Lord Nelson Anfang des 19. Jahrhunderts nach.

Nach Erweiterung und Sanierung 1850 und erneut 1901 erstrahlten die Straßen in neuem Glanz. Der Nyhavn mit seinen bunten, fünf- und sechsstöckigen Häusern aus dem 17. Jahrhundert steht stellvertretend für den etwas behäbigen Charme des Viertels.

1962 wurde die Strøget Europas erste moderne Fußgängerzone – und ist bis heute eine der längsten Europas. Das südliche Zentrum Kopenhagens ist mit dem dänischen Parlament, der Universität und dem Vergnügungspark Tivoli das politische und gesellschaftliche Zentrum der Stadt.

Zentrum

Highlights

- 21 Rådhus
- 27 Tivoli
- 28 Ny Carlsberg Glyptotek

Sehenswürdigkeiten

- 1 Nyhavn
- 2 Charlottenborg Slot und Kunsthal Charlottenborg
- 3 Kongens Nytorv
- 4 Det Kongelige Teater
- 5 Skuespilhuset
- 6 Arbejdermuseet
- 7 Torvehallerne
- 8 Ørstedsparken
- 9 Rundetårn
- 10 Nikolaj Kunsthal
- 11 Lykkemuseet
- 12 Højbro Plads und Amagertorv
- 13 Helligåndskirken
- 14 Kunstforeningen GL STRAND
- 15 Gråbrødretorv
- 16 Universitet
- 17 Sankt Petri Kirke
- 18 Vor Frue Kirke
- 19 Nytorv
- 20 Scandic Palace Hotel
- 22 Rådhuspladsen
- 23 Wallmans Cirkusbygningen
- 24 Tycho Brahe Planetarium
- 25 Københavns Hovedbanegård
- 26 Københavns Museum

Restaurants

- ① Kompa'9
- ② Café Sorgenfri
- ③ Illum Rooftop
- ④ Fishmarket
- ⑤ Aamanns Replik
- ⑥ Told & Snaps
- ⑦ Bistro Verde
- ⑧ MASH
- ⑨ Palægade
- ⑩ Sult
- ⑪ Schønnemann
- ⑫ Den Økologiske Pølsemand
- ⑬ Det lille Apotek
- ⑭ Paludan Bogcafé
- ⑮ Sankt Peders Café
- ⑯ Vækst
- ⑰ Torvehallerne
- ⑱ Café & Øl-Halle »1892«

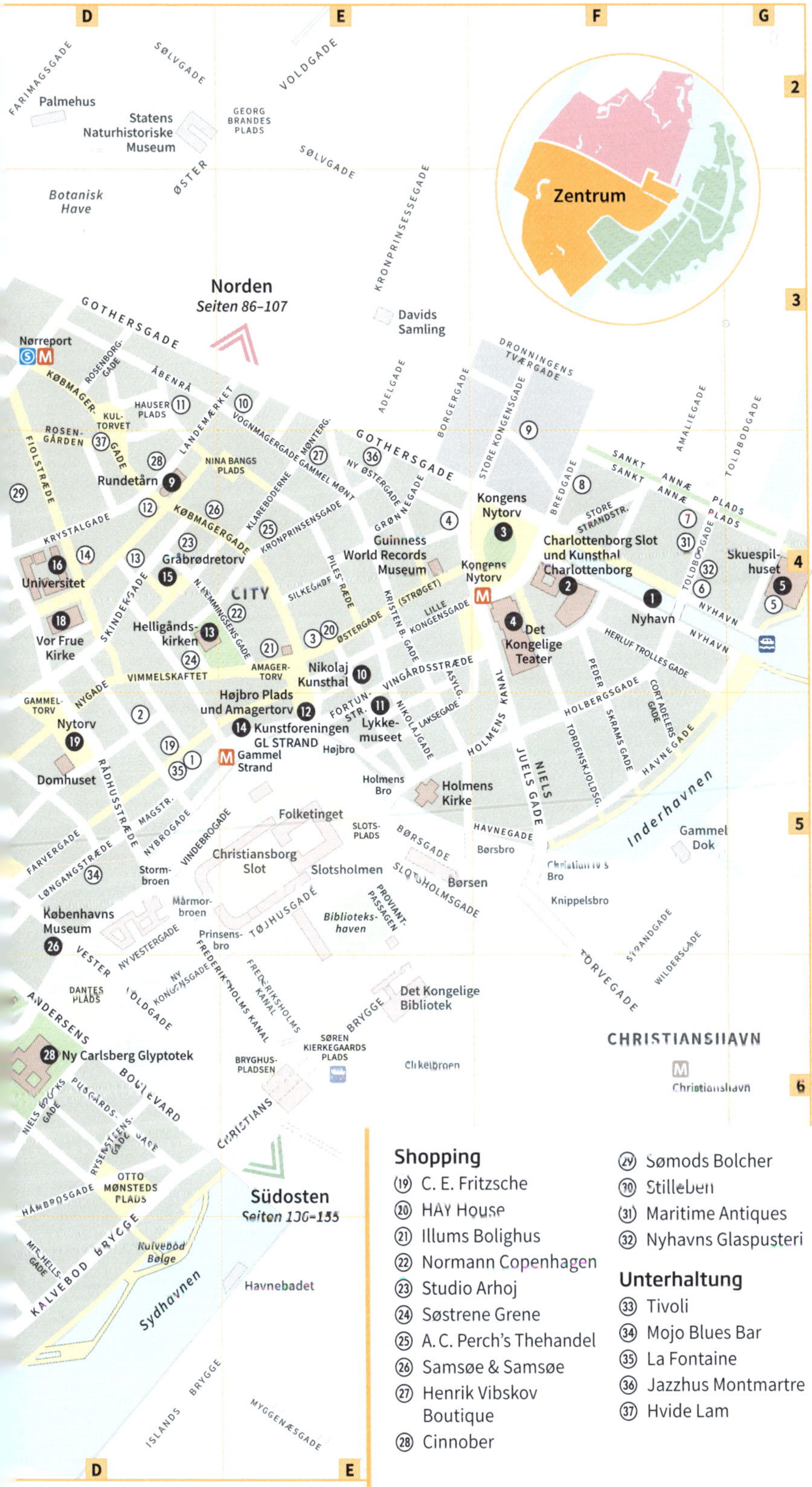

Shopping

⑲ C. E. Fritzsche
⑳ HAY House
㉑ Illums Bolighus
㉒ Normann Copenhagen
㉓ Studio Arhoj
㉔ Søstrene Grene
㉕ A. C. Perch's Thehandel
㉖ Samsøe & Samsøe
㉗ Henrik Vibskov Boutique
㉘ Cinnober
㉙ Sømods Bolcher
㉚ Stilleben
㉛ Maritime Antiques
㉜ Nyhavns Glaspusteri

Unterhaltung

㉝ Tivoli
㉞ Mojo Blues Bar
㉟ La Fontaine
㊱ Jazzhus Montmartre
㊲ Hvide Lam

Persönliche Favoriten

Das Zentrum bietet eine Fülle an Sehenswürdigkeiten, Shoppingerlebnissen und kulinarischen Angeboten. Doch neben dem Offensichtlichen gibt es auch viel Kleines und Feines oder Verborgenes zu entdecken.

Strædet

Ähnlich wie die parallel verlaufende Strøget besteht auch die Strædet aus mehreren Straßen, nämlich Kompagnistræde, Laederstræde und Farvergade.

Tisch im Café Kompa'9

Glaswaren von C. E. Fritzsche

Die beiden Fußgängerzonen Strøget und Strædet liegen zwar nur einen Steinwurf voneinander entfernt, könnten aber nicht unterschiedlicher sein. Findet man in der einen alle großen Namen, sind hier kleine unabhängige Läden angesiedelt. Viele Häuser sind dreigeteilt: ein Laden im Souterrain, ein Café im Hochparterre und eine Boutique im ersten Stock. Im Angebot sind die unterschiedlichsten Dinge: von Spielzeug über Schmuck und Accessoires bis zu Glaskunst. Dazu gibt es viele Cafés und Restaurants, die oft ein paar Tische auf die Straße stellen – ideal, um das bunte Treiben rundherum zu beobachten.

Strædet
D5 Kompagni-, Laederstræde, Farvergade

Illum Rooftop

Ein Besuch der Dachterrasse des Kaufhauses Illum ist ideal für eine Pause. Hier bekommt man etwas zu essen, zu trinken und einen fantastischen Ausblick dazu.

Terrasse auf dem Dach des Kaufhauses Illum

Im Kaufhaus Illum kann man aufs Einfachste drei Dinge miteinander verbinden: Shoppen, Essen und den Ausblick genießen. Im Dachgeschoss des Edelkaufhauses sorgen nämlich drei Restaurants – Skagen Fiskerestaurant (Fisch und Seafood), Rossopomodoro (Pizza und Pasta) und Palæo (Speisen aus der Steinzeit) – und ein Café fürs leibliche Wohl. Von der Terrasse hat man einen fantastischen Blick über die Dächer der Stadt und die belebte Strøget weiter unten. Auch wer dänische Delikatessen einkaufen will, wird hier fündig: im Gourmet-Supermarkt Illum Underground.

Illum Rooftop
E4 Østergade 52 +45 33 14 40 02
So – Mi 10 – 23, Do – Sa 10 – 24 (Küche schließt 2 Std. früher) illum.dk/food/illum-rooftop

Torvehallerne

Die beiden Markthallen am Israels Plads stehen nicht nur für Gourmetshopping – an den vielen Imbissständen kann man die Köstlichkeiten auch gleich testen.

Obst- und Gemüsestand in der Torvehallerne

Auf dem Israels Plads, an dem heute die zwei Markthallen stehen, fand bereits seit 1889 ein Gemüsemarkt statt. Die Bauern von Amager verkauften hier ihre Produkte. Es folgte eine Zeit als trüber Parkplatz, bis 2012 die Torvehallerne – Kopenhagens »Speisekammern« – eröffneten und das ganze Viertel belebten. Die beiden Hallen sind ein wahres Mekka, wenn es um Lebensmittel und deren Zubereitung geht. An mehr als 60 Ständen gibt es Fisch, Fleisch, Gemüse, Öle, Schnaps, Kaffee, Schokolade, Gewürze und vieles mehr – alles in bester Qualität und überwiegend regional. An anderen werden Küchenhelfer und Pfannen angeboten. Wer nicht selbst kochen will, findet an den Imbissständen ein großes Angebot an Leckereien – Tapas, Sushi, Pizza oder *smørrebrød*.

Torvehallerne
C3 Frederiksborggade 21 Mo–Fr 10–19, Sa, So 10–18 torvehallernekbh.dk

Nasensammlung in der Ny Carlsberg Glyptotek

Die Ny Carlsberg Glyptotek wartet nicht nur mit antiken Skulpturen und französischen Meistern auf, sondern auch mit einer skurrilen und lustigen »Nasothek«.

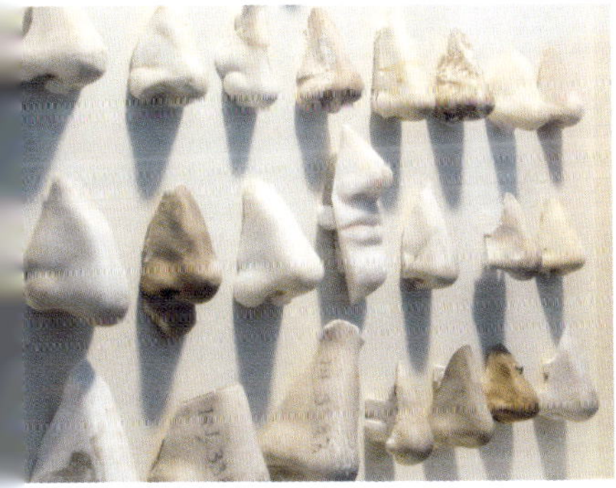

Nasen in der Ny Carlsberg Glyptotek

Wenn man durch die Säle der Glyptothek schlendert, kommt man unweigerlich an einem Schaukasten mit »abgenommenen« Nasen vorbei, die keineswegs so alt sind, wie es vielleicht scheint. Sie sind nämlich nicht antik, sondern stammen großteils aus dem 19. Jahrhundert. Zu dieser Zeit war es Usus, »beschädigte« antike Statuen mit neuen Nasen, Ohren etc. zu versehen. Als sich die Art der Kunstrestaurierung änderte – Authentizität galt nunmehr als Vollständigkeit, wurden alle später zugefügten Teile wieder entfernt. In der Kopenhagener Glyptothek wurden die teils kunstvoll gearbeiteten Nasen jedoch nicht weggeworfen, sondern der Öffentlichkeit präsentiert.

Nasensammlung in der Ny Carlsberg Glyptotek
D6 Dantes Plads 7 +45 33 41 81 41 Di–So 10–17 (Do bis 21) glyptoteket.dk

Spaziergang rund um Kongens Nytorv

Länge 1,5 km **Dauer** 20 Minuten
U-Bahn Kongens Nytorv

Während des späten 17. Jahrhunderts wurde der Kongens Nytorv (Neuer Königsplatz) als Verbindung zwischen den mittelalterlichen Stadtteilen und den neueren Vierteln geschaffen. Heute ist er Kopenhagens größter Platz und eignet sich bestens als Startpunkt für Ausflüge. Im Südosten grenzt er an das pittoreske Nyhavn-Viertel, wo man von den Cafés am Kanal das historische Schiff *Anna Møller* des Nationalmuseums bewundern kann. Am Platz beginnt auch die Strøget, an der viele Restaurants, Bars und Läden liegen.

Das **Hotel d'Angleterre** ist eines der ältesten und exklusivsten Hotels Skandinaviens.

Im **Guinness World Records Museum** werden Superlative aus den Büchern gezeigt.

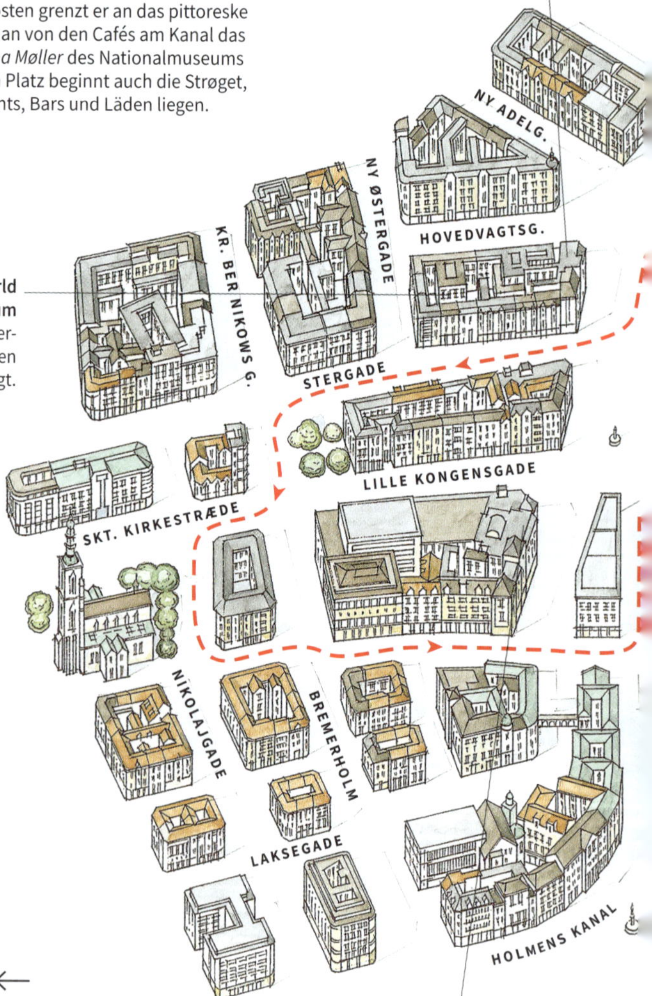

←

Die Nikolaj Kunsthal (siehe S. 120) *ist heute ein Zentrum für zeitgenössische Kunst*

Das **Magasin du Nord** ist über 100 Jahre alt und eines der größten und exklusivsten Kaufhäuser Skandinaviens.

Der Anker der Fregatte *Fyn* erinner an die dänischen Seeleute, die im Zweiten Weltkrieg umkamen

Zur Orientierung
Siehe Stadtteilkarte S. 110f

Schon gewusst?

Die bunte Uferseite des Nyhavn heißt »Sonnenseite«, die andere »Schattenseite«.

Christian V., dessen riesiges Reiterdenkmal mitten auf dem Platz steht, ließ **Kongens Nytorv** *(siehe S. 116f)* 1680 errichten. Er ist der eleganteste Platz Kopenhagens.

Ein **Anker** aus dem 19. Jahrhundert wurde zum Mahnmal für die Opfer des Zweiten Weltkriegs.

Charlottenborg Slot und **Kunsthal Charlottenborg** *(siehe S. 116)* bilden das älteste Gebäude am Platz und beherbergen heute Ausstellungsräume für zeitgenössische Kunst.

Alljährlich legen historische Segelschiffe am **Nyhavn** an.

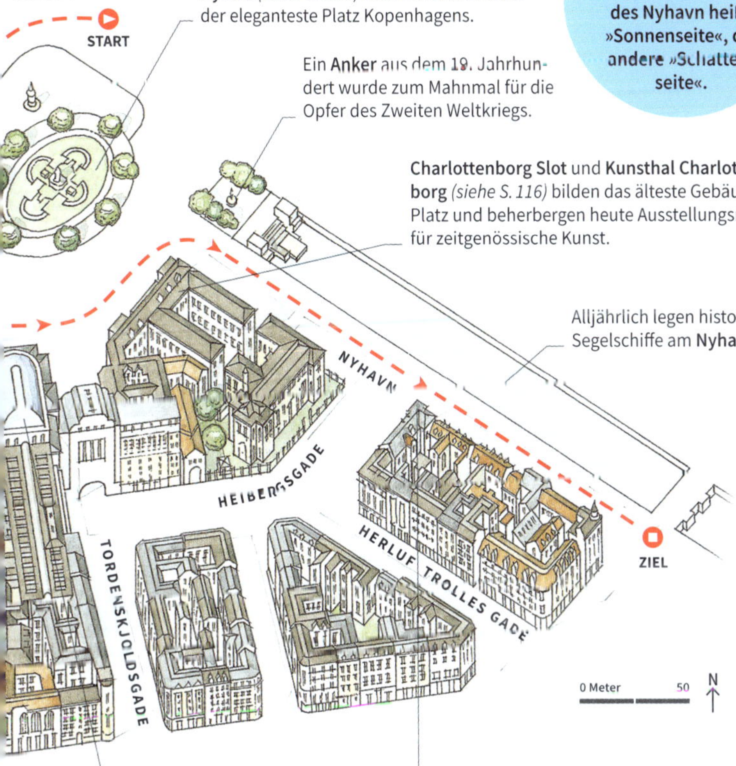

Det Kongelige Teater *(siehe S. 117)* stammt aus dem 19. Jahrhundert und dient als Bühne für Theater- und Ballettaufführungen.

An der Nordseite des Nyhavn *(siehe S. 116)* stehen **farbenfrohe Häuser**, von denen viele einst Bordelle für Seeleute waren.

Der pittoreske Nyhavn mit seinen bunten Häusern und Schiffen

1 Nyhavn

F4 · 26

Der von bunten Häusern gesäumte, 300 Meter lange Kanal wird Nyhavn (Neuer Hafen) genannt. Er wurde zwischen 1671 und 1673 von Soldaten ausgehoben, damit Handelsschiffe ins Zentrum von Kopenhagen segeln konnten. Heute sind hier edle Jachten und gepflegte alte Holzboote vertäut.

Zur Zeit von Hans Christian Andersen hatte die Gegend nördlich des Kanals einen denkbar schlechten Ruf: ein berüchtigtes Rotlichtviertel mit billigen Bars, Stundenhotels, Tätowierläden und Bordellen. Doch inzwischen hat sich Nyhavn zu einer attraktiven Gegend gemausert und ist eines der bekanntesten Viertel der Stadt. Die Seemannsspelunken sind längst verschwunden. Stattdessen warten Bars, Cafés und Restaurants auf Gäste.

Der gewaltige Anker, der am Ende des Kanals in Richtung Kongens Nytorv aufgestellt wurde, gehörte einmal zur *Fyn*, einer Fregatte aus dem 19. Jahrhundert. Heute dient er als Denkmal für die 1600 dänischen Seeleute, die während des Zweiten Weltkriegs starben.

2 Charlottenborg Slot und Kunsthal Charlottenborg

F4 · Nyhavn 2 · +45 33 74 46 39 · Kongens Nytorv · 23, 26 · Di–Fr 12–20, Sa, So 11–17 · kunsthal charlottenborg.dk

Das Barockschloss wurde zwischen 1672 und 1683 für Königin Charlotte Amalie, die Gattin Christians V., erbaut und nach ihr benannt. Mitte des 18. Jahrhunderts übergab es Frederik V. der soeben gegründeten Königlichen Akademie der Schönen Künste. Bis heute ist die Fakultät von Studierenden und Professoren bevölkert. Im Gebäude daneben ist die Kunsthal, einer der größten Ausstellungsräume für zeitgenössische Kunst in Nordeuropa.

3 Kongens Nytorv

F4 · Kongens Nytorv

Der Neue Königsplatz wurde vor über 300 Jahren angelegt. Er ist einer von Kopenhagens zentralen Punkten und gleichzeitig Adresse von Det Kongelige Teater, Charlottenborg Slot, Magasin du Nord und Hotel d'Angleterre. Zum einen markiert er das Ende des Nyhavn, zum anderen ist er ein guter Startpunkt für einen Bummel über die Strøget mit ihren Läden und Restaurants.

In der Mitte des ovalen Platzes steht das Reiterdenkmal Christians V., in dessen Auftrag der Platz gebaut wurde. Das Original schuf 1688 Abraham-César Lamoureux. Leider sank das schwere Bleimonument im Lauf der Jahre ein, wodurch sich die Proportionen des als römi-

Die romantischen Wurzeln des Hotel d'Angleterre

Mitte des 18. Jahrhunderts kam der Friseur und Maskenbildner Jean Marchal mit einer Schauspieltruppe nach Kopenhagen. Er beschloss, in der Stadt zu bleiben, und wurde Kammerdiener des Grafen Conrad Danneskiold-Laurvig. Bei einem Empfang lernte er Maria Coppy, die Tochter des Hofkochs, kennen. Sie heirateten 1755 und eröffneten dank Marias Kochkunst ein Restaurant mit ein paar Unterkünften für Reisende. Leider starben die beiden zu früh, um die Früchte ihrer Arbeit zu ernten. Doch ihr kleines Hotel überlebte und florierte. Inzwischen wurde es mehrfach erweitert und hat heute rund 90 Zimmer, in denen auch Berühmtheiten der Zeitgeschichte logierten.

scher Feldherr Porträtierten verschoben. 1946 wurde ein neuer Abguss angefertigt, diesmal aus Bronze.

Früher wuchsen auf Kongens Nytorv Ulmen. Nach massivem Schädlingsbefall mussten sie 1998 ersetzt werden.

4 Det Kongelige Teater

F4 August Bournonvilles Passage, Kongens Nytorv 9 +45 33 69 69 69 (Kartenverkauf)
kglteater.dk

Kaum einer blickt von Kongens Nytorv aus nicht beeindruckt auf das Königlich Dänische Theater. Der riesige Neorenaissance-Bau zählt seit seiner Eröffnung im Jahr 1748 zu Dänemarks wichtigsten Kulturhäusern. In seiner heutigen Form besteht das Gebäude nach Plänen des dänischen Architekten Vilhelm Dahlerup (1836–1907) seit 1874.

Über viele Jahre wurden in diesem Haus Opern, Ballette und Schauspiele aufgeführt. Es verfügt über zwei Bühnen: Gamle Scene (alte Bühne) mit Platz für 1600 Besucher sowie einer Loge für die königliche Familie und Nye Scene (neue Bühne; Anbau von 1931).

Seit der Eröffnung des modernen Opernhauses Operaen gegenüber von Amalienborg Slot im Januar 2005 *(siehe S. 152)* finden im Kongelige Teater fast nur noch Ballettaufführungen statt. Theater gibt es im Skuespilhuset.

Die Statuen vor dem Theater stellen zwei berühmte Dänen dar, die viel zur Entwicklung der Künste beitrugen. Der eine ist der Schriftsteller Ludvig Holberg, der oft als geistiger Vater des dänischen Theaters bezeichnet wird, der andere der Dichter Adam Oehlenschläger.

5 Skuespilhuset

G4 Sankt Annæ Plads 36
+45 33 69 69 69
kglteater.dk

Im letzten Jahrhundert gab es eine Reihe von Spielstätten für Det Kongelige Teater in der Stadt – mit unterschiedlichem Erfolg. Erst 2001 genehmigte die Verwaltung die Pläne für ein zeitgemäßes Gebäude für ein Schauspielhaus.

Der neue Theaterbau wurde im Jahr 2008 eröffnet. Das ultramoderne Gebäude bietet mehrere Bühnen, darunter die große Bühne mit 650 Plätzen, die beiden Portscenen mit jeweils 200 Plätzen sowie eine Studiobühne mit 100 Plätzen. Es gibt zudem verschiedene Open-Air-Bereiche, etwa das Foyer am Wasser und die Terrasse mit Fußgängerbrücke, die für Kindertheater und andere Events genutzt werden können.

Zusätzlich zum normalen Theaterspielplan finden im Skuespilhuset auch Ballettaufführungen, Lesungen, Konzerte sowie Diskussionen mit Autoren, Regisseuren und Schauspielern statt. Alle Aufführungen sind auf Dänisch.

Der von den dänischen Architekten Boje Lundgaard und Lene Tranberg entworfene Bau am Binnenhafen von Kopenhagen ist ein markantes Wahrzeichen der Stadt. Das architektonische Aushängeschild ist eine Mischung aus verschiedensten Materialien: Die breite Promenade aus Eichenholz steht auf Pfählen im Wasser, das ebenerdige Geschoss aus speziell gebrannten dunklen Ziegelsteinen, die an die typisch dänischen Speicherhäuser des 18. Jahrhunderts erinnern, beherbergt die Theatersäle, das gläserne Obergeschoss ist den Mitarbeitenden des Theaters vorbehalten, und im kupferverkleideten Kulissenturm ist die Theatertechnik untergebracht.

Reiterdenkmal Christians V. am Kongens Nytorv

Raum der Sonderausstellung Aktivist *im Arbejdermuseet*

6

Arbejdermuseet

D3 Rømersgade 22
+45 33 93 25 75 S M Nørreport 14 tägl. 10–17
1. Jan, 24.–26., 31. Dez
arbejdermuseet.dk

Das Arbeitermuseum widmet sich der Geschichte der Arbeiter in Dänemark und der dänischen Arbeiterbewegung. Das 1983 gegründete Museum befindet sich im historischen Verbandshaus der dänischen Gewerkschaften aus dem Jahr 1879. Teile des Gebäudes, darunter der Versammlungssaal mit einer wunderschönen gläsernen Jugendstil-Decke von 1907, sehen nach einer Restaurierung wie im Jahr 1913 aus.

Neben verschiedenen Wechselausstellungen zeigt das Museum über vier Stockwerke verteilt die teils interaktive Dauerausstellung. Sie widmet sich etwa der Industriearbeit von der Mitte des 19. Jahrhunderts bis heute, der Geschichte der dänischen Arbeiterbewegung, zeigt die Einrichtung der Wohnung der Familie Sørensen, die seit 1915 fast unverändert geblieben ist, und porträtiert das Leben der Arbeiter im Kopenhagen der 1950er Jahre.

Im Keller des Museums befindet sich mit dem Café & Øl-Halle »1892« *(siehe S. 133)* die einzige denkmalgeschützte Kellerwirtschaft Kopenhagens. Sie wurde ebenfalls restauriert und sieht nun wieder aus wie im Jahr 1892. Das spiegelt sich auch auf der Speisekarte wider: Hier gibt es traditionelle, hausgemachte Gerichte aus nachhaltigen und biologisch angebauten Zutaten.

7

Torvehallerne

C3 Frederiksborggade 21 S M Nørreport
14 Mo–Fr 10–19, Sa, So 10–18
torvehallernekbh.dk

Die beiden großen hellen Glashallen am Israel Plads sind seit ihrer Eröffnung 2011 vor allem zur Mittagszeit ein beliebtes Ziel. An den Imbissständen findet sich für jeden Geschmack etwas, seien es Tapas, Tacos, Pasta, Sushi, Salat, Fisch oder *smørrebrød*.

Wer es exotischer mag, kann auch das Palæo besuchen, das »steinzeitliche« Gerichte ohne »schnelle« Kohlenhydrate und extra Zucker serviert. Essen kann man drinnen oder draußen an Biertischen.

Darüber hinaus gibt es über 60 Stände, die Delikatessen und dänische Erzeugnisse anbieten – von Gewürzen und Bio-Weinen über landwirtschaftliche Bio-Produkte, fangfrischen Fisch und Spezialitäten von der Insel Bornholm bis zu Backwaren, Kaffee und Gourmet-Schokolade. Auf dem Freigelände zwischen den beiden Hallen befinden sich Blumen- und Gemüsestände.

8

Ørstedsparken

C4 Nørre Voldgade 1
S M Nørreport
2A, 5C, 94N

Der 6,5 Hektar große Park entstand wie auch der Vergnügungspark Tivoli *(siehe*

Der See im Ørstedsparken mit pittoresker Brücke

Ein gepflasterter Wendelgang führt zum Observatorium und zur Aussichtsplattform des Rundetårn

Von der Aussichtsplattform des Rundetårn hat man einen fantastischen Blick über das alte Studentenviertel Kopenhagens, das Latinerkvarteret.

S. 128f), der Botanisk Have *(siehe S. 100f)* und die Østre Anlæg in der zweiten Hälfte des 19. Jahrhunderts, als die frühere ringförmige Wallanlage rund um Kopenhagen abgebaut wurde. Noch heute kann man hier alte Bastionen entdecken, der See zeichnet den Verlauf des ehemaligen Stadtgrabens nach. Der Landschaftsgärtner Hans Christian Flindt legte den Ørstedsparken als englischen Landschaftsgarten an.

Im Park mit vielen Grasflächen zum Sonnen stehen etliche Denkmäler und Skulpturen, darunter auch das monumentale Denkmal für den Naturforscher und Entdecker des Elektromagnetismus Hans Christian Ørsted (1777–1851), nach dem der Park benannt wurde, sowie Repliken antiker Statuen.

Im Sommer lädt ein schönes Café zum Verweilen ein, Kinder lieben hingegen die beiden großen Spielplätze.

9

Rundetårn

D4 Købmagergade 52A +45 33 73 03 73 Nørreport Nørreport, Kongens Nytorv 5A, 6A, 14 Apr–Sep: tägl. 10–20; Okt–März: tägl. 10–18 (Di, Mi bis 21) rundetaarn.dk

Der Rundetårn wurde im Auftrag von Christian IV. als Sternwarte für die nahe Universität errichtet. Noch heute wird sie genutzt. Der »Runde Turm« gilt als ältestes noch funktionstüchtiges Observatorium seiner Art in Europa.

Der Turm ist 35 Meter hoch und hat einen Durchmesser von 15 Metern. An der Fassade ist ein Bilderrätsel von Christian IV. zu sehen, sinngemäß: »Rechte Lehre und Gerechtigkeit leite Gott ins Herz von König Christian IV.«

Zur Aussichtsplattform und zum Observatorium des Turms gelangt man auf einem breiten, gepflasterten Wendelgang, der sich auf 209 Metern siebeneinhalbmal um die eigene Achse dreht. Im Turm sind auch zwei Latrinen, eine auf halber Höhe hinter dem Zugang zur Bibliothekshalle, die andere direkt unter dem Dach.

Während der Eröffnungszeremonie 1642 soll Christian IV. auf einem Pferd über den Wendelgang bis unters Dach geritten sein. 1716 soll Zar Peter der Große dieses Kunststück wiederholt haben, als er zu Besuch in Kopenhagen war. Seine Frau, Zarin Katharina, ließ sich angeblich in einer von sechs Pferden gezogenen Kutsche nach oben bringen.

Von der Aussichtsplattform des Rundetårn hat man einen fantastischen Blick über Kopenhagens altes Studentenviertel, das Latinerkvarteret. Die Plattform ist von einem schmiedeeisernen Gitter umgeben mit dem Monogramm von Christian IV. und den Buchstaben RFP: »Regna Firmat Pietas« – »Frömmigkeit stärkt die Reiche«, dem Wahlspruch von König Christian IV.

Entdeckertipp

Arbeiterkinder

Im Kinder-Arbeitermuseum innerhalb des Arbejdermuseet *(siehe links)* erfahren Kinder spielerisch und interaktiv, wie der Alltag von Arbeiterkindern um 1930 ausgesehen hat. Kleine Besucher erhalten einen guten Eindruck davon, wie ihre »Vorgänger« gewohnt, gearbeitet und gespielt haben.

Blick vom Turm der Nikolaj Kunsthal über die Dächer der Stadt

10

Nikolaj Kunsthal

E4 Nikolaj Plads 10 +45 33 18 17 80 M Kongens Nytorv, Gammel Strand 23, 26 Di–Fr 11–18, Sa, So 11–17 W nikolajkunsthal.dk

In dem einzigartigen Ausstellungsareal, das sich teilweise in der wiederaufgebauten Sankt Nikolaj Kirke aus dem 13. Jahrhundert befindet, wird dänische und internationale zeitgenössische Kunst gezeigt, die bisher noch nicht ausgestellt wurde und die öffentliche Diskussion anregen soll. Im Vordergrund stehen Experimental- und innovative Kunst, die einen Dialog über historische Perspektiven und moderne Trends anstoßen soll.

Jedes Jahr finden hier sieben bis neun Ausstellungen statt. Eine richtet sich immer speziell an Kinder und junge Menschen. Eine andere, das Fokus Video Art Festival, zeigt jeden Februar neue Werke von dänischen und internationalen Künstlern. Das Kulturerbe des Gebäudes fließt ebenfalls in das Ausstellungsdesign mit ein.

Vom Turm der ehemaligen Kirche hat man einen wunderbaren Blick über die Dächer Kopenhagens.

11

Lykkemuseet

E4 Admiralgade 19 M Gammel Strand 2A, 23, 31, 37 Mi–So 11–17 W thehappiness museum.com

Im Glücksmuseum erfahren Sie, warum die nordischen Länder oft als glücklichste der Welt bezeichnet werden und wie man etwas so Subjektives wie Glück messen kann. Besucher erfahren mehr über die Anatomie des Lächelns, was man unter dem nordischen Modell versteht, und können selbst Zettel schreiben, worin ihr eigenes Glück besteht – alles sehr inspirierend!

12

Højbro Plads und Amagertorv

E5 M Gammel Strand

Der Platz im Zentrum der Stadt erscheint auf den ersten Blick wie eine einzige riesige Fläche. Tatsächlich teilt er sich jedoch in Højbro Plads und Amagertorv auf.

Auf dem Højbro Plads steht das Denkmal von Bischof Absalon, dem Gründer Kopenhagens, der vom Pferd aus auf Christiansborg Slot auf der anderen Kanalseite zeigt. Auf dem Sockel des Denkmals (1901) sieht man Heringe als Symbol für die wichtige Rolle, die sie für die junge Ansiedlung Havn spielten. Die meisten Gebäude rund um den Højbro Plads sind im klassizistischen Stil errichtet.

Auf dem Amagertorv, dem früheren Stadtmarkt, auf dem bis 1868 Gemüse von der Insel Amager verkauft wurde, befindet sich der Storkespringvandet (Storchenspringbrunnen) von 1894. Auf der Säule sieht man die drei namensgebenden Störche.

Im Norden von Amagertorv steht ein Haus, das 1616 im Stil der holländischen Renaissance erbaut wurde. Es ist eines der ältesten der Stadt und beherbergt seit 1911 den Flagship-Store der königlichen Porzellanmanufaktur Royal Copenhagen.

Fußgängerzone Strøget

»Strøget« (»Streifen«) ist ein reiner Kunstbegriff und eigentlich kein Straßenname an sich, da sich die Fußgängerzone, die von Osten nach Westen durch Kopenhagens Zentrum verläuft, aus fünf Straßen zusammensetzt: Østergade, Amagertorv, Vimmelskaftet, Nygade und Frederiksberggade. Im Jahr 1962 wurden sie autofrei. Seither sind die Straßen zur beliebtesten Shoppingmeile der Stadt avanciert. Die Läden reichen von internationalen Modelabels über exklusive Boutiquen bis hin zu Spielzeugläden. Cafés und Restaurants servieren Spezialitäten aus aller Welt. Außerdem liegen hier einige hübsche Kirchen und Plätze sowie ein paar Museen. Wenn der König zu Hause ist, marschiert täglich um 11:45 Uhr die *Livgarden* (Königliche Leibgarde) die Østergade entlang – zur Wachablösung an Amalienborg Slot.

Eingang zum Kunstforeningen GL STRAND

13 Helligåndskirken

D4 · Niels Hemmingsens Gade 5 · +45 33 15 41 44 · Gammel Strand · Mo – Fr 12 – 16 · helligaandskirken.dk

Ursprünglich stammt die Heiliggeistkirche aus dem frühen 15. Jahrhundert. Damals war sie ein Augustinerkloster, das auf den Grundmauern eines Sakralbaus aus dem Jahr 1238 errichtet worden war. Die Kirche ist eine der ältesten in Kopenhagen. Türme bekam sie erst Ende des 16. Jahrhunderts. Das Sandsteinportal, das eigentlich für die Børsen (Börse) gedacht war, entstand Anfang des 17. Jahrhunderts.

1728 wurde der Sakralbau von einem Feuer zerstört und danach weitgehend erneuert. Im rechten Flügel sind noch einige der Originalmauern erhalten. Bis heute werden hier Gottesdienste abgehalten. Zudem gibt es Kunstausstellungen, bei denen man die wunderbaren Gewölbe bewundern kann.

Im Kirchhof steht ein Mahnmal für die dänischen Opfer der Nazi-Konzentrationslager.

14 Kunstforeningen GL STRAND

E5 · Gammel Strand 48 · +45 33 36 02 60 · Gammel Strand · Di – So 11–18 (Do bis 20, Sa, So bis 17) · glstrand.dk

Kopenhagens Museum für moderne und zeitgenössische Kunst wurde 1825 von dem Maler und Professor C. W. Eckersberg gegründet. Es sollte den Graben zwischen Kunstkennern und normalem Publikum überbrücken und Kunst für die Allgemeinheit leichter zugänglich machen. Heute liegt der Schwerpunkt auf der Unterstützung junger Künstler.

Die Ausstellungsräume befinden sich seit 1952 in einem Gebäude am Gammel Strand, das im 18. Jahrhundert von Philip de Lange entworfen wurde. GL STRAND bietet jedes Jahr sechs bis acht Sonderausstellungen einzelner Künstler. Im Lauf der Jahre gab es viele faszinierende Ausstellungen, etwa der Werke von Edvard Munch (1908), Asger Jorn (1953), den Filmemachern David Lynch (2010) und Stanley Kubrick (2018), Mario Testino (2016), Louise Bourgeois (2011), Hans Purrmann (2019), Asger Jorn (2021) und Yael Bartana (2024).

15 Gråbrødretorv

D4 · Gammel Strand · 6A

Der charmante Platz liegt inmitten eines Gewirrs von kleinen mittelalterlichen Gassen. Bis 1530 stand hier ein Franziskanerkloster, das im Zuge der Reformation abgerissen wurde. Von den im Kloster lebenden »Grauen Brüdern« rührt aber noch immer der Name des Platzes. 1728 zerstörte ein Brand die umliegenden Gebäude. Die meisten der bunt angestrichenen Häuser stammen daher aus der Mitte des 18. Jahrhunderts.

Der Gråbrødretorv ist vor allem im Sommer ein beliebtes Ziel, wenn die zahlreichen Cafés und Restaurants ihre Tische im Freien aufstellen.

Den Gråbrødretorv umgeben bunte Häuser mit vielen Cafés

16

Universitet

D4 Nørregade 10 Ⓢ Ⓜ Nørreport 5C, 94, 184, 185 ku.dk

Der gepflasterte Frue Plads und die Universitätsgebäude liegen im Herzen des sogenannten Latinerkvarteret (früher sprach man hier Lateinisch). Die Universität wurde 1479 von Christian I. gegründet, doch die Bauten, die heute am Frue Plads stehen, stammen aus dem 19. Jahrhundert. Sie beherbergen nur wenige Fakultäten. Die meisten Fachbereiche sind auf dem Campus auf der Insel Amager, östlich von Kopenhagen, untergebracht.

Das gewaltige klassizistische Universitätsgebäude liegt gegenüber der Vor Frue Kirke. Seine imposante Eingangshalle ist mit Fresken von Constantin Hansen (1804–1880) verziert. Sie zeigen Szenen aus der griechischen Mythologie.

Neben dem Bau steht die Universitätsbibliothek aus dem 19. Jahrhundert. Dort gibt es eine Vitrine, in der Splitter einer Kanonenkugel liegen, die während des Beschusses durch die Briten 1807 hier einschlug. Die Kugel traf die Bibliothek und dort ein Buch mit dem Titel *Der Verteidiger des Friedens*.

Auf der zur Universität führenden Fiolstræde gibt es zahlreiche Antiquariate und schöne Cafés.

17

Sankt Petri Kirke

D4 Larslejsstræde 11 +45 33 13 38 33 Ⓢ Ⓜ Nørreport 5C, 94 Apr–Sep: tägl. 11–15 So 11 sankt-petri.dk

Seit 1586 ist die Peterskirche die Hauptkirche für Kopenhagens deutsche Gemeinde. Sie wurde 1450 erbaut, erlitt aber bei mehreren Bränden und durch den britischen Beschuss von 1807 erhebliche Schäden. Gleichwohl stammen noch viele Ziegel des Mauerwerks von dem ursprünglichen Gebäude.

Bemerkenswert ist die »Grabkapelle«, in der zahlreiche Särge und Grabtafeln zu sehen sind. Diese datieren überwiegend aus dem 19. Jahrhundert. Eine Reihe von Gedenktafeln befindet sich an der Außenmauer der Kirche.

Die klassizistische Vor Frue Kirke mit vielen Skulpturen

18

Vor Frue Kirke

D4 Nørregade 8 +45 33 37 65 40 Ⓢ Ⓜ Nørreport 11A, 14 Mo–Do, Sa 8:30–17, Fr 8:30–10:30, 12–17, So 12–16:30 domkirken.dk

Kopenhagens Kathedrale, die Vor Frue Kirke (Frauenkirche), wirkt ein wenig düster. Sie ist die dritte Kirche, die an diesem Standort errichtet wurde. Die erste, eine kleine gotische Kirche aus dem 12. Jahrhundert, brannte 1728 nieder, die nachfolgende wurde 1807 im britischen Kanonenhagel zerstört (der Turm bot der Artillerie eine ideale Zielscheibe). Der jetzige Bau entstand im Jahr 1820. Er wurde von Christian Frederik Hansen im klassizistischen Stil entworfen und gilt als hervorragendes Beispiel für die Architektur des Goldenen Zeitalters.

Der Innenraum der Kirche mit zahlreichen Skulpturen des berühmten dänischen Bildhauers Bertel Thorvaldsen *(siehe S. 148)* gleicht eher einer Kunstgalerie. Zu beiden Seiten wachen Marmorstatuen der zwölf Apostel. Den Zentralbereich des Altars zieren ein kniender Engel und eine riesige Christusfigur, eines der berühmtesten Werke des Künstlers. Thorvaldsen schuf auch das Relief mit Johannes dem Täufer am Eingang.

Der Kirchturm ist 60 Meter hoch, die große Sturmglocke (Stormklokken) wiegt vier Tonnen und ist damit die größte des ganzen Landes.

In der Kathedrale finden auch die kirchlichen Feiern des dänischen Königshauses statt, 2004 heirateten hier Kronprinz Frederik und Mary Elizabeth Donaldson. Manchmal befindet sich unter den Besuchern der Sonntagsmesse auch Mitglieder der königlichen Familie. Früher hatten sie ihre eigene Loge. Heute sitzen sie inmitten der Untertanen auf einer Kirchenbank.

Das imposante Scandic Palace Hotel am Rathausplatz

Das klassizistische Domhuset mit seinen sechs großen Säulen an der Südseite des Nytorv wurde 1815 nach Plänen von Christian Frederik Hansen errichtet, dem Baumeister, der nach dem Brand von 1795 für den Wiederaufbau der Stadt sorgte. Als Material für das Domhuset dienten u. a. die Ziegelsteine des zerstörten Christiansborg Slot. Das Ergebnis war ein tempelähnlicher Bau, der zunächst als Amtssitz der Stadtbehörden diente. Anfang des 20. Jahrhunderts zog man ins Rådhus um. Die Inschrift am Domhuset bezieht sich auf die heutige Nutzung als Gericht und zitiert den Jütland-Code aus dem Jahr 1241: »Das Land soll auf Gesetze bauen.«

19

Nytorv

D5 11A, 14

Obwohl der Nytorv wie ein einziger Platz wirkt, besteht er tatsächlich aus zwei Teilen: Gammeltorv (Alter Platz) und Nytorv (Neuer Platz). Die zur Fußgängerzone Strøget gehörende Nygade quert den Platz. Der im Nordwesten der Strøget gelegene Gammeltorv war schon im 14. Jahrhundert Marktplatz und kann sich so der ältesten Handelstradition in Kopenhagen rühmen. Heute findet man hier neben Obst- und Gemüseständen auch kleine Schmuck- und Kunsthandwerksbuden.

Mitten auf dem Platz steht der Caritasbrønden (Wohltätigkeitsbrunnen) aus dem Jahr 1609. Das Meisterwerk der Renaissance ist die Arbeit von Statius Otto und zeigt eine Schwangere mit einem Kind im Arm und einem Jungen an der Hand – Symbol für Wohltätigkeit und Barmherzigkeit. Aus den Brüsten der Frau fließt Wasser, ebenso aus dem urinierenden Jungen (aus Gründen der Schamhaftigkeit wurden die Löcher im 19. Jahrhundert versiegelt). Christian IV. ließ den Brunnen errichten, um die Aufmerksamkeit des Volks auf seine Wohltätigkeit zu lenken. Früher versorgte er die Stadtbewohner mit frischem Wasser, das von einem fünf Kilometer nördlich gelegenen See in Holzleitungen in die Stadt floss.

Der Nytorv wurde 1606 geschaffen und diente den Behörden lange Zeit als Hinrichtungsstätte. Kurz nachdem ein Großteil des Stadtzentrums und mit ihm das Rathaus dem Brand von 1795 zum Opfer gefallen war, wurden die beiden Plätze zusammengelegt und erhielten ihre heutige Form. Der Grundriss des früheren Rathauses ist noch immer auf dem Pflaster erkennbar.

20

Scandic Palace Hotel

C5 Rådhuspladsen 57 +45 33 14 40 50 København H Rådhuspladsen Ripley's Believe It Or Not! und H. C. Andersen Eventyrhuset +45 33 32 31 31 tägl. 10–19 (Fr, Sa bis 20) ripleys.com/copenhagen

Direkt am Rådhuspladsen steht das Palace Hotel, das 1910 von Anton Rosen erbaut wurde und seit 1985 denkmalgeschützt ist. Das Backsteingebäude wird von einem 65 Meter hohen Turm dominiert und war Treffpunkt für Kopenhagener, Königsfamilien und internationale Gäste. Hier logierten einst Berühmtheiten wie Judy Garland, Audrey Hepburn und Errol Flynn.

Im Erdgeschoss des heute zur Scandic-Gruppe gehörenden Hotels liegen die beiden Museen Ripley's Believe It Or Not! und H. C. Andersen Eventyrhuset. Ripley's zeigt alle möglichen Absonderlichkeiten und Monstrositäten, Andersens »Abenteuerhaus« stellt Szenen aus den berühmtesten Märchen des Autors nach.

21

Rådhus

CD5 Rådhuspladsen 1 +45 33 66 25 86 København H
Rådhuspladsen 11, 23, 33 Mo–Fr 9–16,
Sa 9:30–13; Turm: Mo–Fr 11, 14, Sa 12 kk.dk

Lassen Sie sich vom strengen Äußeren des Rathauses mitten auf dem Rådhuspladsen nicht abschrecken, es ist öffentlich zugänglich. Und gegen eine kleine Gebühr kann man auch den Turm besteigen und die Aussicht genießen.

Das mit roten Ziegeln erbaute Rådhus (Rathaus) stammt aus dem Jahr 1905. Es wurde vom dänischen Architekten Martin Nyrop (1849–1921) entworfen, der sich von italienischen Bauten und Elementen der dänischen mittelalterlichen Architektur inspirieren ließ. In der großen Haupthalle, die manchmal für Ausstellungen und offizielle Anlässe genutzt wird, stehen Statuen von Nyrop und drei anderen prominenten Dänen: Bertel Thorvaldsen, H. C. Andersen und Niels Bohr. Führungen (englisch) finden Mo–Fr 13 und Sa 10 Uhr statt.

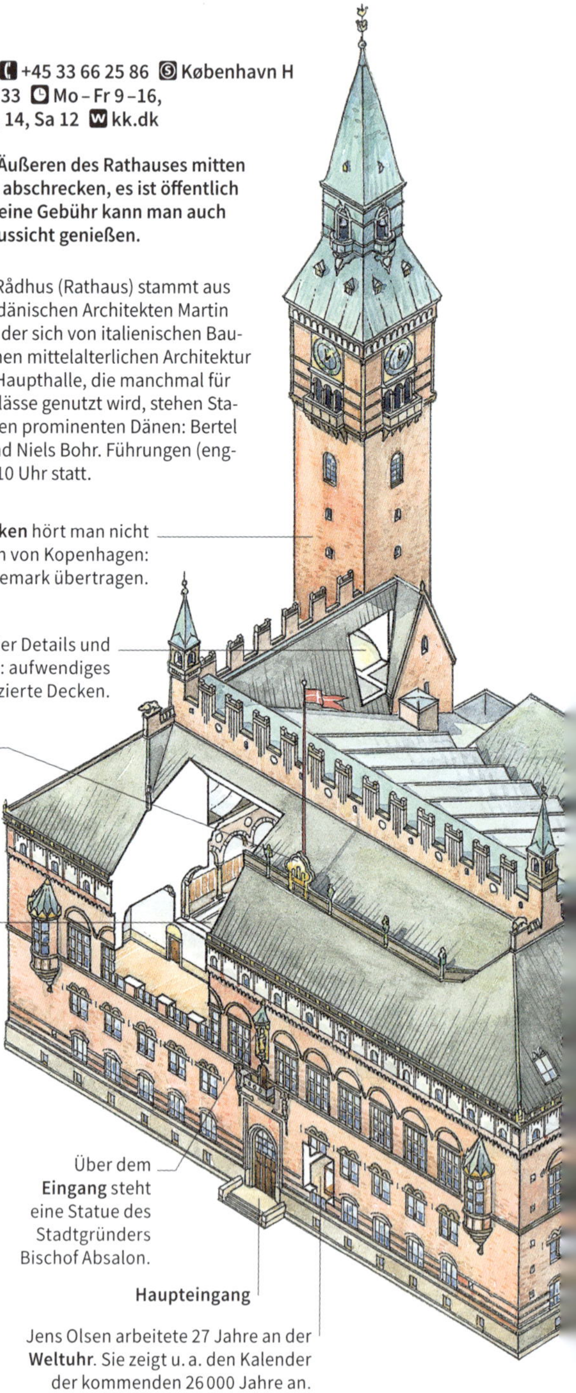

Das Läuten der **Turmglocken** hört man nicht nur auf den Straßen von Kopenhagen: Es wird im Radio in ganz Dänemark übertragen.

Die **Räume** stecken voller Details und architektonischer Finessen: aufwendiges Mauerwerk, Mosaiken und verzierte Decken.

Kopenhagens Wappen hat sich seit dem 13. Jahrhundert kaum verändert. Es trägt drei Schlosstürme, die Wellen des Øresund sowie Sonne und Mond.

Die riesige **Haupthalle** im ersten Stock ist von Kreuzgängen umgeben und besitzt ein glänzendes Dach. Sie ist italienisch verziert und mit Statuen versehen.

Über dem **Eingang** steht eine Statue des Stadtgründers Bischof Absalon.

Haupteingang

Jens Olsen arbeitete 27 Jahre an der **Weltuhr**. Sie zeigt u. a. den Kalender der kommenden 26 000 Jahre an.

Schöne Aussicht
Auf den Turm

Der Turm mit seinem schönen Glockenspiel ist eines der höchsten Gebäude der Stadt. Erklimmen Sie die 302 Stufen zur Spitze (105 m) und werfen Sie einen Blick über Kopenhagen.

Highlight

Kopenhagens Rathaus mit dem markanten Uhrenturm dominiert den gleichnamigen Platz

Schon gewusst?

In der dänischen Ausgabe von *Monopoly* ist die teuerste Lage der Rådhuspladsen.

Die prächtigen **Räume in den oberen Etagen** erreicht man über zierliche Stufen mit Marmorgeländer.

Das Rådhus liegt mitten auf dem Rådhuspladsen

22

Rådhuspladsen

C5 M Rådhuspladsen
11, 23, 33

Der Rathausplatz ist nach dem Kongens Nytorv der zweitgrößte Platz der dänischen Hauptstadt. Er wurde in der zweiten Hälfte des 19. Jahrhunderts angelegt, nachdem man das Westtor, das an dieser Stelle stand, abgerissen und die Wehranlagen eingeebnet hatte. Kurz darauf wurde der Bau des Rathauses beschlossen, was der Entwicklung der unmittelbaren Umgebung weiteren Aufschwung gab. 1994 machte man den Platz zur Fußgängerzone, die von Besuchern und Shoppern gleichermaßen frequentiert wird. Hier versammeln sich die Kopenhagener auch an Silvester.

Einige Monumente auf dem Rådhuspladsen sind erwähnenswert. Unmittelbar neben dem Eingang zum Rathaus liegt der Dragespringvandet (Drachenspringbrunnen), der im Jahr 1923 errichtet wurde. Ein Stück weiter, beim Turm des Rådhus, steht eine hohe Säule, die 1914 enthüllt wurde und zwei Hörner blasende Bronze-Wikinger zeigt. In der Nähe, am Hans Christian Andersens Boulevard, befindet sich die Figur des sitzenden Andersen mit Blick auf den Tivoli.

Recht kurios ist das Barometer, das das mit vielen Werbeplakaten bedeckte Richshuset an der Ecke Vesterbrogade und H. C. Andersens Boulevard krönt. Es zeigt u. a. ein Mädchen, das bei gutem Wetter Rad fährt und bei Regen einen Schirm aufspannt. An einem Thermometer in der Nähe kann man jederzeit die tägliche Temperatur ablesen.

Zum Barometer gehört ein Mädchen, das bei gutem Wetter Rad fährt und bei Regen einen Schirm aufspannt.

Entdeckertipp
Københavns Kulturkvarter

In Kopenhagens Kulturviertel (www.kultur kvarteret.dk), bestehend aus 17 Institutionen, kann man in minimaler Gehdistanz komprimiert in Dänemarks Vergangenheit, Gegenwart und Zukunft eintauchen.

23 Wallmans Cirkusbygningen

C5 Jernbanegade 8
+45 33 16 37 00
Vesterport 14, 15, 29
siehe Website
wallmans.dk

Das große runde Gebäude am Axeltorv wurde 1886 fertiggestellt und diente bis 1990 als Zirkus. Markanter Bestandteil der Fassade ist ein Fries des Bildhauers Frederik Hammeleff, das Motive aus dem alten Griechenland und Rom zeigt.

Zur Zeit des Baus waren Zirkuszelte noch unbekannt, vielmehr führten herumziehende Zirkuskompanien ihre Kunststücke in fest stehenden Gebäuden auf. Normalerweise handelte es sich dabei um einfache Holzgebäude, nur in größeren Städten – wie eben auch in Kopenhagen – wurden sie aus Stein gebaut.

Hier gastierten die bekanntesten Zirkusse ihrer Zeit, darunter auch Circus Schumann, der als einer der besten Europas galt und wegen seiner Pferdeshow berühmt war. 1990 fand die letzte Zirkusvorstellung statt, danach diente der Bau als Bühne für verschiedene Events – Musicals, Konferenzen und Konzerte.

Seit 2003 lädt hier Wallmans Salonger zu Dinnershows mit Akrobatik und mitreißender Musik.

24 Tycho Brahe Planetarium

B5 Gl. Kongevej 10 +45 33 12 12 24 Vesterport 26, 31 Mo 12–18:30, Di–So 9:30–20 (Do, Sa bis 20:30, Fr bis 21:30, So bis 19) 1. Jan, 24., 25. Dez planetariet.dk

Kopenhagens Planetarium ist das größte seiner Art in Westeuropa. Es ist nach Tycho Brahe (1546–1601) benannt, dem berühmten dänischen Astronomen. Er entdeckte 1572 einen neuen Himmelskörper im Sternbild der Kassiopeia und brachte das Wissen über die Planetenbewegungen ein großes Stück voran. Besonders beeindruckend sind diese Leistungen auch deshalb, weil Brahe sie vor der Erfindung des Teleskops erbrachte.

Das Planetarium wurde 1989 im zylindrischen Bau von Architekt Knud Munk eröffnet. Am schönsten sieht der sandfarbene Ziegelbau vom anderen Ufer des Sankt Jørgens Sø aus, der Ende des 18. Jahrhunderts durch Stauung einiger Flüsse geschaffen wurde. Das Planetarium steht im Gammel Kongevej (Alter Königsweg), der einst Reiseroute der Gesandtschaften nach Frederiksberg Slot war.

Im Planetarium werden Astronomie und Weltraumforschung allgemeinverständlich vermittelt. Die Dauerausstellung »Das aktive Universum« zeigt unser Sonnensystem sowie ein großes Modell der acht Planeten und von fünf Zwergplaneten. Hier erfährt man, wie unser Sonnensystem vor Milliarden von Jahren entstanden ist. Außerdem ist hier das weltweit größte Stück eines Mond-

Das Tycho Brahe Planetarium in Form eines abgeschrägten Zylinders

Panoramamodell der Stadt in Københavns Museum

gesteins außerhalb der USA zu sehen.

Im riesigen Kino des Planetariums werden täglich auf einer 1000 Quadratmeter großen, kuppelförmigen Leinwand diverse spektakuläre IMAX Filme und digitale 3-D-Filme gezeigt, etwa über die Wunder des Weltalls und der Natur sowie die Geschichte der Weltraumforschung.

25 Københavns Hovedbanegård

C6 Banegårdspladsen +45 70 13 14 15 **Mo–Do, So, Feiertage 4:30–2:15, Fr, Sa 24 Std.; Läden individuell** **hovedbanen.dk**

Københavns Hovedbanegård, kurz København H, ist der Hauptbahnhof der dänischen Hauptstadt und zugleich der wichtigste Fernbahnhof des Landes. Seit 2019 ist er auch an den Cityring der Metro angeschlossen. Er entstand nach einem Entwurf des dänischen Architekten Heinrich Wenck und wurde am 1. Dezember 1911 in Betrieb genommen. Bei seiner Eröffnung war er noch ein reiner Kopfbahnhof.

Der Hauptbahnhof liegt auf den ehemaligen Wallanlagen der Stadt. Im Westen schließt sich das Stadtviertel Vesterbro mit der Istedgade an, die sich nach der Eröffnung des Bahnhofs zu einem Vergnügungs- und Rotlichtviertel entwickelte.

Im Osten befindet sich der Vergnügungspark Tivoli *(siehe S. 128f)*. Gegenüber dem Haupteingang des Bahnhofs steht an der Vesterbrogade die 1797 errichtete Freiheitssäule, die an die Aufhebung der Leibeigenschaft in Dänemark erinnert.

Der Bahnhof verfügt über 13 Bahnsteige, die Gleise 1 bis 8 und 26 werden vom Regional- und Fernverkehr genutzt, die Gleise 9 bis 12 von der S-Bahn Kopenhagen. Der Bahnhof wird täglich von etwa 80 000 Reisenden frequentiert.

In der riesigen Haupthalle befinden sich viele Läden, von Imbissständen über Wechselstuben bis zu einer Apotheke.

26 Københavns Museum

D5 Stormgade 18 +45 21 76 43 66 **Rådhuspladsen** **11, 23, 33** tägl. 9–18 (Do bis 21) **cphmuseum.kk.dk**

Kopenhagens Stadtmuseum befindet sich seit Anfang 2020 in einem historischen Gebäude aus dem Jahr 1894 mit wunderschön bemalten Holzbalkendecken und kunstvollen Gewölben direkt hinter dem Rathaus. Ein Besuch ist wie ein Spaziergang durch Kopenhagen und seine Geschichte von der Wikingerzeit bis heute.

Die Dauerausstellung mit einer Vielzahl einzigartiger und origineller Exponate führt Sie an 14 wichtige Orte der Stadtgeschichte: berühmte Plätze und Gebäude, die eine zentrale Rolle gespielt haben, wie das alte Machtzentrum auf Slotsholmen, der Rathausplatz, auf dem die Menschen demonstrieren und feiern, sowie die königlichen Wohnstätten in Amalienborg Slot. Dazu sieht man die verschiedenen Kulturen, die in der Stadt präsent sind.

Darüber hinaus erfährt der Besucher anhand von interessanten Artefakten – etwa einem Knochenkamm aus der Wikingerzeit, dem Skelett eines Kriegers aus dem Mittelalter mit Schwert- und Axthieben, einer eleganten Sänfte (18. Jh.) und einem frühen Fahrrad aus Holz – mehr über die Menschen, die hier einmal gelebt haben.

Zu den Highlights des Museums gehören das große interaktive Stadtmodell und ein Panorama – ideal für einen ersten Überblick über die Stadt und ihre Sehenswürdigkeiten.

Schwirrt einem der Kopf von all den Eindrücken, kann man im Museumscafé oder im historischen Stadtgarten davor entspannen. Der Museumsshop ist ebenfalls einen Besuch wert.

27

Tivoli

C6 Vesterbrogade 3 +45 33 15 10 01 København H 2A, 11, 26, 31, 33, 37
Apr – Sep: tägl. 11 – 22 (Fr, Sa bis 24); Halloween (Mitte Okt – Anf. Nov), Weihnachten (Mitte Nov – 31. Dez) tivoli.dk

Es ist nicht überraschend, dass Walt Disney nach einem Besuch des Kopenhagener Tivoli auf die Idee kam, einen eigenen Vergnügungspark anzulegen. Seit über 180 Jahren liegt der Park im Herzen der Stadt und bietet für jeden etwas, darunter Achterbahnen, nostalgische Spiele und Konzerte.

Als der Tivoli 1843 eröffnet wurde, bot er lediglich zwei Attraktionen: ein Karussell mit Pferden und eine Achterbahn. Heute gibt es weit mehr Angebote. Der Tivoli ist einerseits Vergnügungspark, andererseits Kulturzentrum und gehört zu den bekanntesten Orten Dänemarks. Der Park liegt mitten in der Stadt und besitzt rund 1000 Bäume, im Sommer blühen an die 400 000 Blumen. Nachts erleuchten ihn Myriaden kleiner Glühbirnen – ein märchenhaft schöner Anblick. Abenteuerlustige haben bei der Menge an Fahrgeschäften die Qual der Wahl, aber es gibt noch viel mehr zu entdecken – von kostenlosen Aufführungen über Kinderspielplätze bis zu vielen Lokalen.

Und natürlich hat der Tivoli auch seine eigene Garde, die in Uniform zu Trommelschlägen durch den Park marschiert. Die offizielle Erklärung lautet: »Der König hat seine eigene Garde – und der Tivoli eben auch.«

Die eindrucksvolle Pagode kann man sich auch von einem Boot aus ansehen ↑

Expertentipp
Günstig essen
Wenn Sie Ihr Geld für Fahrgeschäfte ausgegeben haben, können Sie günstig in der Tivoli Food Hall essen. Hier bekommen Sie bei Cocks & Cows gutes Fast Food, bei Kung Fu Street Food asiatische Snacks oder indische Gerichte bei Dhaba.

↑ *In der Tivoli Food Hall mit 15 Ständen haben Sie die Qual der Wahl*

Frühling

▽ Das Jahr im Tivoli beginnt im April mit einem Paukenschlag: Feuerwerke, Konzerte, Marschkapellen und ein Blütenzauber verwandeln den Park in eine Märchenwelt. Auch das Nimb mit zwei Restaurants, einer Bar, einem Café und einem Boutiquehotel öffnet dann wieder seine Pforten.

Sommer

Im Sommer, wenn Hunderttausende Blüten die Pfade zieren, ist der Tivoli am belebtesten. Man kann in den Restaurants draußen sitzen und Open-Air-Konzerten lauschen.

Herbst

▽ Jetzt dreht sich alles um Kürbisse und Geister, wenn der Park zu Halloween öffnet. Kinder können sich verkleiden und an der Monsterparade teilnehmen. Beliebt ist auch das Pantomimentheater im chinesischen Pavillon.

Winter

Über eine Million Lichter erhellen den Park während der sechswöchigen Weihnachtszeit. In den Cafés und Restaurants gibt es typische Gerichte, und an Silvester wird ein riesiges Feuerwerk entzündet. Kinder besuchen gern die Eislaufbahn.

← *Ein Wagen der Familienachterbahn Kamelen*

Expertentipp
Wintergarten

In der grünen, unter einer Glaskuppel liegenden Palmenoase lässt es sich wunderbar lustwandeln. Viele sind von der *Wassermutter* fasziniert, einer Brunnenskulptur von Kai Nielsen. Der Wintergarten wird auch als Konzertsaal genutzt.

28

Ny Carlsberg Glyptotek

D6 · Dantes Plads 7 · +45 33 41 81 41 · 2A, 11, 26, 31, 33, 37
Di–So 10–17 (Do bis 21) · 1. Jan, 24., 25. Dez · glyptoteket.dk

Das herausragende Museum zeigt Altertümer aus der Mittelmeerregion und Kunstwerke aus dem 19. Jahrhundert. Blickfang ist jedoch die unter einer Glaskuppel liegende grüne Oase voller exotischer Pflanzen, riesiger Palmen und faszinierender Skulpturen.

Dieses Kunstmuseum von Weltrang besitzt über 10 000 Kunstschätze, darunter altägyptische Artefakte, griechische und römische Statuen sowie eine große Sammlung etruskischer Exponate. Hinzu kommen dänische Gemälde und Skulpturen des Goldenen Zeitalters sowie Werke französischer Impressionisten wie Edgar Degas und Pierre-Auguste Renoir.

Hervorgegangen ist das Museum aus der Skulpturensammlung *(glyptotek)*, die Carl Jacobsen, Sohn des Gründers der Carlsberg-Brauerei *(siehe S. 162f)*, stiftete. Heute besteht der Museumskomplex aus drei unterschiedlichen Bauten, wovon der erste aus dem Jahr 1897 von Vilhelm Dahlerup stammt, der 1906 auch den Wintergarten entwarf, der zweite – ebenfalls von 1906 – von Hack Kampmann und der letzte von 1996 von Henning Larsen, der sich von altägyptischen Bauten und kleinen mediterranen Bergdörfern inspirieren ließ.

Der wunderschöne Wintergarten mit der Brunnenskulptur Wassermutter

Antike Skulpturen im Kampmann-Gebäude

In dem Festsaal mit griechischen und römischen Statuen finden Konzerte und Vorträge statt

Kurzführer

Im hufeisenförmigen Dahlerup-Gebäude aus dem Jahr 1897 werden französische Kunst von 1800 bis 1870, dänische und französische Skulpturen und dänische Kunst von 1780 bis 1930 gezeigt. Antike Artefakte und Skulpturen aus dem Mittelmeerraum und Ägypten sind im Kampmann-Gebäude aus dem Jahr 1906 zu sehen. Das 1996 fertiggestellte Larsen-Gebäude zeigt auf drei Etagen wechselnde Sonderausstellungen und verfügt über eine Dachterrasse mit herrlichem Panoramablick über Kopenhagen.

Restaurants und Cafés

Im Zentrum muss man nicht lange suchen, wenn man Hunger hat oder einfach mal eine Pause vom Sightseeing braucht und das Treiben rundherum beobachten will. In der Strøget und in ihren Seitenstraßen ist die Auswahl an Restaurants und Cafés natürlich am größten, etwas davon entfernt wird es ruhiger. Die im Folgenden aufgeführten Restaurants und Cafés haben – jedes auf seine eigene Art – einen ganz speziellen Charme.

① Kompa'9 (Kr)
Café
Kompagnistræde 9
☎ +45 33 12 31 25
🕒 tägl. 9–18
Das charmante Café bietet Bio-Kaffee, Frühstück, Sandwiches und einen »Kuchen des Tages«. Man kann auch draußen sitzen.

② Café Sorgenfri (Kr)(Kr)
Dänisch
Brolæggerstræde 8
☎ +45 33 11 58 80
🕒 tägl. 11–18 (So bis 17)
Das urige Café im Untergeschoss lockt mit sehr guten, typisch dänischen Gerichten.

③ Illum Rooftop (Kr)(Kr)
(siehe S. 112)

④ Fishmarket (Kr)(Kr)
Fisch
Hovedvagtsgade 2
☎ +45 88 16 99 99
🕒 tägl. 11–24 (So bis 23)
W fishmarket.dk
Das Restaurant im französischen Bistro-Stil bringt mediterran inspirierte Fischgerichte auf den Tisch. Es ist sehr klein, man sollte reservieren.

⑤ Aamanns Replik (Kr)(Kr)
Ausblick
Sankt Annæ Plads 36
☎ +45 20 80 52 07
🕒 Mo, So 11:30–17:30, Di–Sa 11:30–16:30, 17–22
W aamanns.dk
Im Schauspielhaus direkt am Hafenkanal bietet das Café und Restaurant Aamanns Replik *smørrebrød* und Abendessen mit vielleicht dem schönsten Blick der Stadt.

Gemütlicher Innenraum von Kompa'9

⑥ Told & Snaps (Kr)
Smørrebrød
Toldbodgade 2
☎ +45 33 93 83 85
🕒 tägl. 11:30–16 (Fr, Sa bis 17)
W toldogsnaps.dk
Das traditionelle Mittagsrestaurant serviert eine große Auswahl an *smørrebrød* und – wie der Name schon sagt – Schnaps.

⑦ Bistro Verde (Kr)(Kr)
Vegan
Sankt Annæ Plads 22
☎ +45 29 25 88 99
🕒 tägl. 9–22 (Fr, Sa bis 23)
W bistroverdecph.com
Bistro Verde wurde mit der Idee gegründet, innovative und köstliche Gerichte auf Pflanzenbasis anzubieten.

⑧ MASH (Kr)(Kr)(Kr)
Steakhouse
Bredgade 20
☎ +45 33 13 93 00
🕒 Mo–Fr 12–15, tägl. 17:30–23
W mashsteak.com
In schickem Ambiente isst man im MASH hervorragende Steaks. Das Fleisch stammt aus Australien, Dänemark, Uruguay und den USA. Aufmerksamer Service.

⑨ Palægade (Kr)(Kr)
Smørrebrød
Palægade 8
☎ +45 70 82 82 88
🕒 tägl. 11:30–17, Mo–Sa 18–24
W formelfamily.dk/palaegade
Klassisches und modernes *smørrebrød* sowie altbewährte Klassiker wie Roastbeef mit Remoulade – alles ist hausgemacht, je nach Saison aus regionalen Produkten.

⑩ Sult (Kr)(Kr)
Dänisch
Vognmagergade 8B
☎ +45 33 74 34 17
🕒 Di–Fr 17–22, Sa 9:15–16, 17:30–22, So 9:15–16
W meyers.dk/restaurant-sult
In dem riesigen, eleganten Saal im Filmhuset kommen leckere

Im Vækst wird Wert gelegt auf frisches nordisches Gemüse und Kräuter

dänische Gerichte auf den Tisch. »Sult« (Hunger) hat man nach den servierten Riesenportionen garantiert nicht mehr.

⑪ Schønnemann Kr Kr
Smørrebrød
Hauser Plads 16
+45 33 12 07 85
Mo – Sa 11:30 – 17
restaurantschonnemann.dk
Dies ist ein weiterer *Smørrebrød*-Klassiker mit riesiger Schnapsauswahl in gediegenem Ambiente.

⑫ Den Økologiske Pølsemand Kr
Pølserwagen
Neben dem Rundetårn und an der Helligåndskirken
+45 30 20 40 25
Mo – Sa 11–18:30
døp.dk
Hier kommen nur Bio-Würstchen mit interessanten Gewürzmischungen ins Brot, es gibt sogar vegane Varianten.

⑬ Det lille Apotek Kr Kr
Dänisch
Store Kannikestræde 15
+45 33 12 56 06
tägl. 11:30 – 24
detlilleapotek.dk
Inmitten von Antiquitäten gibt es dänische Klassiker im angeblich ältesten Restaurant der Stadt.

⑭ Paludan Bogcafé Kr
Café
Fiolstræde 10 – 12
+45 33 15 06 75
tägl. 9 – 22 (Sa, So ab 10)
Das Café in einem Buchladen punktet mit einem herrlichen Ambiente. Es gibt Kaffee, Snacks und kleine Gerichte. Immer sehr voll, da direkt an der Universität gelegen.

⑮ Sankt Peders Café Kr
Bäckerei und Café
Sankt Peders Stræde 29
+45 40 54 55 89
Mo – Fr 7:30 – 17, Sa 8 – 16
Das kleine Café befindet sich mitten in der eigenen Bäckerei. Die Sandwiches sind sehr gut, die Backwaren einfach himmlisch, und der Kaffee ist auch nicht zu verachten.

⑯ Vækst Kr Kr
Dänisch
Sankt Peders Stræde 34
+45 38 41 27 27
Mo – Sa 12 – 14:15, tägl. 17:30 – 24
cofoco.dk/en/restaurants/vaekst
Das Vækst bietet neue nordische Küche, die auf saisonale Zutaten fokussiert ist. Auf den beiden Stockwerken sitzt man wie in einem Gewächshaus, umgeben von vielen hängenden Pflanzen.

⑰ Torvehallerne Kr Kr
(siehe S. 113 und 118)

⑱ Café & Øl-Halle »1892« Kr Kr
Dänisch
Rømersgade 22
+45 33 33 00 18
Di – Sa 11–17
cafeogoelhalle.dk
Im Arbeitermuseum *(siehe S. 118)* gibt es solide, proletarische Hausmannskost nach alten dänischen Rezepten in historischen Räumlichkeiten aus dem Jahr 1892.

Veganer Lachs im Bistro Verde

Shopping

Da das Shoppingangebot im Zentrum auch dank der Strøget so allumfassend ist, tauchen in der folgenden Auflistung internationale Modelabels und berühmte dänische Namen wie Royal Copenhagen, Georg Jensen, Bang & Olufsen, Illum, Magasin du Nord, Bodum und LEGO® nicht auf. Im Blickpunkt stehen eher kleine Läden mit einer ungewöhnlichen, interessanten und innovativen Auswahl, die auch zum Stöbern einlädt.

Zeitgenössische Möbel und Designprodukte im HAY House

⑲ C. E. Fritzsche (Kr)(Kr)
Glas
Kompagnistræde 12
+45 33 15 17 88
Mo – Fr 10 –17:30, Sa 10 –13
fritzsche.dk
Die Glasmanufaktur ist die älteste Dänemarks. Traditionelle bis moderne Glaswaren.

⑳ HAY House (Kr)(Kr)(Kr)
Design
Østergade 61
+45 42 82 08 20
tägl. 10 –18 (So bis 16)
hay.dk
Das Label präsentiert eigene Möbel und Accessoires sowie Gegenstände anderer Designer.

㉑ Illums Bolighus (Kr)(Kr)
Design
Amagertorv 10
+45 33 14 19 41
Mo – Sa 10 –19, So 11–18
illumsbolighus.de
In dem Kaufhaus sind alle großen skandinavischen und internationalen Designer vertreten.

㉒ Normann Copenhagen (Kr)(Kr)(Kr)
Design
Niels Hemmingsens Gade 12
+45 35 55 44 59
Mo – Sa 10 –18
normann-copenhagen.com
Der Designklassiker bietet Möbel, Leuchten, Vasen, Besteck und Kissen.

㉓ Studio Arhoj (Kr)
Keramik
Skindergade 7
tägl. 10 –18
arhoj.com
Auf Keramik spezialisiertes Designstudio mit farbenfrohen Entwürfen.

㉔ Søstrene Grene (Kr)
Schnickschnack
Amagertorv 24
Mo – Sa 10 –19, So 11–17
sostrenegrene.com
Eigentlich braucht man nichts so wirklich, dennoch kauft man hier immer etwas.

㉕ A. C. Perch's Thehandel (Kr)(Kr)
Tee
Kronprinsensgade 5
+45 33 15 35 62
Mo – Fr 9 –17:30 (Fr bis 18), Sa 9:30 –17
perchs.dk
Seit 1835 gibt es hier alles, was Teeliebhaber begehren, auch einen Teesalon.

㉖ Samsøe & Samsøe (Kr)(Kr)
Mode
Købmagergade 44
+45 35 28 51 09
Mo – Sa 11–18 (Sa bis 17)
samsoe.com
Das Label produziert klassisch-moderne Mode für sie und ihn. Skandinavischer Minimalismus, kombiniert mit dänischem Streetstyle.

㉗ Henrik Vibskov Boutique (Kr)(Kr)(Kr)
Designermode
Gammel Mønt 14
+45 33 14 61 00
Mo – Fr 12 –18, Sa 11–17
henrikvibskovboutique.com
Hier gibt es fantasievolle Herren- und Frauenmode des angesagten dänischen De-

Skandinavisches Design allüberall in Illums Bolighus

Nyhavns Glaspusteri

signers – trendy und tragbar – sowie passende Accessoires.

㉘ **Cinnober** (Kr)(Kr)
Bücher und Papierwaren
Landemærket 9
+45 26 13 98 33
Mo – Fr 11–17:30, Sa 11–15
cinnoberbookshop.dk
Ausgewählte Bücher über Design, Architektur, Mode sowie Kunst, und dazu eine feine Auswahl an Papierprodukten und signierten Drucken.

㉙ **Sømods Bolcher** (Kr)(Kr)
Bonbons
Nørregade 36
+45 33 12 60 46
Mo – Do 10 –17:30, Fr 10 – 18, Sa 10 –15:30, So 11–15
soemods-bolcher.dk
Beim königlichen Hoflieferanten hat man eine riesige Auswahl an süßem und wunderschönem Naschwerk.

㉚ **Stilleben** (Kr)(Kr)
Design
Frederiksborggade 22
+45 22 45 11 31
Mo – Fr 10 –18, Sa 10 –17, So 11–16
stilleben.dk
Handgearbeitete Keramik, wunderbare Glaswaren, Textilien und Schmuck, im Obergeschoss Leuchten, Kleinmöbel und Poster – und alles außergewöhnlich!

㉛ **Maritime Antiques** (Kr)(Kr)(Kr)
Maritime Antiquitäten
Toldbodgade 15
+45 33 12 12 57
Mo – Fr 11–17:30, Sa 10 –14
maritime-antiques.dk
Bunte maritime Mischung: Antikes und Neues, u. a. Tauwerk, Bullaugen und Modellschiffe, Kleidung, Bilder und Schmuck.

㉜ **Nyhavns Glaspusteri** (Kr)(Kr)(Kr)
Glas
Toldbodgade 4
+45 40 17 01 34
Mo – Mi, Sa 10 –13, Do, Fr 11–17:30
copenhagenglass.dk
Wunderbare Glaskreationen – moderne Vasen, Gläser, Kerzenleuchter und vieles mehr in allen Farben aus der eigenen Glasbläserei.

Unterhaltung

Natürlich fällt einem bei Unterhaltung zuerst der Vergnügungspark Tivoli ein, doch die Stadt hat diesbezüglich weitaus mehr zu bieten. Kopenhagen hat auch eine sehr lebendige Jazzszene und viele kleine Kellerlokale, in denen oft Livemusik gespielt wird.

㉝ **Tivoli** (Kr)(Kr)
(siehe S. 128f)

㉞ **Mojo Blues Bar** (Kr)(Kr)
Blues
Løngangstræde 21C
+45 33 11 64 53
tägl. 20 – 5
mojo.dk
In dem kleinen, gemütlichen Lokal treten skandinavische und internationale Blues-, Jazz- und Folk-Künstler auf – tolle Atmosphäre!

㉟ **La Fontaine** (Kr)(Kr)(Kr)
Jazz
Kompagnistræde 11
+45 33 11 60 98
tägl. 20 – 3 (Fr, Sa bis 5)
lafontaine.dk
In Kopenhagens ältestem Jazzlokal trifft sich die skandinavische Jazzszene an den Wochenenden oft zu Jamsessions – ein Erlebnis!

㊱ **Jazzhus Montmartre** (Kr)(Kr)
Jazz
Store Regnegade 19A
+45 91 19 19 19
Do – Sa
jazzhusmontmartre.dk
Kleine, legendäre Jazzkneipe mit Jazz aller Stilrichtungen von bekannten amerikanischen und europäischen Künstlern.

㊲ **Hvide Lam** (Kr)(Kr)(Kr)
Jazzkneipe
Kultorvet 5
+45 33 32 07 38
tägl. 11–1 (Do – Sa bis 2)
An vielen Abenden gibt es hier Jazz von älteren Herrschaften, die Klassiker spielen. Gutes Essen und Bier.

Die Achterbahn Dæmonen im chinesischen Stil im Tivoli

Tür im Thronsaal von Christiansborg Slot (siehe S. 144f)

Südosten

Der Bau dieser bemerkenswerten Stadtteile wurde im 17. Jahrhundert von Christian IV. in Auftrag gegeben. Als Vorbild für die Projekte diente Amsterdam mit seinen viele Kanälen, den engen Kopfsteinpflasterstraßen und den bunten Häusern. Dieser Stadtbereich wird geografisch von den alten Befestigungen Christians IV. umgrenzt, die sich im Norden bis zu den drei Inseln von Holmen ziehen.

Christianshavn stellt heute ein gutes Beispiel für eine akzeptable skandinavische Version der Gentrifizierung dar. Wo sich früher Hafenanlagen und Lagerhäuser erstreckten, entstanden in jüngster Vergangenheit dynamische Stadtareale mit vitalen afrikanischen und asiatischen Gemeinden. Breite Kanäle, imposante Herrenhäuser und innovative zeitgenössische Architektur säumen enge mittelalterliche Straßen und Befestigungen aus der Zeit der Renaissance.

Doch das Hippie-Flair ist noch nicht vollständig verschwunden: Die Freistadt Christiania hält seit der Gründung 1971 wacker ihre Flagge hoch.

Südosten

Highlights

1. Christiansborg Slot
2. Nationalmuseet

Sehenswürdigkeiten

3. Thorvaldsens Museum
4. Folketinget
5. Børsen
6. Krigsmuseet
7. Dansk Jødisk Museum
8. Det Kongelige Bibliotek
9. BLOX
10. Christianshavn
11. Vor Frelsers Kirke
12. Christiania
13. Papirøen
14. Operaen
15. Refshaleøen
16. Christianshavns Vold
17. Casino Copenhagen
18. Nordhavn

Restaurants

① Meyers i Tårnet
② No. 2
③ Kadeau
④ Café Wilder
⑤ Café Oven Vande
⑥ Kanalen
⑦ Broens Gadekøkken
⑧ Kontiki
⑨ Reffen

Shopping

⑩ Bogbinder Klara K
⑪ Aurum
⑫ Ganni Postmodern
⑬ Cibi e Vini
⑭ Mo Christianshavn
⑮ Boutique Allure
⑯ Pag Studio
⑰ Kvindesmedien
⑱ Ferm Living
⑲ B & W Loppemarked

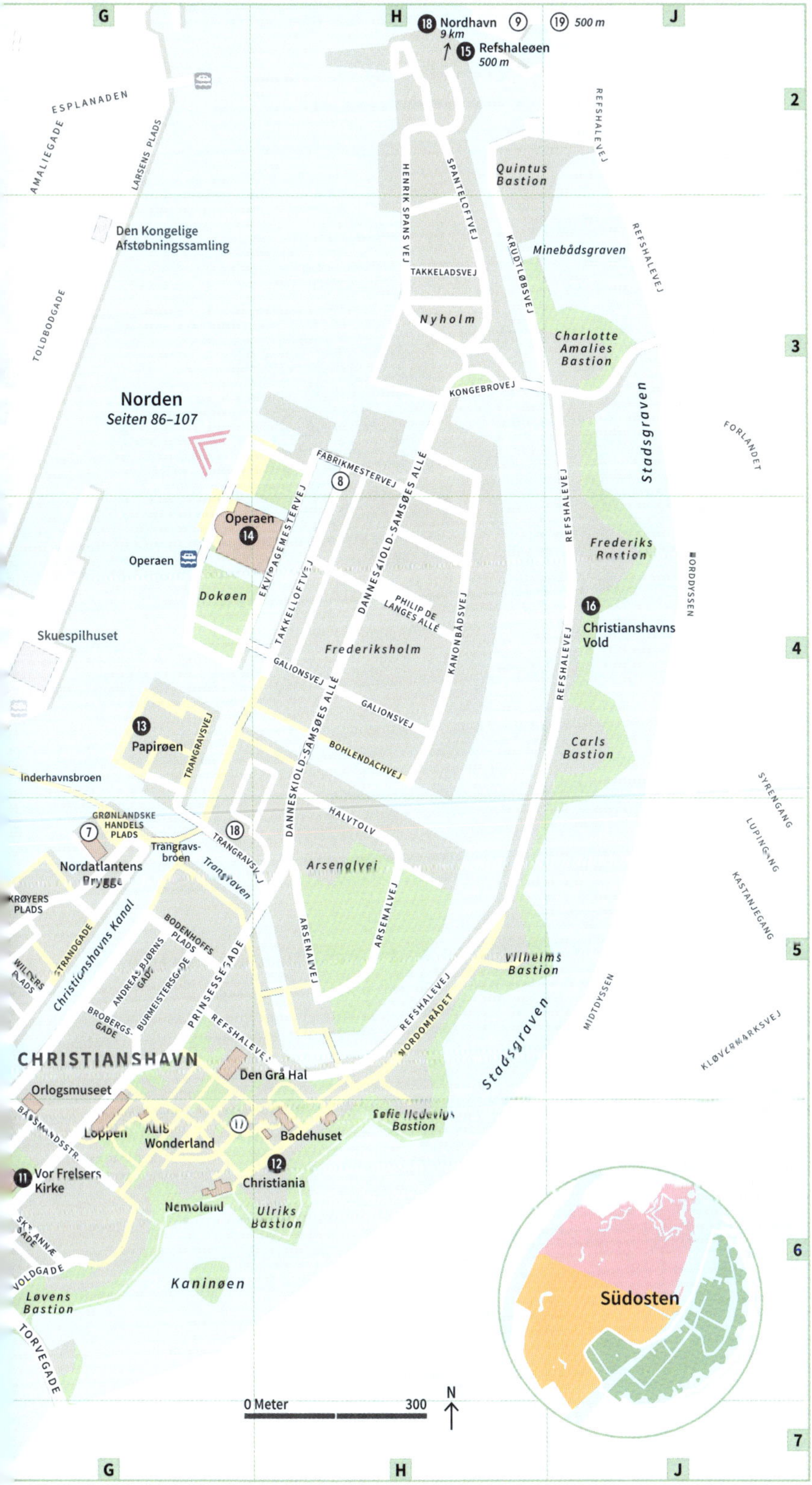

G
H
J
18 Nordhavn 9 km
9
19 500 m
15 Refshaleøen 500 m
2
3
4
5
6
7
ESPLANADEN
AMALIEGADE
LARSENS PLADS
Den Kongelige Afstøbningssamling
TOLDBODGADE
Norden
Seiten 86–107
Quintus Bastion
Minebådsgraven
HENRIK SPANS VEJ
SPANTELOFTVEJ
KRUDTLØBSVEJ
TAKKELADSVEJ
Nyholm
Charlotte Amalies Bastion
KONGEBROVEJ
REFSHALEVEJ
Stadsgraven
FORLANDET
FABRIKMESTERVEJ
8
DANNESKIOLD-SAMSØES ALLÉ
Operaen
14
EKVIPAGEMESTERVEJ
Operaen
Dokøen
TAKKELOFTVEJ
PHILIP DE LANGES ALLÉ
KANONBÅDSVEJ
Frederiks Bastion
NORDDYSSEN
16
Christianshavns Vold
Skuespilhuset
Frederiksholm
GALIONSVEJ
13
Papirøen
TRANGRAVSVEJ
BOHLENDACHVEJ
Carls Bastion
Inderhavnsbroen
SYRENGANG
LUPINGANG
KASTANJEGANG
GRØNLANDSKE HANDELS PLADS
7
18
HALVTOLV
Trangravsbroen
TRANGRAVSVEJ
Nordatlantens Brygge
Trangraven
Arsenalvej
KRØYERS PLADS
BODENHOFFS PLADS
ARSENALVEJ
STRANDGADE
Christianshavns Kanal
ANDREAS BJØRNS GADE
PRINSESSEGADE
WILDERS PLADS
BURMEISTERSGADE
Vilhelms Bastion
MIDTDYSSEN
KLØVERMARKSVEJ
BROBERGS-GADE
REFSHALEVEJ
NORDOMRÅDET
CHRISTIANSHAVN
Den Grå Hal
Stadsgraven
Orlogsmuseet
BÅDSMANDSSTR.
Loppen
ALIS Wonderland
17
Badehuset
Sofie Hedevigs Bastion
11
Vor Frelsers Kirke
12
Christiania
Nemoland
Ulriks Bastion
SKT. ANNÆ GADE
VOLDGADE
Kaninøen
Løvens Bastion
TORVEGADE
0 Meter
300
N
Südosten

Persönliche Favoriten

Der Südosten Kopenhagens ist wohl am treffendsten mit »alternativ«, »bunt« und »entspannt« zu beschreiben. Das liegt nicht nur an der Freistadt und der Halbinsel Refshaleøen, sondern am ganzen Viertel, in dem es generell gemächlich zugeht.

Kvindesmedien

In der Schmiede in der Freistadt Christiania findet man kleine und große Schätze. Hier entstehen einzigartige Metallstücke in interessanten Designs.

Lustige Skulpturen von Kvindesmedien

Kvindesmedien liegt in einer großen Lagerhalle

Dorte Eilenberger, Charlotte Steen und Gitte Christensen betreiben seit 1997 in Christiania die Künstlerwerkstatt Kvindesmedien. Die drei Kunstschmiedinnen arbeiten bevorzugt mit Stahl, Spiegeln und Glas. Die Bandbreite ihres Schaffens ist immens und reicht von Dekoartikeln wie Kerzenhaltern und Globen über hochwertige Einrichtungsgegenstände wie Tische, Stühle und Regale bis zu Skulpturen. Alle Stücke sind einzigartige Modelle mit spannenden Designs.

Kvindesmedien
G6 Mælkevejen 83E +45 32 57 76 58
Di – Fr 12 –17, Sa 11–15, So 12 –16
kvindesmedien.dk

Bunte Graffiti an einem Haus in Christiania

Freistadt Christiania

Die autonome Gemeinde Christiania ist immer einen Besuch wert und erlaubt einen Blick in alternative Lebensweisen.

Christiania ist ein Phänomen – eine autonome und von staatlicher Seite geduldete Gemeinde, die es so in Europa sonst nicht gibt und die bereits seit 1971 besteht. Bei einem Spaziergang durch Christiania mit seinen vielen bunten Graffiti und Kunstinstallationen kann man das alternative Flair der Freistadt nachempfinden. Oder man setzt sich einfach in eines der Lokale und genießt das bunte Umfeld.

Freistadt Christiania
H6 jeden Sonntag im Sommer um 15 Uhr am Haupttor durch »Einheimische«
christiania.org

Bastionen von Christianshavn

Die alten Bastionen von Christianshavn sind eine grüne Oase der Ruhe für wunderbare Spaziergänge mit Abstechermöglichkeiten ins Stadtviertel.

Bei einem Besuch von Christianshavn sollte man auch Zeit für einen Spaziergang auf den alten Bastionen einplanen. Ein Pfad führt am Kanal entlang, der Christianshavn von Amager trennt. Hier ist es sehr ruhig mit vielen Bäumen und Wiesen, auf dem Kanal tummeln sich Schwäne und Enten. Unterwegs kommt man an Teilen der alten Festungsanlage wie Wachhäuschen, alten Kanonen oder der idyllischen Lille Mølle (kleine Mühle) vorbei. Gleichwohl befindet man sich mitten im Stadtviertel, in das man Abstecher machen kann, etwa zur Vor Frelsers Kirke, nach Christiania oder in eines der Cafés. Oder man besucht das Lokal Ravelinen, das in einem ehemaligen Zollhaus von 1728 auf einer Brücke zwischen Elefantens und Løvens Bastion liegt. Die Terrasse blickt auf den Kanal.

Blick auf die Vor Frelsers Kirke

Christianshavns Vold
E7 – J2

Streetfood-Markt Reffen

Die bunt bemalten Stände des Streetfood-Markts auf der Insel Refshaleøen bietet auf einem alten Werftgelände am Wasser eine kulinarische Weltreise.

Einer der vielen Imbissstände

Streetfood at its best

Auf dem ehemaligen Industriegelände reihen sich die Container und Imbissstände des Bio-Streetfood-Markts Reffen aneinander und versprechen eine kulinarische Weltreise – von dänischer Makrele über mexikanische Tacos, ungarisches Gulasch und israelische Fladenbrote bis hin zu veganem Asia-Food und süßen Leckereien. Und alles unter dem Motto »Reduce and Reuse«, das heißt möglichst biologisch mit umweltfreundlichen Produkten und recycelbaren Materialien. Das gilt auch für die Designer, die hier ihre Werke ausstellen. Außerdem werden ab und an Konzerte und Flohmärkte veranstaltet.

Streetfood-Markt Reffen
nördl. von J2 Refshalevej 167A
+45 33 93 07 60 Frühling – Sep; Imbissstände: tägl. 11:30 – 20:30 (Fr, Sa bis 21:30); Bars: tägl. 11–21:30; Reffens Kaffebar: tägl. 10 – 20 reffen.dk

Spaziergang rund um Christiansborg Slot

Länge 2 km **Dauer** 25 Minuten
U-Bahn Gammel Strand

Christiansborg Slot erhebt sich auf Slotsholmen. Zu den angrenzenden Bauten gehören die Schlosskirche, der ehemalige königliche Marstall mit den Pferdeställen sowie das Krigsmuseet, Det Kongelige Bibliotek und die Børsen. Ihren Namen erhielt die Insel von der Festung, die Bischof Absalon 1167 hier bauen ließ. Auf der gegenüberliegenden Kanalseite steht das Nationalmuseet, in dem zahlreiche Exponate die Geschichte Kopenhagens und Dänemarks anschaulich machen.

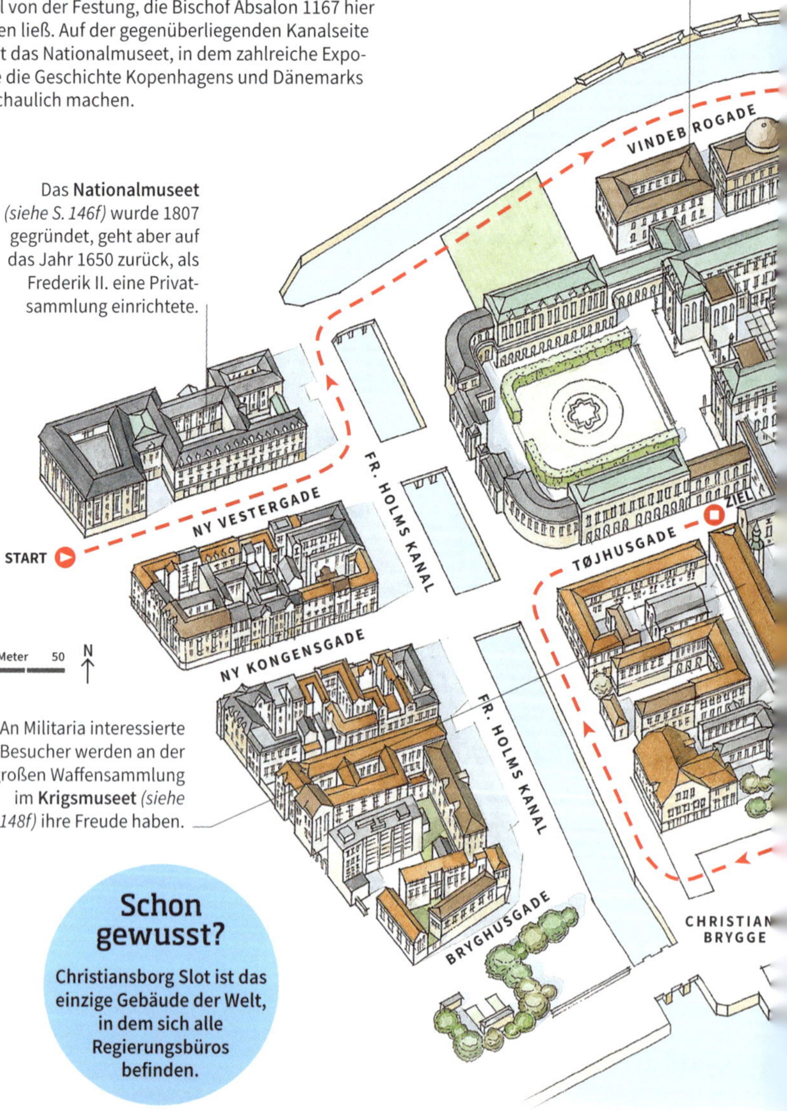

Thorvaldsens Museum *(siehe S. 148)* gibt Einblicke in das geniale Werk des dänischen Bildhauers, dessen Grab im Museumshof liegt.

Das **Nationalmuseet** *(siehe S. 146f)* wurde 1807 gegründet, geht aber auf das Jahr 1650 zurück, als Frederik II. eine Privatsammlung einrichtete.

An Militaria interessierte Besucher werden an der großen Waffensammlung im **Krigsmuseet** *(siehe S. 148f)* ihre Freude haben.

Schon gewusst?

Christiansborg Slot ist das einzige Gebäude der Welt, in dem sich alle Regierungsbüros befinden.

Zur Orientierung
Siehe Stadtteilkarte S. 138f

Blick vom Wasser auf Børsen (links) *und Christiansborg Slot* ↑

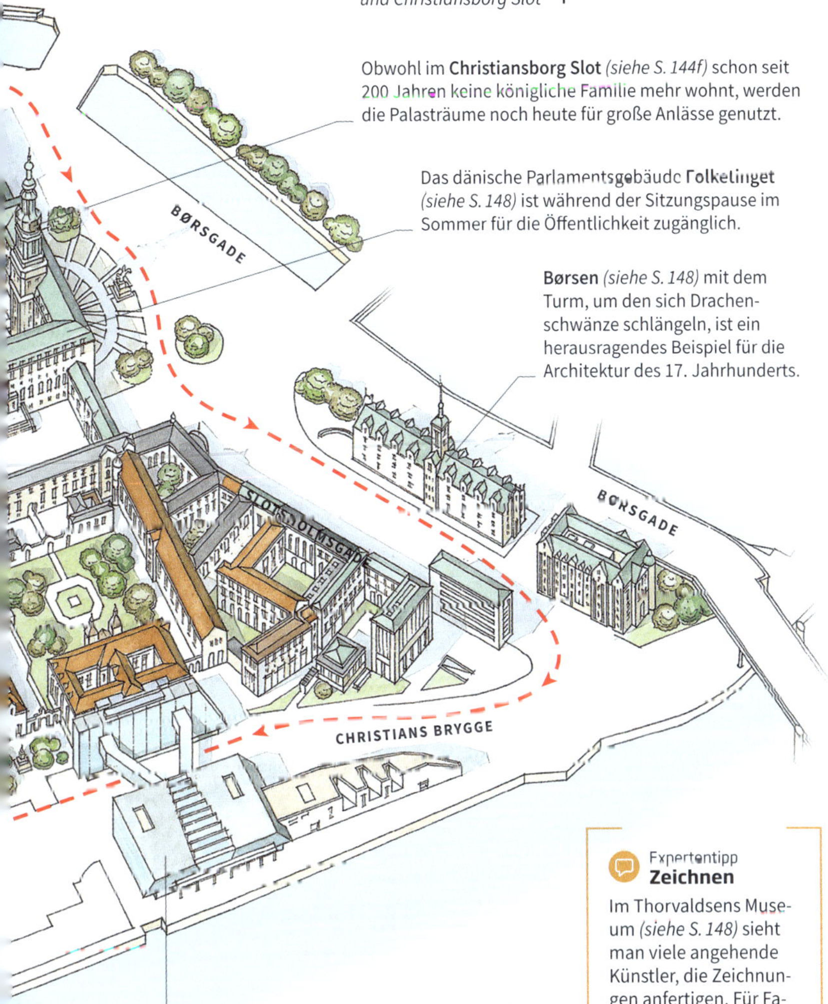

Obwohl im **Christiansborg Slot** *(siehe S. 144f)* schon seit 200 Jahren keine königliche Familie mehr wohnt, werden die Palasträume noch heute für große Anlässe genutzt.

Das dänische Parlamentsgebäude **Folketinget** *(siehe S. 148)* ist während der Sitzungspause im Sommer für die Öffentlichkeit zugänglich.

Børsen *(siehe S. 148)* mit dem Turm, um den sich Drachenschwänze schlängeln, ist ein herausragendes Beispiel für die Architektur des 17. Jahrhunderts.

Hauptattraktion von **Det Kongelige Bibliotek** *(siehe S. 149)* ist Den Sorte Diamant, ein Anbau aus schwarzem Glas und Granit aus Simbabwe.

Expertentipp
Zeichnen

Im Thorvaldsens Museum *(siehe S. 148)* sieht man viele angehende Künstler, die Zeichnungen anfertigen. Für Familien gibt es auch Zeichenkurse (Infos siehe Website).

1

Christiansborg Slot

E5 · Christiansborg Slotsplads · +45 33 92 64 92 · Gammel Strand · Apr–Sep: tägl. 10–17 (Juli, Aug bis 18; Okt–März: Di–So) · siehe Website · christiansborg.dk

Während Amalienborg Slot die Residenz der dänischen Monarchen ist, ist Christiansborg Slot Dänemarks politisches und justizielles Zentrum. In dem Komplex sind neben einigen Ruinen aus dem 11. Jahrhundert das Folketinget (Parlament), das Büro der Ministerpräsidentin und das oberste Gericht zu finden.

Die Königsfamilie lebte hier, bis der Palast 1794 niederbrannte. Die Empfangssäle im heutigen Bau, die 1928 fertiggestellt wurden, werden für Staatsbankette genutzt. Im großen Saal, der für Besucher zugänglich ist, hängen an den Wänden Tapisserien, die die dänische Geschichte darstellen. Führungen finden täglich um 11 (dänisch) und 15 Uhr (englisch) statt. Im Untergrund kann man die Ruinen der Burg erkunden.

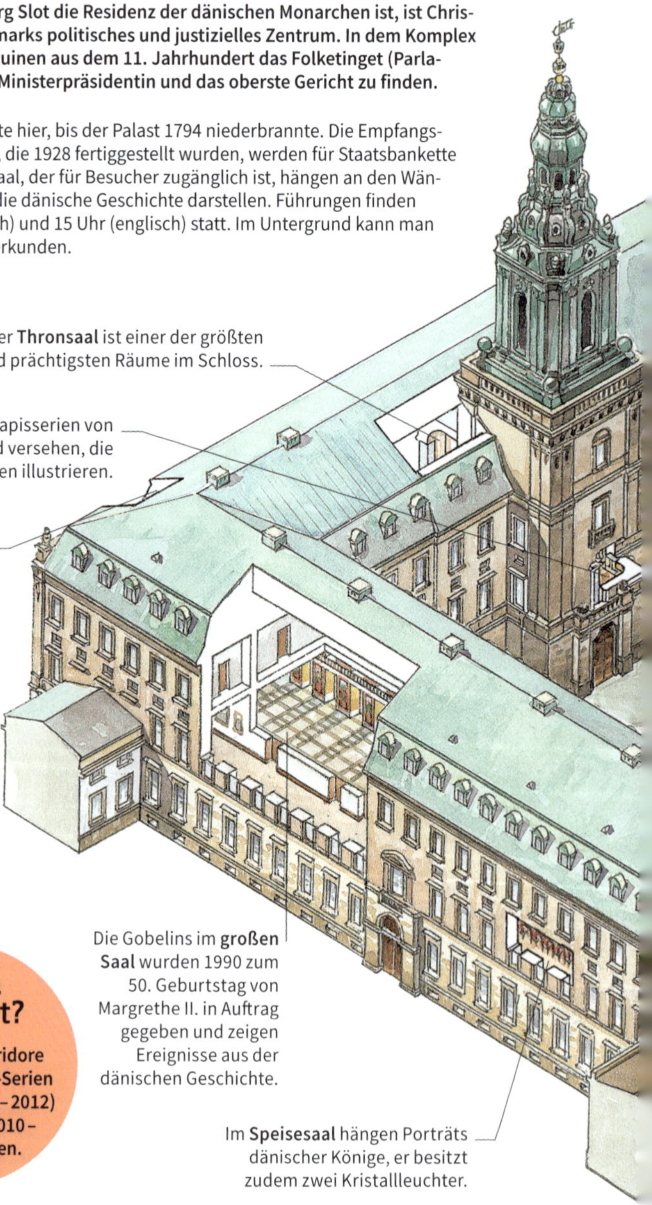

Schon gewusst?

Die Schlosskorridore waren in den TV-Serien *The Killing* (2007–2012) und *Borgen* (2010–2013) zu sehen.

Highlight

Innen beeindruckt der Thronsaal, außen sticht der Turm hervor (Detail) ↑

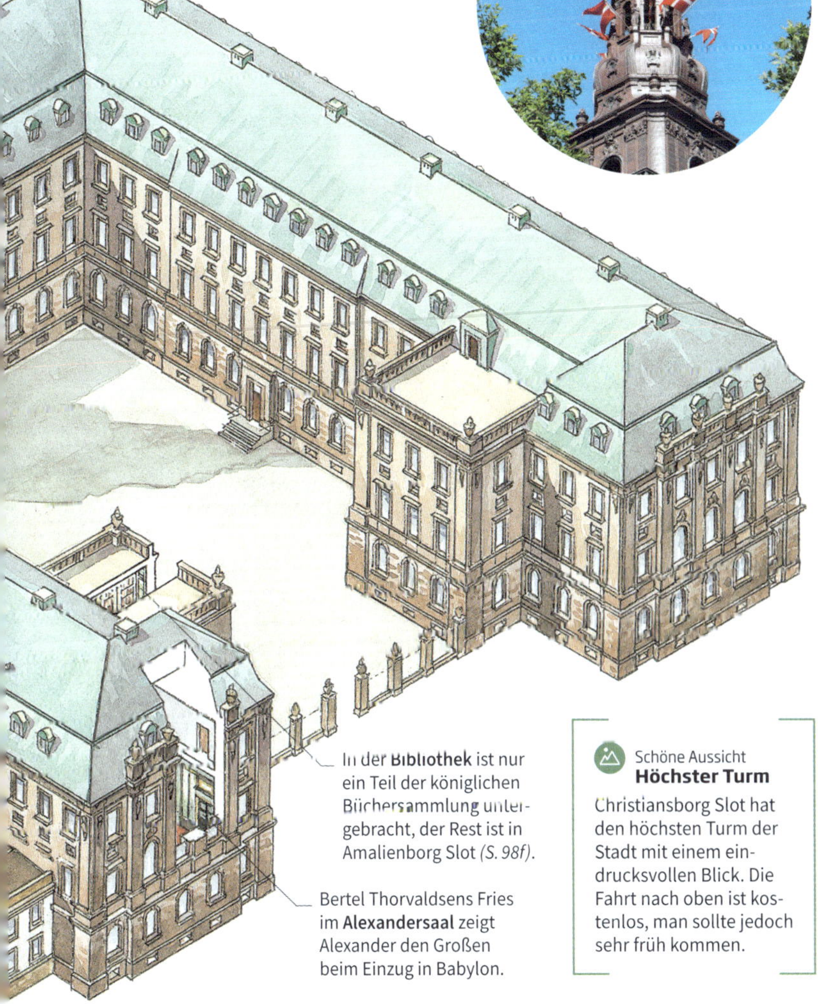

In der **Bibliothek** ist nur ein Teil der königlichen Büchersammlung untergebracht, der Rest ist in Amalienborg Slot *(S. 98f)*.

Bertel Thorvaldsens Fries im **Alexandersaal** zeigt Alexander den Großen beim Einzug in Babylon.

Schöne Aussicht
Höchster Turm

Christiansborg Slot hat den höchsten Turm der Stadt mit einem eindrucksvollen Blick. Die Fahrt nach oben ist kostenlos, man sollte jedoch sehr früh kommen.

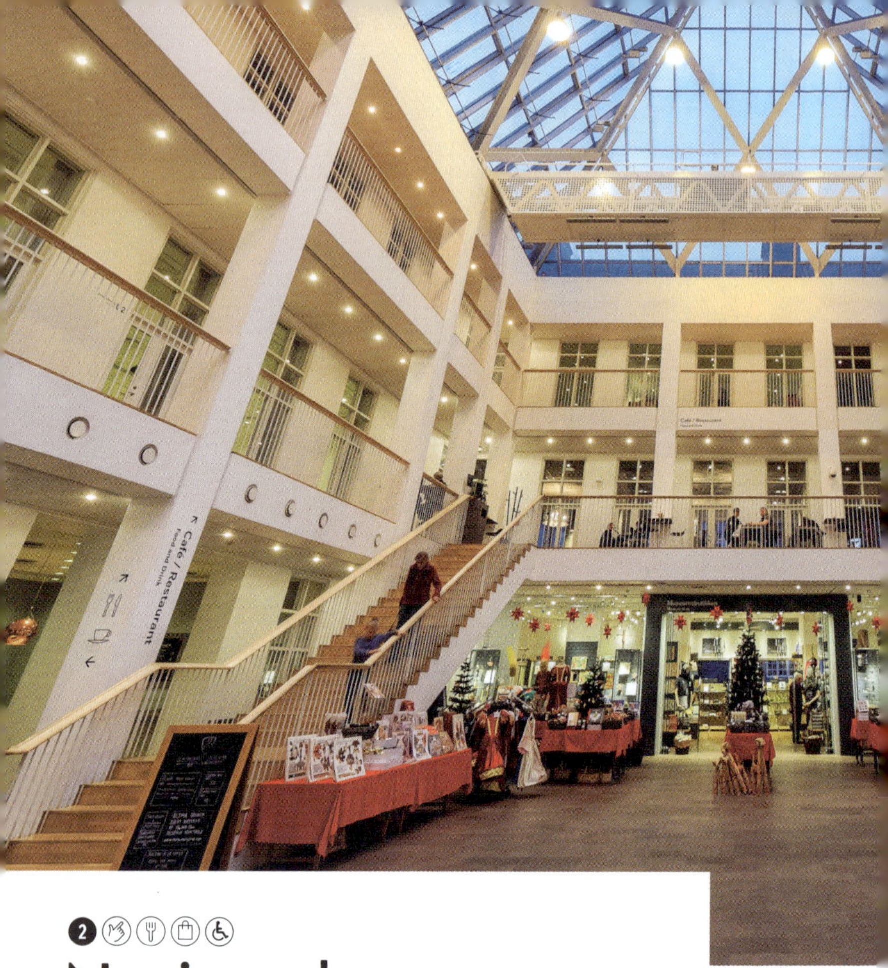

2

Nationalmuseet

D5 · Ny Vestergade 10 · +45 33 13 44 11 · Rådhuspladsen · 1A, 2A, 12, 15, 26, 29, 33 · Juni – Sep: tägl. 10 – 18; Okt – Mai: Di – So 10 – 17 · natmus.dk

Werkzeuge aus der Steinzeit, Schätze der Wikinger, Inuit-Kleidung und massenhaft mittelalterliche Kunst – das umfassende Nationalmuseet vermittelt detailreich ein Verständnis für dänische Geschichte und Kultur.

Die Sammlung des Museums zeigt Exponate zur Geschichte Dänemarks aus der Steinzeit bis zur Neuzeit ebenso wie Artefakte aus aller Welt. Neben archäologischen Funden aus der Wikingerzeit und einer antiken Münz- und Medaillensammlung bewahrt das Museum bedeutende ethnografische Objekte der afrikanischen und südamerikanischen Kultur auf. Zu sehen sind u. a. Runensteine, Trachten und Werkzeuge der Inuit, ägyptischer Schmuck und mittelalterlicher Kirchenschmuck.

Zu den Highlights des Museums gehören der »Sonnenwagen von Trundholm« (um 1400 v. Chr.), der kunstvoll verzierte silberne »Kessel von Gundestrup«, die »Goldhörner von Gallehus« mit der ältesten dänischen Runeninschrift und das »Mädchen von Egtved«, eine junge Frau, die vor rund 3400 Jahren in einem Baumsarg auf Jütland bestattet wurde.

Expertentipp
Für Kinder

Im Kindermuseum wird kleinen Besuchern spielerisch Geschichte und Kultur nähergebracht. Ein historisches Klassenzimmer mit Schiefertafeln, eine mittelalterliche Küche und das Modell eines Wikingerschiffs laden zum Erkunden ein.

14000
Jahre decken die Exponate des dänischen Nationalmuseums ab.

↑ *Das Atrium des Nationalmuseet gleich am Eingang*

TOP 5 Ausstellungsbereiche

Wikinger
Weltweit größte Sammlung von Schätzen aus der Wikingerzeit.

Bronzezeit
In der frühgeschichtlichen Abteilung kann man Bronzezeit-Helme aus Viksø bewundern.

Altertum
In der Ägyptischen und Klassischen Abteilung sind griechische Töpferwaren, etruskischer Schmuck und ägyptische Mumien zu sehen.

Ethnologie
Hier sind Exponate aus aller Welt, z. B. aus Afrika, Indien und Japan, ausgestellt. Ein Saal befasst sich mit Weltmusik.

Inuit
Innerhalb der Ethnologie sind einige Räume den Inuit gewidmet.

Kurzführer
Das Nationalmuseet liegt in einem Herrenhaus im Rokoko-Stil, das einst der Palast des Kronprinzen war. Die Ausstellungen ziehen sich über vier Stockwerke. Frühgeschichte, Wikingerschätze und Kindermuseum befinden sich im Erdgeschoss. Mittelalter und Völkerkunde sind im ersten und zweiten Stock zu finden, darunter auch Spielzeug und Exponate zur dänischen Geschichte. Die ägyptischen Mumien sind im dritten Stock zu bewundern. Im Restaurant Smör geht es recht formell zu, serviert wird exzellente dänische Küche.

→ *Das Nationalmuseet im schönen Prinzenpalais von 1744*

3 Thorvaldsens Museum

E5 · Bertel Thorvaldsens Plads 2 · +45 33 32 15 32 · Gammel Strand · 2A, 23, 26, 31, 37 · Di–So 10–17 · thorvaldsensmuseum.dk

Hinter der Schlosskirche (Christiansborg Slotskirke) steht das 1848 eröffnete Thorvaldsens Museum, das den Werken des dänischen Bildhauers Bertel Thorvaldsen (1770–1844) gewidmet ist. Dieser lebte und arbeitete zwar über 40 Jahre in Rom, doch er vermachte sein Lebenswerk und seine Gemäldesammlung seiner Geburtsstadt Kopenhagen.

Allein das Gebäude an sich ist schon einen Besuch wert. Es ist von antiker griechischer Architektur inspiriert und um einen Innenhof herumgebaut, in dem der Künstler auch bestattet wurde. Außen trägt der Museumsbau einen Fries von Jørgen Sonne, im Inneren weist er wunderschöne Mosaikböden auf.

Obwohl er an manchen Werken 25 Jahre lang arbeitete, war Bertel Thorvaldsens Produktivität gewaltig. Sein Werk umfasst Skulpturen mit Themen aus der klassischen Mythologie, Büsten berühmter Zeitgenossen, etwa von Lord Byron, Monumentalstudien von Christus und eine Reihe von Selbstporträts. Thorvaldsens Zeichnungen und Skizzen sowie ägyptische und römische Kunstgegenstände aus seiner Privatsammlung sind ebenfalls ausgestellt.

Die gewundene Turmspitze der Børsen

4 Folketinget

E5 · Christiansborg · +45 33 37 32 21 (Info); Tickets für Führungen vorab online buchen · thedanish parliament.dk

Das Folketing (Volksversammlung) ist das dänische Parlament. Die Plätze der 179 Abgeordneten sind im Halbkreis angeordnet, wobei die »linken« Fraktionen links sitzen und die »rechten« rechts. Den größten Teil des Baus nehmen die Beamtenbüros ein. Für König Frederik X., zu dessen repräsentativen Aufgaben u. a. der Vorsitz der wöchentlichen Staatsratssitzungen und der jährlichen Parlamentseröffnung Anfang Oktober gehören, gibt es separate Räumlichkeiten.

5 Børsen

E5 · Slotsholmsgade · für Besucher

Kopenhagens ehemalige Börse wurde zwischen 1590 und 1640 im Auftrag von Christian IV. nach den Plänen von Laurens und Hans van Steenwinckel gebaut. Heute wird sie als Bürogebäude genutzt. Sie ist zwar nicht öffentlich zugänglich, doch die beeindruckende, reich verzierte Renaissance-Fassade, die Kupferdächer, die vielen Giebel und die Turmspitze haben sie zu einer bekannten Sehenswürdigkeit der Stadt gemacht. Der 56 Meter hohe prachtvolle Turm mit den vier ineinander verschlungenen Drachenschwänzen ist ein Wahrzeichen Kopenhagens. Oben befinden sich die drei Kronen von Dänemark, Norwegen und Schweden.

6 Krigsmuseet

E5 · Tøjhusgade 3 · +45 41 20 60 80 · Gammel Strand · 2A, 23, 26, 31, 37 · Di–So 10–17 (Juni–Aug: tägl.) · natmus.dk

Das Königlich Dänische Arsenal (Tøjhuset) wurde zwischen 1598 und 1604 errichtet und war eines der ersten Bauvorhaben unter Christian IV. Zu seiner Zeit war der 163 Meter lange Komplex eines der größten Bauwerke in Europa und konnte die Ausstattung einer ganzen Armee lagern. Im Jahr 1611 wurde die Anlage um ein Hafenbecken erweitert, das neben den heutigen Bibliotheksgärten liegt.

Seit 1928 ist in dem Gebäude das Krigsmuseet (vormals Tøjhusmuseet) untergebracht. Im Erdgeschoss veranschaulicht eine Ausstellung anhand von Artilleriegewehren und Feuerwaffen die Geschichte der Artillerie von der Erfindung des Schießpulvers bis heute. Der erste Stock, in dem früher Handfeuerwaffen und Rüstungen ausgestellt waren, widmet sich ganz der dänischen Militärgeschichte von 1500 bis heute und den 21 Kriegen, in die Dänemark in dieser Zeitspanne verwickelt war – von den dänisch-schwedischen Kriegen bis zu denen in Afghanistan und im Iran. Gezeigt werden Samurai-Schwerter, Ritterrüstungen, Uniformen

Ausstellungsraum im Dansk Jødisk Museum

Schon gewusst?

Fotografien machen den größten Teil der Objekte in der Sammlung des Dansk Jødisk Museums aus.

und der Nachbau eines Militärcamps in Afghanistan aus dem Jahr 2010.

Das Museumsprogramm wird von Wechselausstellungen ergänzt.

7

Dansk Jødisk Museum

E5 Proviantpassagen 6 +45 33 11 22 18 Gammel Strand 26 991, 992 Juni – Aug: Di – So 10 – 17; Sep – Mai: Mi – So 11 – 17 jewmus.dk

Während der deutschen Okkupation retteten die Kopenhagener im Oktober 1943 7200 Juden vor der Deportation, indem sie ihnen zur Flucht ins sichere Schweden verhalfen. Diese beeindruckende Rettungsaktion sowie die Kunst und Kultur von 400 Jahren jüdischem Leben in Dänemark zeichnet das Museum nach. Die 3000 Exponate – historische Dokumente, Bücher, Fotografien, Alltags- und Kultobjekte – sind in die fünf Themenbereiche »Ankunft«, »Standortfindung«, »Flucht«, »Dänemark und Israel« sowie »Tradition« unterteilt.

Das Museum liegt auf Slotsholmen in einem ehemaligen Bootshaus von Christian IV. und wurde von Daniel Libeskind gestaltet. Die Ausstellung ist ein Labyrinth mit schiefen Wänden, schrägen Gängen und geneigten Böden und soll so Assoziationen an die schwankenden Schiffe wecken, mit denen die Juden einst über den Øresund ins sichere Schweden gerettet wurden.

Der Rundgang durch das Museum ergibt das hebräische Wort *mitzwa*, das für eine gottgefällige, gute Tat steht – ein Schwerpunkt des Schaffens von Daniel Libeskind.

8

Det Kongelige Bibliotek

E6 Søren Kierkegaards Plads 1 +45 33 47 47 47 26 991, 992 siehe Website kb.dk

Die dänische Nationalbibliothek ist die größte und bedeutendste Bibliothek Skandinaviens sowie mit über vier Millionen Werken auch eine der größten der Welt. Zu den Schätzen der Sammlung gehören fast alle Werke, die in Dänemark seit dem 17. Jahrhundert erschienen sind.

Das ursprüngliche klassizistische Gebäude stammt aus dem Jahr 1906. Sein Innenhof wurde in einen Garten verwandelt, in dem die Statue des Philosophen Søren Kierkegaard steht.

Als das alte Gebäude Ende vergangenen Jahrhunderts zu klein wurde, entschied man sich für einen Anbau direkt am Hafen: Den Sorte Diamant. Der 1999 eröffnete kubische Erweiterungsbau des dänischen Architektenbüros Schmidt Hammer Lassen trägt seinen Beinamen aufgrund der schwarzen, sich neigenden Fassade aus poliertem Granit aus Simbabwe, die das Sonnenlicht in den Inderhavnen reflektiert.

Den Sorte Diamant beherbergt Ausstellungsräume, Konferenz- und Lesesäle, einen Konzertsaal, ein Café sowie einen Buchladen. Darüber hinaus sind in dem siebenstöckigen Bau auch das Nationale Fotomuseum, das Museum für dänische Karikaturen und Dänemarks Buchmuseum untergebracht.

Beide Gebäude sind über eine Passage über der Straße Christians Brygge miteinander verbunden.

Blick auf einen Kanal in Christianshavn mit dem Turm der Vor Frelsers Kirke

9 BLOX

E6 Bryghuspladsen 10
1A, 2A, 9A 991, 992
blox.dk

Ein weiterer Neubau am ehemaligen Hafen ist das BLOX am Fredriksholms Kanal, das nun Slotsholmen mit dem Hafenbecken verbindet. Den Architekturwettbewerb für die Bebauung des Geländes einer alten Brauerei gewann zwar bereits 2006 der niederländische Architekt Rem Koolhaas mit seinem Office for Metropolitan Architecture (OMA), doch es sollte bis Mai 2018 dauern, bis das Gebäude eröffnet werden konnte. Gründe hierfür waren die schwierige Lage, die Finanzkrise, Baustopps und Umplanungen.

Die riesigen Glaskuben, die nun zueinander versetzt über der Einfallstraße angeordnet sind, erfüllen das Mixed-Use-Konzept. In dem Multifunktionsbau befinden sich Ausstellungsräume, Büros und Co-Working-Spaces, eine Buchhandlung, ein Fitnessstudio, ein Spielplatz, ein Café, ein Restaurant, Wohnungen und eine Tiefgarage.

Mit Abstand größter und wichtigster Nutzer ist das **Dansk Arkitektur Center** (DAC). Ziel des DAC ist es, ein breites Interesse an Architektur zu wecken, den Weg für neue Ideen zu ebnen, die traditionelle Grenzen überschreiten, und zu zeigen, wie Architektur kulturelle und wirtschaftliche Werte für Menschen, Industrie und Gesellschaft schaffen kann. Als Sinnbild für neue Ideen gilt die permanente Installation DAC Slide, eine vierstöckige Spiralrutsche. Neben Wechselausstellungen zur Designgeschichte finden auch Vorträge und Workshops statt.

Dansk Arkitektur Center
+45 32 57 19 30 tägl. 10–18 (Do bis 21) dac.dk

10 Christianshavn

F6 M Christianshavn

Der Stadtteil wird wegen der vielen Kanäle auch als »Klein-Amsterdam« bezeichnet. Er kann bequem zu Fuß, mit dem Fahrrad oder von Bord eines Wasserbusses erkundet werden. Christianshavn entstand in der ersten Hälfte des 17. Jahrhunderts unter Christian IV. durch die Trockenlegung eines Sumpfgebiets. Ursprünglich sollte diese neu geschaffene Insel als Verteidigungsanlage und Marinestützpunkt dienen. Hier entstanden der erste Bootsliegeplatz von Kopenhagen und Lagerhäuser für die Schiffslinien. Werftarbeiter und Seeleute siedelten sich in der Folge in dem neuen Viertel an.

Bis in die 1980er Jahre war Christianshavn höchstens wegen der Freistadt Christiania bekannt und galt als verwahrlost. Doch seit den 1990er Jahren blühen Christianshavn und Holmen dank eines städtischen Sanierungsplans auf. Die verfallenen Lagerhäuser wurden zu schicken Lofts mit Restaurants, Cafés, Büros und edlen Apartments umgebaut, in denen sich auch viele Künstler und Kreative niedergelassen haben.

In einem alten Speicher an der Strandgate 91 ist das Kulturzentrum Nordatlantens Brygge (www.nordatlantens.dk) untergebracht, das sich der Gegenwartskunst und Kultur der Färöer, Grönlands und Islands widmet. Des Weiteren sind hier die diplomatischen Vertretungen der drei Länder des Westnordischen Rates untergebracht.

Die Christians Kirke (www.christianskirke.dk) in der Strandgade 1 wurde von 1755 bis 1759 von Nicolai Eigtved errichtet. Die Rokoko-Bau war bis 1886 die Kirche der deutschen lutherischen Gemeinde, wovon noch eine Taufschale mit deutscher Inschrift von 1759 zeugt. Dank ihrer hervorragenden Akustik finden in der Kirche heute auch viele Konzerte statt.

11 Vor Frelsers Kirke

G6 · Sankt Annæ Gade 29 · +45 32 54 68 83 · M Christianshavn · 2A · Kirche: tägl. 11–15:30; Turm: tägl. 9–20 · bei schwerem Regen oder Wind · vorfrelserskirke.dk

Die Kirche Unseres Erlösers ist wegen ihrer ungewöhnlichen Turmspitze bekannt, die im Jahr 1752 vollendet wurde und über eine außen liegende Wendeltreppe erreichbar ist. Aber Achtung: Für die 400 Stufen braucht man eine gute Kondition, zudem sollte man schwindelfrei sein, denn die letzten 20 Meter führen außen am Kirchturm entlang. Allerdings belohnt Kopenhagens zweithöchster Aussichtspunkt mit einem sensationellen Blick auf die Stadt aus 90 Meter Höhe.

Geschaffen wurde der Turm vom Architekten Laurids de Thurah, dem die Idee zu einer Wendeltreppe beim Besuch der Kirche von Sant'Ivo alla Sapienza in Rom kam. Man erzählt sich, Thurah sei so besessen von seiner Arbeit gewesen, dass er sich mit einem Sprung vom Turm das Leben nahm, weil die Wendeltreppe sich in die verkehrte Richtung drehte. Die Wahrheit ist jedoch nicht ganz so theatralisch: Der Baumeister starb sieben Jahre nach Fertigstellung des Turms arm und mittellos in seinem Bett. Dennoch wurde die Geschichte des unglücklichen Architekten 1997 vom dänischen Regisseur Nils Vest verfilmt.

Nicht nur der Turm, auch die Kirche ist sehenswert. Sie wurde ab 1696 nach Plänen von Lambert van Haven gebaut. Der Barockaltar des Schweden Nicodemus Tessin ist mit Cherubim verziert. Die dreistöckige Orgel aus dem Jahr 1698 besitzt über 4000 Orgelpfeifen und wird von zwei gigantischen Elefanten getragen.

12 Christiania

GH5–6 · M Christianshavn · 2A · christiania.org

Die Freistadt Christiania existiert seit September 1971. Eine Gruppe Hausbesetzer übernahm damals das 34 Hektar große Gelände einer verlassenen Kaserne auf den historischen Wallanlagen im Osten von Christianshavn und gründete eine Kommune. Zunächst versuchten die Behörden noch, die Besetzer zu vertreiben, doch angesichts der wachsenden Anzahl entschied die Regierung, das »soziale Experiment« als autonome Kommune zu tolerieren. Um sie zu organisieren, stellten die Bewohner vier Regeln auf: keine harten Drogen, kein Handel mit Immobilien, keine Waffen und keine Gewalt. Heute leben hier etwa 1000 Menschen.

Die Gemeinschaft hat eigene Kindergärten und Schulfreizeitangebote, Post, Straßenreinigung, eine eigene Infrastruktur und Verwaltung, was teils durch die Cafés und Restaurants sowie durch den Verkauf eigener Produkte finanziert wird. 2011 kauften die Christianiter dem dänischen Staat das Areal ganz offiziell ab und gaben zur Finanzierung eine sogenannte »Volksaktie« aus.

Christiania war früher eng mit der Hippie- und Drogenszene verknüpft, seit 2004 ist der Cannabishandel in der Kommune jedoch (nominell) verboten, die Christianiter blockierten wiederholt (zuletzt 2023) den Zugang zur berüchtigten Pusher Street, um der Gewalteskalation zwischen der Polizei, Drogenhändlern und kriminellen Gangs zu begegnen.

In der Kommune herrscht ein einzigartiges Flair. Da Autos verboten sind, bewegt man sich nur zu Fuß oder mit dem Rad fort. Und da es keine Baubeschränkungen gibt, wirken viele Künstler an der Gestaltung des alternativen Viertels mit.

Fotomotiv
Schöne Kanäle und bunte Häuser

Christianshavn bietet viele schöne Fotomotive. Beliebt sind die bunten Häuser und deren Reflexion im Wasser der Kanäle. Auch die Wendeltreppe der Vor Frelsers Kirke und der Blick von oben auf das Stadtviertel sind diverse Fotos wert.

Graffiti am Eingang zur Freistadt Christiania

13
Papirøen

J9 Trangravsvej
Christianshavn
paperisland.dk

Jahrzehntelang hat die dänische Presse auf Papirøen Rohstoffe und Zeitungen gelagert. Doch seitdem die Lagerhäuser 2013 geleert wurden, stand die »Papierinsel« bis auf wenige Häuser leer. Nun wird das 45 000 Quadratmeter große Areal neu bebaut. Das dänische Büro Cobe Architects plant ein lebendiges Quartier mit öffentlich nutzbaren Einrichtungen, Büros und Wohnungen. Die offenen Flächen sollen grün gestaltet werden und Platz für Open-Air-Veranstaltungen bieten. Zum Wasser hin soll es Sitzflächen geben. Die auffällige Trapezform der Häuser soll an die historischen Lagerhäuser erinnern.

Ein Highlight – nicht nur in architektonischer Sicht – ist das öffentliche Schwimmbad Water Culture House des japanischen Architekturbüros Kengo Kuma. Die Wände der pyramidenartigen Kuben haben Durchbrüche, sodass am Tag Licht ins Innere strömt und nachts das Licht im Inneren durch die Lücken nach außen dringt. Die Bauarbeiten auf Papirøen sollen 2025 abgeschlossen sein.

14
Operaen

GH4 Ekvipagemestervej 10 +45 33 69 69 69
Christianshavn 2A
991, 992 kglteater.dk

Das hochmoderne Opernhaus aus Stahl und Glas wurde 2005 auf der Insel Holmen im Hafen eröffnet. Bis dahin hatte sich die Königliche Oper über ein Jahrhundert lang mit den dänischen Ballett- und Theaterensembles die Bühne von Det Kongelige Teater *(siehe S. 117)* geteilt. Das neue Bühnenhaus ist ein Entwurf von Henning Larsen. Bei der Innendekoration wirkten mehrere dänische Künstler mit, Per Kirkeby schuf etwa vier Bronzereliefs, Ólafur Elíasson installierte im Foyer drei große Lichtskulpturen. Im großen Saal, dessen Decke mit Blattgold bedeckt ist, finden 1400 Zuschauer Platz.

15
Refshaleøen

nördl. von H2
refshaleoen.dk

Die Halbinsel Refshaleøen war ursprünglich ein Vorposten der Kopenhagener Festungsanlage, später dann ein Industriestandort. Bis 1996 war hier die weltgrößte Werft, Burmeister & Wain (B & W) ansässig. Nach deren Konkurs wurden die Gebäude von Kreativen, Handwerkern und Veranstaltern umgebaut.

Zu den neuen »Bewohnern« gehören auch der Streetfood-Markt Reffen *(siehe S. 141)* und die Galerie **Copenhagen Contemporary**, die zeitgenössische Kunst, vor allem interaktive Installationen, Performance- und Videokunst zeigt.

Zudem gibt es auf Refshaleøen Restaurants und Bars, einen riesigen Flohmarkt *(siehe S. 155)*, das schwimmende neue »Wohnviertel« Urban Rigger aus Containern sowie etliche Freizeitmöglichkeiten, etwa Europas größte Indoor-Paintball-Arena und Skandinaviens größte Kletterhalle. Mutige können sogar einen Bungee-Sprung von einem Kran ins Hafenbecken wagen.

Refshaleøen ist auch ein beliebter Veranstaltungsort: 2014 fand hier der Eurovision Song Contest statt. Jeden Juni dröhnt beim Copenhell, einem der größten Metal-Festivals in Skandinavien, Heavy Metal von zwei Bühnen.

Copenhagen Contemporary
Refshalevej 173A
+45 29 89 80 87
Mi – So 11–18 (Do bis 21)
cphco.org

16
Christianshavns Vold

J4 Christianshavn
Christianshavn 2A, 37

Christianshavns Vold ist Teil des riesigen Befestigungsrings, der im 17. Jahrhundert rund um Kopenhagen angelegt wurde. Die gut erhaltene Festung, deren Wälle mit vorgelagertem Graben, dem heutigen Stadsgraven, im Halbkreis um Christianshavn und Holmen liegen, hat zwölf Bastionen und ist heute ein wichtiges Naherholungsgebiet für

Das beeindruckende Gebäude der Kopenhagener Oper

die Bewohner von Christianshavn. Der südliche Teil der Befestigung ist ein Stadtpark, der nördliche Teil gehört zu Christiania.

Die erste Bastion ist nach der Bucht Kalveborne benannt, danach folgen vier mit Tiernamen (Einhorn, Panther, Elefant, Löwe), die folgenden tragen die Namen von Mitgliedern der königlichen Familie.

Die Portland Towers sind ehemalige Industriesilos

17 Casino Copenhagen

südl. von F7 Amager Boulevard 70 +45 33 96 59 65 Islands Brygge 5C, 250S tägl. 14–4 casinocopenhagen.dk

Wer in Kopenhagen sein Glück versuchen will, ist hier richtig – sei es an Automaten, Blackjack- und Poker-Tischen oder beim Roulette. Gäste ab 18 Jahren können im Casino im Hotel Radisson Blu Scandinavia auf jeden Fall einen vergnüglichen Abend verbringen.

18 Nordhavn

nördl. von H2 Orientkaj cobe.dk/place/nordhavn

Nordhavn ist aktuell das größte und ambitionierteste Stadtentwicklungsprojekt Skandinaviens. Nach Aufschüttung des alten Hafenbeckens mit 18 Millionen Tonnen Gestein und Erde soll in den nächsten Jahrzehnten zwischen Hellerup und Langelinie nördlich von Østerbro direkt am Ufer des Øresund ein neues Wohn- und Büroviertel entstehen. Hier sollen einmal 40 000 Menschen wohnen und ebenso viele arbeiten.

Das 200 Hektar umfassende Neubaugebiet ist als nachhaltige »Stadtlandschaft der Zukunft« ausgewiesen und soll über eine Hochbahn sowie ein Fahrradwegenetz an den Rest der Stadt angebunden sein. Konzeptionell ist vorgesehen, dass Läden, Institutionen, Arbeitsplätze, kulturelle Einrichtungen und öffentliche Transportmittel von jedem beliebigen Ort innerhalb des Areals in fünf Minuten zu erreichen sind.

Als Wahrzeichen am Eingang zum Hafen bieten die Portland Towers einen 360-Grad-Blick über Kopenhagen und den Øresund. Mit ihren 52 Meter Höhe gehören die Türme zu den höchsten Gebäuden in Nordhavn. Zu den Mietern gehört auch die deutsche Botschaft.

Restaurants und Cafés

Die Restaurants und Cafés im Südosten decken eine große Bandbreite ab: von Gourmet über klassisch dänisch bis zu international und Streetfood. Was die Lokale in diesem Viertel aber fast alle auszeichnet, ist ihre einmalig schöne Lage am Wasser oder die beeindruckende Aussicht etwa auf die Oper oder die Stadt vom Turm von Christiansborg Slot aus.

① **Meyers i Tårnet** Ⓚⓡ Ⓚⓡ Ⓚⓡ
Dänisch
Christiansborg Slotsplads
+45 28 10 14 02
Di – So 11:15–16:30, Di – Sa 17:30 – 22
taarnet.dk
In dem beeindruckenden Saal im Turm von Christiansborg Slot wird innovative dänische Küche serviert. Die grandiose Aussicht gibt's gratis dazu.

② **No. 2** Ⓚⓡ Ⓚⓡ
Nordisch
Nicolai Eigtveds Gade 32
+45 33 11 11 68
Mo – Fr 12 –14:30, Mo – Sa 17:30 –24 (Sa bis 1)
nummer2.dk
Mit fantastischem Blick auf den Schwarzen Diamanten wird hier nordische Küche aus lokalen Produkten serviert. Schöne Terrasse und Cocktailbar.

③ **Kadeau** Ⓚⓡ Ⓚⓡ Ⓚⓡ
Gourmet
Wildersgade 10B
+45 33 25 22 23
Di – Fr 18 – 24, Sa 12 –16, 18:30 – 24
kadeau.dk
In dem Lokal mit einsehbarer Küche werden wunderschön angerichtete, hervorragende Gerichte kredenzt.

④ **Café Wilder** Ⓚⓡ Ⓚⓡ
Bistro
Wildersgade 56
+45 32 54 71 83
tägl. 11:30 – 23 (Do – Sa bis 24)
cafewilder.dk
Tagsüber ein Café, das an ein Pariser Bistro erinnert, abends ein feines Restaurant mit dänisch-französischer Küche.

⑤ **Café Oven Vande** Ⓚⓡ Ⓚⓡ
International
Overgaden Oven Vandet 44
+45 32 95 96 02
tägl. 10 – 24
cafeovenvande.dk
Das Lokal mit Terrasse liegt am Kanal mit Blick auf die Ausflugsboote. Gute internationale Küche, Snacks und Kuchen.

Feiner Obstsalat im Kadeau

⑥ **Kanalen** Ⓚⓡ Ⓚⓡ
Dänisch
Wilders Plads 2
+45 32 95 13 30
Mo – Sa 11:30 – 22
restaurant-kanalen.dk
Im ehemaligen Zollhaus wird traditionelle dänische Küche geboten. Im Sommer sitzt man direkt am Kanal – traumhaft schön.

⑦ **Broens Gadekøkken** Ⓚⓡ Ⓚⓡ
Streetfood
Strandgade 95
+45 33 93 07 60
tägl. 11:30 – 22 (Fr, Sa bis 23)
broensgadekoekken.dk

Pilzsuppe im Meyers i Tårnet

Gemütliches Kanalen im ehemaligen Zollhaus

An den Ständen gibt es leckere Speisen und Getränke aus aller Welt mit Blick aufs Wasser. Das Streetfood stammt von renommierten Kopenhagener Restaurants und Köchen, Qualität und gute Zutaten stehen im Vordergrund.

⑧ **Kontiki** Kr Kr
Dänisch
Takkelloftvej 31
+45 40 50 90 48
tägl. 11–21
kontikibar.dk
Hier speist man auf einem Schiff, das auf einem Kanal hinter der Oper vertäut ist. Gutes Essen, fantastisches Ambiente, leckere Weine und hausgemachte Säfte. Hier kann man auch Boote mieten.

⑨ **Reffen** Kr Kr
(siehe S. 141)

Shopping

Im Südosten geht es etwas lässiger zu als im Norden oder im Zentrum. Das sieht man auch an den Läden und Werkstätten, die sich hier niedergelassen haben. Man findet viele kleine Läden, oft mit angeschlossener Werkstatt, in denen edler Schmuck oder schöne Keramikwaren gefertigt werden.

⑩ **Bogbinder Klara K** Kr Kr
Buchbinderei
Overgaden Oven Vandet 2A
+45 26 16 26 20
nach Absprache
klarak.dk
In ihrer charmanten Werkstatt in Christianshavn bindet Klara K Bücher – klassisch-traditionell mit Blick fürs Moderne.

⑪ **Aurum** Kr Kr Kr
Schmuck
Dronningensgade 23
+45 25 30 00 11
Mo–Fr 11–18, Sa 11–14
aurumcph.com
Die bekannten Designer Carolina Vallejo, Marco Vallejo und Lei Foo fertigen zeitlosen Schmuck für sie und ihn.

⑫ **Ganni Postmodern** Kr Kr
Designermode
Overgaden Oven Vandet 40
+45 28 35 55 56
Mo–Fr 10–18, Sa 10–17, So 11–16
ganni.com
In einem ehemaligen Postamt bekommt man Artikel aus früheren Ganni-Kollektionen, einmalige Muster und andere seltene Stücke.

⑬ **Cibi e Vini** Kr Kr
Wein
Torvegade 28
+45 32 57 77 98
Mo–Fr 10:30–18, Sa 10–14
cibievini.dk
Cibi e Vini importiert und verkauft italienische und südafrikanische Bio-Weine. In der Wildersgade 23 werden auch Verkostungen angeboten, teilweise zusammen mit kleinen Speisen.

⑭ **Mo Christianshavn** Kr Kr Kr
Schmuck
Torvegade 26
+45 26 80 17 26
Di, Do 14–18 und nach Voranmeldung via E-Mail
mo.dk
Mo ist bekannt für die Kreation exklusiver Schmuckstücke aus harmonisch komponierten Materialien und Formen und die moderne Interpretation klassischer Schmuckthemen.

⑮ **Boutique Allure** Kr Kr
Damenmode
Torvegade 24
+45 32 96 09 49
Mo–Fr 10–17.30, Sa 11–14
boutique-allure.dk
Von Streetwear über Festliches bis zu Strandkleidung findet frau hier alles, dazu gibt es die passenden Accessoires. Angeschlossener Schönheitssalon.

⑯ **Pag Studio** Kr Kr
Mode
Wilders Plads 9E
+45 32 54 01 40
Di–Fr 11–17:30 (Mi bis 20), Sa 10–15
pagstudio.dk
Der Laden bietet eine gute Zusammenstellung an moderner Alltags- und Festkleidung, teils No-Name, teils von dänischen Designern, sowie Accessoires.

⑰ **Kvindesmedien**
(siehe S. 140)

Showroom von Kvindesmedien

⑱ **Ferm Living** Kr Kr Kr
Design
Kuglegårdsvej 1–5
+45 31 38 20 51
Mo–Fr 10–18, Sa 10–16
fermliving.dk
Showroom in einem Gebäude aus dem Jahr 1770 zwischen Kanälen und der Freistadt Christiania mit den Möbeln und Home-Accessoires des Labels Ferm Living.

⑲ **B & W Loppemarked** Kr Kr
Flohmarkt
Refshalevej 163
+45 27 28 20 28
Sa, So 10–16 in geraden Wochen
Auf dem Flohmarkt auf Refshaleøen findet man in einer ehemaligen Werkzeughalle Schätze von antik bis Vintage.

Christiania Bikes Kr Kr Kr
Lastenfahrrad
christianiabikes.com
Die dreirädrigen Lastenfahrräder sind sehr praktisch und gehören zum Stadtbild.

Blick auf den Freizeitpark Superkilen in Nørrebro (siehe S. 164)

Highlights

❶ Frederiksberg Slot und Have

Sehenswürdigkeiten

❷ Cisternerne
❸ Zoologisk Have
❹ Carlsberg-Brauerei
❺ Vesterbro und Kødbyen
❻ Assistens Kirkegård
❼ Nørrebro
❽ Grundtvigs Kirke
❾ Experimentarium
❿ Østerbro
⓫ UN City
⓬ Windpark Middelgrunden
⓭ Copenhill
⓮ DR Koncerthuset
⓯ Bella Sky Hotel
⓰ Ørestad
⓱ Royal Arena
⓲ Den Blå Planet
⓳ Øresundsbron

Abstecher

Ob Historie, Kultur, Architektur oder Natur – außerhalb von Kopenhagens Zentrum wartet eine Vielzahl von Überraschungen und Highlights, die das Großartige, das Kreative und Einmalige dieser Stadt in jeder Hinsicht unterstreichen. Nørrebro, Frederiksberg und Vesterbro sind die Stadtviertel, die es zu erkunden gilt. Besuchen Sie Schloss Frederiksberg mit seiner barocken Parkanlage und einem Museum in einer unterirdischen Kaverne. Oder machen Sie einen Abstecher in Kopenhagens jüngstes Stadtviertel: Ørestad mit seiner modernen Architektur. Architektonisches Meisterwerk und atemberaubender Blickfang ist auch die Øresundsbron.

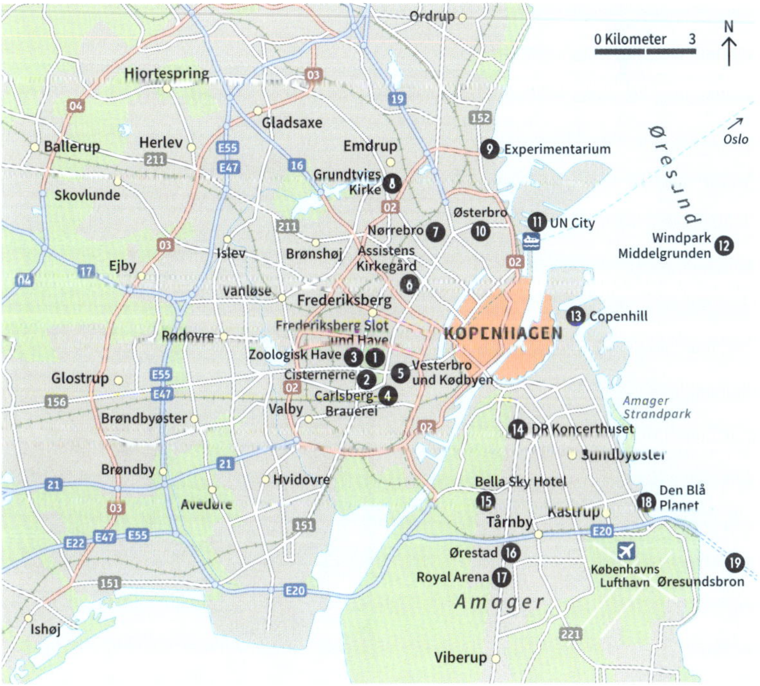

Persönliche Favoriten

Die zentrumsnahe Umgebung von Kopenhagen bietet eine bunte Auswahl an Interessantem und Sehenswertem. Hier kann man es sich gut gehen lassen, mitten in der Großstadt entspannen und die Seele baumeln lassen.

Haveselskabet Have

Der kleine, verwunschene Garten liegt direkt neben dem Park von Frederiksberg Slot und ist ein wahres Naturidyll mit vielen unterschiedlich gestalteten Bereichen.

Blühender Kirschbaum im Haveselskabet Have

Wenn Sie ein Faible für Gärten haben oder für Ihren eigenen Inspirationen suchen, dann sollten Sie unbedingt dem Haveselskabet Have in Frederiksberg einen Besuch abstatten. In dem 1880 nach englischem Vorbild angelegten Garten der Königlich Dänischen Gartenbaugesellschaft kann man durch die verschiedenen Gartenteile spazieren, den Rosengarten oder das Spiegelbassin bewundern, durch Rabatten wandeln oder auf einer der vielen Bänke im Schatten hoher Bäume einfach nur dem Gurgeln des Wassers lauschen und die Natur genießen.

Haveselskabet Have
Frederiksberg Runddel tägl.
haveselskabet.dk/frederiksberg

Jægersborggade

Die kleine, kopfsteingepflasterte Jægersborggade grenzt direkt an den Friedhof Assistens Kirkegård und gehört zu den hippsten Straßen in Nørrebro.

Lebendig, bunt und entspannt, damit lässt sich das Treiben in der Jægersborggade wohl am besten beschreiben. Früher galt sie als eher zwielichtig, heute gehört sie zu den angesagtesten Straßen in Kopenhagen. Mittlerweile finden sich in der Wohnstraße Läden mit Fein- und Biokost, Vintage-Kleidung, Einrichtungsgegenständen, Keramik und Schmuck sowie viele Kunstgalerien. Ganz zu schweigen von einigen der besten Restaurants und Cafés der Stadt, darunter die Mikrorösterei Coffee Collective, die Untergrund-Weinbar Terroiristen und Silberbauers Bistro. Lassen Sie sich den Charme und die entspannte Lebendigkeit der Jægersborggade nicht entgehen.

Jedes Frühjahr findet hier ein Flohmarkt statt, der zusätzliches Leben schafft.

Jægersborggade
Nørrebro

Eine der hippsten Straßen: Jægersborggade

Amager Strandpark

Wer eine Pause vom Sightseeing braucht oder einfach nur mal an einem Sandstrand Sonne tanken will, ist am Amager Strandpark genau richtig.

Schöner Spazierweg im Amager Strandpark

Kitesurfer im Amager Strandpark

Der Amager Strandpark im Süden der Stadt direkt am Øresund besteht aus einer künstlichen Strandinsel, die eine Badelagune mit Planschbecken und eine 1000 Meter lange Schwimm- und Ruderbahn bildet. Er ist der größte Strand Kopenhagens. Die zwei Kilometer lange Insel ist über drei Brücken mit dem Festland verbunden. An einem Ende liegen Sandstrände und Dünen. Am anderen befindet sich ein Park mit Promenade, die zu Erholungsflächen für Sport, Spiel und Picknick sowie zum Bootshafen führt. Im Sommer kann man hier in der Sonne liegen, mit Kajaks den Kanal befahren, kite- und windsurfen sowie im Unterwasserpark tauchen. Außerdem locken Basketball- und Beachvolleyballfelder. An kühleren Tagen ist der Strand ideal für ausgedehnte Spaziergänge.

Amager Strandpark
Ⓜ Øresund, Amager Strand, Femøren

Kødbyen

Wo sich früher der Schlachthof von Kopenhagen befand, sind heute Restaurants, Discos und Kunstgalerien.

Nur an wenigen Orten in Dänemark findet man eine größere Auswahl an Restaurants, Cafés, Bars und Clubs als im ehemaligen Schlachthof Kødbyen, der früher ganz Kopenhagen mit Fleisch versorgt hat. Als Ende der 1990er Jahre immer mehr Schlachtbetriebe ins Umland zogen, stand der Stadtrat vor der Entscheidung, was mit dem Komplex passieren sollte, und entschied 2005, sich die Umwandlung des »Meatpacking District« in Manhattan zum Vorbild zu nehmen.

Heute gilt Kødbyen als »Hochburg der Hipster« mit vielen lässigen und mittlerweile hochgelobten Lokalen wie Kødbyens Fiskebar. In den Sommermonaten sitzt man draußen an langen Biertischen, wenn es kühler wird in interessant und liebevoll gestalteten Innenräumen.

In Kødbyen liegt ein Lokal am nächsten

Kødbyen
⌂ Flæsketorvet Ⓦ kodbyen.kk.dk

1

Frederiksberg Slot und Have

Roskildevej 28A +45 36 13 26 32 Frederiksberg 18, 26, 7A, 71, 72, 93N
Schloss: Führungen 11, 13 am letzten Sa im Monat (außer Juli, Dez);
Park: tägl. 6–17 (Sommer bis 22) kongeligeslotte.dk

Die Kopenhagener könnten sich ihre Stadt ohne Frederiksberg Have, den Lustgarten, der für Frederik IV. angelegt wurde, nicht vorstellen. Hier gibt es viel zu entdecken – von Wäldern über Wasserfälle bis zu einem chinesischen Pavillon. Gekrönt wird das Ganze von Frederiksberg Slot, das heute von der dänischen Militärakademie genutzt wird.

Der zwischen 1699 und 1738 erbaute und erweiterte Palast diente als Sommerresidenz von Frederik IV. Angeblich fuhr dieser per Boot durch die Kanäle des Parks, während die Einwohner jubelnd am Ufer standen, und bespaßte hier sogar den russischen Zaren. Heute begrüßt eine Statue des Königs Besucher am Haupteingang des Parks. Pfade ziehen sich durch die englischen Gartenanlagen zum ornamentierten chinesischen Pavillon aus dem Jahr 1799 und zum Haveselskabet Have der Königlich Dänischen Gartenbaugesellschaft. In den Bäumen des Parks hängen viele Schnuller: Traditionell nehmen Eltern ihren Kindern mit drei Jahren die Schnuller weg und hängen sie hier auf.

Highlight

1 Im Boot unterwegs auf einem der Kanäle im Park

2 Die Brücke führt zum chinesischen Pavillon, der auf einer Insel liegt.

3 Der chinesische Pavillon ist außen wie innen reich verziert.

1865

wurde der 64 Hektar große Frederiksberg Have der Öffentlichkeit zugänglich gemacht.

TOP 5

Highlights im Schlosspark

Frühlingsblüte
Ende März stehen die Bäume an den Kanälen in voller Blüte.

Bootsfahrten
Im Sommer kann man den Park auch vom Wasser aus in einem Boot entdecken.

Eislaufen
Im Winter wird aus dem Frederiksberg Runddel eine Eislaufbahn.

Chinesischer Pavillon
Der Pavillon wurde 1799 als königliches Teehaus in Auftrag gegeben.

Apsis-Tempel
Klassischer Säulentempel von 1802.

←
Die Parkanlage hinter dem Frederiksberg Slot ist von Kanälen durchzogen

2

Cisternerne

Søndermarken +45 30 73 80 32 Valby Frederiksberg 7A, 18, 26, 72, 93N Di–So 11–18 cisternerne.dk

Die Cisternerne, die vom Magazin *Forbes* als eines der ungewöhnlichsten Museen Europas gelobt wird, war früher ein unterirdisches Wasserreservoir, das die Trinkwasserversorgung der dänischen Hauptstadt sicherstellte. Die Zisternen waren lange Zeit in Vergessenheit geraten, heute dienen sie als Veranstaltungsort für Ausstellungen, Installationen und andere Events. Sie befinden sich unter dem Frederiksberg im Herzen des Parks Søndermarken. An der Oberfläche sieht man nur zwei kleine Glaspyramiden. Erschrecken Sie nicht, wenn es nach unten geht: In den Katakomben ist es sehr dunkel und kühl, die Luftfeuchtigkeit beträgt fast 100 Prozent.

3

Zoologisk Have

Roskildevej 32 +45 72 20 02 00 Valby Fasanvej 7A, 72; im Sommer kostenloser Shuttlebus vom Christiansborg Slotsplads: 11:20, 12:20, 13:20 siehe Website zoo.dk

Kopenhagens Zoo wurde 1859 nahe Frederiksberg Slot eingerichtet und ist einer der ältesten Europas. In den 1940er Jahren wurde er um Teile von Søndermarken erweitert. Die Areale wurden durch einen Tunnel unter dem Roskildevej verbunden. Auch wenn der Zoo nach internationalen Maßstäben nicht groß ist, kann er doch beachtliche Zuchterfolge vorweisen. Hier leben viele Arten, darunter Giraffen, Flusspferde, Elefanten und Löwen.

Das von dem britischen Stararchitekten Norman Foster entworfene Elefantenhaus sticht durch seine Form und die Glaskuppel ins Auge. Im Jahr 2012 wurde der Arktische Ring, ein neues Areal für Robben, Elche und Eisbären, eröffnet.

In der Tropenabteilung werden Schmetterlinge und Vögel sowie einige Krokodile gehalten. Kleinere Kinder lieben das Streichelgehege. Der 42 Meter hohe Beobachtungsturm aus dem Jahr 1905, von dem man sogar die Küste Schwedens sieht, ist eine weitere Attraktion.

4

Carlsberg-Brauerei

Gamle Carlsberg Vej 11 Carlsberg +45 33 27 13 98 Besucherzentrum: tägl. 10–18 visitcarlsberg.com carlsbergbyen.dk

Die Carlsberg-Brauerei wurde 1847 von Jacob Christian Jacobsen (1811–1887) gegründet, der auch ein bekannter Kunstfreund war. So bildete etwa seine Sammlung den Grundstein für die Ny Carlsberg Glyptotek.

Wegen der guten Wasserqualität wählte er den Valby-Hügel als Standort der neuen Brauerei. 2005 wurde in den alten Fabrikanlagen das Jacobsen-Brauhaus eröffnet, in dem Spezialbiere entwickelt werden sollten. Heute wird hier nur noch eine Marke

→

Der Beobachtungsturm Zootårnet und einer der beiden Pandas (Detail)

produziert. Carlsberg ist Marktführer in Dänemark und eine der weltweit am weitesten verbreiteten Biermarken. Tuborg ist die kleinere der beiden dänischen Brauereien des Konzerns.

Auf dem historischen Brauereigelände rund um das Besucherzentrum mit interaktiven Ausstellungen entstand in den vergangenen Jahren ein ganz neues Viertel mit Wohnungen, Büros, Läden, Cafés, Restaurants, Schulen, Kindergärten und verschiedenen Kultur- und Sporteinrichtungen: Carlsberg Byen. Historische Bauelemente wie etwa das Elefantentor und ein Teil der alten Backsteingebäude wurden in die moderne Architektur integriert.

Das Grab von Hans Christian Andersen, Assistens Kirkegård

5

Vesterbro und Kødbyen

M København H, Enghave Plads

Vesterbro ist eines der vier historischen Vorstadtviertel westlich des Hauptbahnhofs, die den Stadtkern Kopenhagens umgeben. Der Name bezeichnete ursprünglich eine Landstraße, die von Westen in die Stadt führte. Auch heute noch ist die Vesterbrogade die Hauptschlagader des Viertels mit vielen Läden und Imbissständen, die fast schnurgerade vom Rådhuspladsen bis nach Frederiksberg führt. Früher war Vesterbro ein klassisches Arbeiterviertel mit dem Schlachterviertel Kødbyen und viel Rotlichtmilieu rund um den Hauptbahnhof.

In den letzten Jahren hat sich Vesterbro jedoch vor allem rund um die Istedgade und den Værnedamsvej zum Szeneviertel mit trendigen Bars, guten Restaurants und vielen interessanten Boutiquen entwickelt.

Der einstige »Meatpacking District« Kødbyen hat sich zum angesagten Ausgehviertel gewandelt, seitdem Bars, Restaurants, Clubs und Galerien in die alten Schlachthäuser eingezogen sind.

6

Assistens Kirkegård

Kapelvej 4 +45 35 37 19 17 M Nørreport 5C, 18 Apr – Sep: tägl. 7 – 22; Okt – März: tägl. 7 – 19 assistens.dk

Um das Jahr 1760 waren Kopenhagens Friedhöfe zu klein geworden, um all die Opfer der Pest aufzunehmen, die damals die Stadt heimsuchte. Das erste Mal schlug die Seuche im Jahr 1711 zu und forderte 23 000 Todesopfer, was die Stadtbevölkerung Kopenhagens um ein Drittel dezimierte. Der Assistens Kirkegård wurde daraufhin vor dem nördlichen Stadttor (Nørreport) angelegt, um weitere Grabstellen verfügbar zu machen.

Zunächst setzte man auf dem neuen Friedhof nur die ärmere Bevölkerung bei, doch bereits Ende des 18. Jahrhunderts kamen die Gräber auf dem Assistens Kirkegård auch bei der wohlhabenderen Bürgerschaft in Mode, und er wurde mit der Zeit zur beliebtesten Grablege der Stadt.

Die Liste der hier begrabener Berühmtheiten ist lang, darunter befinden sich etwa Søren Kierkegaard, Hans Christian Andersen, die Maler Christoffer Wilhelm Eckersberg und Christen Købke, die Wissenschaftler Hans Christian Ørsted und Niels Bohr, der Jazzmusiker Ben Webster, der Lyriker Michael Strunge sowie die Hip-Hop- und Reggae-Musikerin Natasja Saad.

Heute ist der Assistens Kirkegård eine einmalige Mischung aus modernem und historischem Friedhof, Museum und ruhiger Parkanlage inmitten des geschäftigen Nørrebro, die viele für ein entspanntes Picknick oder ein Sonnenbad nutzen.

Schon gewusst?

2020 brach Pandamännchen Xing aus dem Gehege aus, wurde aber rasch wieder eingefangen.

Modernes Gebäude des Experimentarium in Hellerup

7 Nørrebro

M Nørrebros Runddel

Das alte Handwerker- und Arbeiterviertel nordwestlich der drei Kopenhagener Seen ist heute ein multikultureller Schmelztiegel mit einem hohen Anteil an Studierenden- und Einwanderern, was das Viertel auch immer wieder zu einem sozialen Brennpunkt macht. Hauptstraße ist die Nørrebrogade mit vielen unterschiedlichen Läden und Cafés, die 2,5 Kilometer in nordwestlicher Richtung von den Seen in der Stadtmitte bis zur Station Nørrebro führt. Weitere bekannte und interessante (Shopping-)Straßen des hippen Stadtviertels mit reizenden kleinen Läden und coolen Boutiquen sind u. a. Elmegade, Jægersborggade *(siehe S. 158)*, Blågårdsgade und Ravnsborggade, die für ihre Vintage-Läden bekannt ist. Nørrebro ist auf jeden Fall ein Paradies, wenn es um Shopping abseits ausgetretener Pfade geht.

Als Herz des Viertels gilt der Sankt Hans Torv mit vielen flippigen Läden, lustigen Cafés, guten Restaurants und einem pulsierenden Nachtleben. Rund um den belebten Platz hat man die Qual der Wahl, wenn es um die Befriedigung kulinarischer Gelüste geht.

Die grüne Lunge von Nørrebro ist der Assistens Kirkegård *(siehe S. 163)*, den viele besuchen, um die Seele baumeln zu lassen.

Im Jahr 2012 wurde der 30 000 Quadratmeter große Park Superkilen eröffnet, ein Ensemble öffentlicher Plätze, das der Begegnung der Bewohner dienen, den Erholungswert steigern und den multinationalen Charakter des Wohngebiets unterstreichen soll. Der Park ist in drei Bereiche unterteilt: Während der Rote Platz das moderne, urbane Leben mit Café, Musik und Sport darstellt, ist der Schwarzmarkt ein klassischer Platz mit Brunnen und Bänken. Der Grüne Park ist zum Picknicken und Spazierengehen gedacht. Im Park sind über 100 (Kunst-)Objekte zu sehen, die aus der ganzen Welt stammen und so die Vielfalt der Nationalitäten in Nørrebro widerspiegeln.

8 Grundtvigs Kirke

På Bjerget 14B ✆ +45 35 81 54 42 S Emdrup 🚌 4A, 6A, 21 🕒 Di, Mi, Fr, Sa 9–16, Do 9–18, So 12–16 (Winter bis 13) W grundtvigskirke.dk

Die Backsteinkirche ist nicht nur wegen ihrer Größe, sondern auch wegen ihrer originellen Form sehenswert. Mit fast 49 Meter Höhe zählt sie zu den größten Kirchen Dänemarks. Sie wurde von 1921 bis

Marokkanischer Brunnen und Neonzeichen aus Katar, Superkilen

1940 im modernistischen Stil auf dem Bispebjerg errichtet, dem höchsten Hügel Kopenhagens. Für den Entwurf zeichnete P. V. Jensen Klint verantwortlich. Finanziert wurde der Sakralbau aus Spenden zu Ehren des Philosophen und Geistlichen Nikolai Frederik Severin Grundtvig (1783–1872). Neben seiner Sozialarbeit verfasste er Abhandlungen, zudem komponierte er rund 1500 Kirchenlieder. Grundtvig war zehn Jahre lang Parlamentsabgeordneter, 1861 wurde er Ehrenbischof der dänischen Kirche. Der Kirchenmann wurde vor allem wegen der Gründung der Volkshochschule bekannt.

Die Form des sehr modern anmutenden Sakralbaus – in Anlehnung an eine typische Dorfkirche – soll die unterschiedlichen Aktivitäten von Grundtvig widerspiegeln, die Turmspitze mit ihrer angedeuteten Orgelform an die vielen Psalmen erinnern, die er vertont hat.

9 Experimentarium

Tuborg Havnevej 7
+45 39 27 33 33 Ⓢ Hellerup, Svanemøllen 164
tägl. 9:30–17 1. Jan, 23.–25., 31. Dez
experimentarium.dk

Ziel dieses innovativen Wissenschaftszentrums, das 2017 an seinem neuen Standort in Hellerup eröffnete, ist es, Wissenschaft durch Experimente von Besuchern lebendig werden zu lassen.

Auf zwei Ebenen mit 16 interaktiven Ausstellungen und einer Dachterrasse für Freiluftaktivitäten kann man spielerisch viel über die Welt erfahren, die uns umgibt. Die Ausstellungsfläche ist voller Kinder, die mit Begeisterung alles ausprobieren. Für die Kleinsten gibt es das Abenteuerareal Miniverse. Doch auch für Erwachsene ist einiges geboten, etwa ein simuliertes Erdbeben der Stärke 5,5. Zudem verfügt das Experimentarium über das weltweit erste interaktive Kino, das mit Bewegungssensoren ausgestattet ist.

Unbedingt erwähnenswert ist auch die Treppe, die man sofort sieht, sobald man das Gebäude betritt: Der riesige, geschwungene Aufgang aus 160 Tonnen Stahl ist mit zehn Tonnen Kupfer verkleidet und von der Spiralform einer DNA-Helix inspiriert.

Fassade der Grundtvigs Kirke

10 Østerbro

Ⓢ Østerport, Nordhavn, Svanemøllen
1A, 3A, 4A, 6A, 350S

Die familienfreundliche Oase Østerbro ist das am wenigsten touristisch geprägte Stadtviertel Kopenhagens. Hier kann man ins normale Alltagsleben eintauchen.

Das noble und ruhige Stadtviertel liegt östlich des Zentrums. Man erreicht es über die Fredensbro oder die Hauptverkehrsader, die Østerbrogade, an der viele Cafés und Boutiquen liegen. Die Østerbrogade zählt zusammen mit der Nordre Frihavnsgade auch zu den besten Design-Einkaufsstraßen in Kopenhagen.

In Østerbro befindet sich auch das Gourmetrestaurant Geranium *(siehe S. 170)*, das mit drei Michelin-Sternen dekoriert ist. Østerberg Ice Cream ist ein weiterer beliebter Anlaufpunkt für Jung und Alt. Hier gibt es nicht nur erstklassige Eiscreme aus Eigenproduktion, sondern auch viele überraschende Sorten zu probieren.

Entspannen kann man im Fælledparken, Dänemarks größtem Stadtpark und beliebtem Veranstaltungsort für Sportereignisse. Hier finden auch die Kundgebung am 1. Mai, Konzerte und der Kopenhagener Karneval statt. Außerdem gibt es eine Anlage für Skateboardfans und weitere Sportflächen.

Direkt am Fælledparken befindet sich Parken, das Nationalstadion Dänemarks mit 38 000 Sitzplätzen. Hier tragen der FC Kopenhagen und die dänische Fußball-Nationalmannschaft ihre Heimspiele aus.

Expertentipp
Street-Art

Baustellen, Brücken und anderes dienen in Kopenhagen, vor allem in Vesterbro und Nørrebro, als »Leinwand«. Urban Explorer CPH (www.urbexplorer.dk) bietet interessante Rundgänge an, auch zu alternativen Stadtteilen.

Expertentipp
Ørestad

Experience Ørestad hat sich ganz auf den Kopenhagener Stadtteil Ørestad und seine Architektur spezialisiert und bietet Stadtspaziergänge, Bustouren und Präsentationen an (www.experienceorestad.dk).

11

UN City

Marmorvej 51, Marmormolen S M Nordhavn nur Führung nach vorheriger Anmeldung auf der Website; Führungen Fr 14 (englisch), unter Vorlage eines Personalausweises Shop: Mo–Fr 12–14 un.dk

UN City, der 2013 eröffnete »grüne« Hauptsitz der Vereinten Nationen in Kopenhagen, beherbergt in einem einzigen Bauwerk elf Organisationen der Vereinten Nationen. Hier arbeiten etwa 2000 Menschen aus 108 Nationen.

Der Entwurf des Architektenbüros 3XN berücksichtigt die Arbeitsabläufe wie auch die Sicherheitsbedürfnisse einer solchen Institution. Die Form des Komplexes als achtzackiger Stern steht stellvertretend für die Werte und die Unabhängigkeit der einzelnen Organisationen innerhalb der UN.

Im Kern befindet sich ein Atrium mit einer monumentalen Treppe, die über alle Etagen führt. Sie soll ein Sinnbild für das Aufeinandertreffen und den Dialog von Menschen aus aller Welt sein.

Besonderer Wert wurde auf die Nachhaltigkeit gelegt: So gibt es Solarpaneele zur Stromerzeugung, das Meerwasser wird zum Kühlen verwendet, natürliche Materialien bilden eine Isolierschicht um das Gebäude. Damit wird nur halb so viel Energie verbraucht wie in einem vergleichbaren, konventionellen Bürokomplex.

12

Windpark Middelgrunden

middelgrunden.dk

Die 20 Turbinen des Offshore-Windparks Middelgrunden stehen 3,5 Kilometer von Kopenhagens Stadtgebiet entfernt im Øresund. Bei der Eröffnung 2000 war er der größte und leistungsstärkste Offshore-Park der Welt und ein klarer Beweis für das Umweltbewusstsein des Landes. Die Windräder stehen 180 Meter voneinander entfernt in einer leichten Kurve im seichten Gebiet von Middelgrunden östlich der nördlichen Spitze von Amager und sind vom Festland aus gut zu sehen. Die Anlage deckt etwa drei Prozent des Stromverbrauchs in Kopenhagen ab. Heute werden etwa 22 Prozent des dänischen Stromverbrauchs durch Windturbinen erzeugt.

13

Copenhill

Kraftværksvej 31 Sommer: Mo–Sa 10–20, So 10–18; Skisaison: Mo–Fr 14–20, Sa 10–20, So 10–18 copenhill.dk

Mit der Eröffnung von Amager Bakke 2017 in einer Industriezone nahe dem Stadtzentrum erhielt Kopenhagen nicht nur eine moderne Müllverbrennungsanlage, sondern auch ein weiteres architektonisches Wahrzeichen sowie eine etwas andere Freizeitanlage. Nach dem Konzept von Bjarke Ingels' Architekturbüro BIG kann man auf dem Dach der Anlage im Winter Ski und Snowboard fahren und im Sommer wandern, an der

Copenhill – im Winter Skipiste, im Sommer Kletterbereich

Das kubusförmige DR Koncerthuset mit Glasfiberfassade

Außenwand hochklettern und auf einer speziell ausgewiesenen Strecke bergauf laufen. Im Winter, wenn die Skipiste geöffnet ist, gibt es sogar ein Ski-Café. Oder man fährt nur zur Aussichtsplattform in 90 Meter Höhe und genießt den Blick auf die Stadt.

Für die Ausgestaltung des 16 000 Quadratmeter großen Outdoor-Areals zeichnete der Landschaftsarchitekt Stig L. Andersson verantwortlich.

14

DR Koncerthuset

Ørestads Boulevard 13
M DR Byen 33, 35, 77, 78 (alle DR Byen) +45 35 20 62 62 W drkoncerthuset.dk

Mit der Eröffnung des neuen Konzerthauses des Dänischen Rundfunks (DR Byen) im Jahr 2009 erhielt Kopenhagen nicht nur einen herausragenden Konzertveranstaltungsort, sondern auch ein weiteres architektonisches Wahrzeichen.

Das kubusförmige Gebäude des französischen Architekten Jean Nouvel hat eine Glasfiberfassade, durch die die Betonkonstruktion des Saals hindurchschimmert. Im Inneren befinden sich ein riesiges Foyer sowie fünf unterschiedlich große Konzertsäle. Der größte, in dem es keinen rechten Winkel gibt, sondern alles gebogen und gewölbt ist, fasst 1800 Besucher. Hier treten große Symphonieorchester auf. In den vier kleineren Sälen (Studio 1–4) finden Rock-, Pop- und Jazzkonzerte statt.

Einen besonderen Anblick bietet das DR Koncerthuset nachts: Dann leuchtet die Fassade kobaltblau.

15

Bella Sky Hotel

Center Boulevard 5
M Bella Center
+45 32 47 30 00 W acbellaskycopenhagen.dk

Das 2011 eröffnete AC Hotel Bella Sky Copenhagen gehört zum Bella Center in Ørestad, Skandinaviens größtem Ausstellungs- und Konferenzzentrum, und ist mit seinen beiden Türmen, die voneinander wegstreben, das bei Weitem markanteste Gebäude des Komplexes.

Doch nicht nur die Türme mit den zwei Brücken, die sich zwischen ihnen spannen (2. und 23. Stock), und die unregelmäßigen Fenstereinschnitte machen das Gebäude der Architekten von 3XN einzigartig: Das Bella Sky ist Dänemarks höchster Bau und Skandinaviens höchstes Hotel. Es verfügt über 812 Zimmer, drei Restaurants, zwei Bars, 30 Konferenzräume sowie einen Sport- und Wellnessbereich. Über die Verbindungsbrücke im 23. Stockwerk gelangt man in die Sky Bar, die mit dem besten Ausblick Kopenhagens wirbt.

Bella Sky Hotel

Die geschwungene, silberne Fassade von Den Blå Planet ist einem Wirbelsturm nachempfunden

16

Ørestad

M Islands Brygge, DR Byen, Sundby, Bella Center, Ørestad, Vestamager

Ørestad auf der Insel Amager ist das jüngste Stadtviertel Kopenhagens, es entsteht seit 1992 entlang der Metro-Linie vom Kopenhagener Stadtzentrum zum Bahnhof Ørestad. In den vier Quartieren Ørestad Nord, Amager Fælled kvarteret, Ørestad City und Ørestad Syd, die miteinander durch Seen, Kanäle und sechs Metro-Stationen verbunden sind, sollen einmal 20 000 Menschen wohnen und rund 80 000 arbeiten und studieren. Zum Stadtviertel gehört auch das Naturschutzgebiet Kalvebod Fælled mit einem Vogelschutzgebiet, vielen Wegen durch die Natur, einem Spielplatz und einem Café.

Vor allem Architekturinteressierte sollten Ørestad einen Besuch abstatten, hier liegen zahlreiche sehenswerte Gebäude. Neben dem DR Koncerthuset *(siehe S. 167)*, dem Bella Sky Hotel *(siehe S. 167)* und der Royal Arena sind das etwa das 8Tallet (Richard Mortensens Vej, www.8tallet.dk), ein Apartmenthaus des dänischen Stararchitekten Bjarke Ingels, dessen Grundriss wie eine Acht aussieht, das Studentenwohnheim Tietgenkollegiet (Rued Langgaards Vej 10–18), der Park-/Wohnkomplex Bjerget (Ørestads Boulevard 55), ebenfalls von der Bjarke Ingels Group, die »Wohnschlange« Boligslangen (Tom Kristensens Vej 6–16) sowie das Ørestad Gymnasium (Ørestads Boulevard 75) mit vier gegeneinander verdrehten Geschossen, das fast vollständig auf geschlossene Klassenräume verzichtet.

Auch Shoppingfans kommen in Ørestad auf ihre Kosten, beispielsweise im Field's (Arne Jacobsens Allé 12, www.fields.steenstrom.dk), Dänemarks zweitgrößtem Shoppingcenter.

17

Royal Arena

Hannemanns Allé 18–20
M Ørestad, Vestamager
500S +45 32 46 04 60
W royalarena.dk

Die Anfang 2017 eröffnete Royal Arena ist eine Multifunktionshalle und bietet Platz für bis zu 16 000 Besucher. Ihr Bau wurde im Jahr 2010 beschlossen, um bei der Vergabe internationaler Sportwettkämpfe gegenüber anderen europäischen Hauptstädten wettbewerbsfähig zu bleiben.

In dem Gebäude des dänischen Architekturbüros 3XN finden jedoch nicht nur Sportwettkämpfe statt (2018 etwa die Eishockey-WM), sondern auch viele Konzerte namhafter Künstler und Bands, darunter Katy Perry, André Rieu, Justin Timberlake, U2 und Elton John. Tickets bekommt man entweder vor Ort oder unter www.ticketmaster.dk.

Zu den Fütterungszeiten (siehe Website) wird es voll. Im Untergeschoss gibt es Streichelbecken für Kinder.

18 Den Blå Planet

Jacob Fortlingsvej 1
+45 44 22 22 44
Kastrup 5A, 14
Mo 10 – 21, Di – So 10 – 17
denblaaplanet.dk

Kopenhagens Aquarium, das größte Nordeuropas, wurde 2013 im Den Blå Planet (Blauer Planet), einem modernen Gebäude am Hafen von Kastrup auf der Insel Amager, neu eröffnet. Es zeigt eine große Bandbreite von Meeresleben und widmet sich darüber hinaus dem Artenerhalt und der Forschung.

Das Aquarium gliedert sich in drei große Themengebiete – nördliche Seen und Meere, tropische Seen und Flüsse sowie Ozean – mit acht Bereichen. In den Tanks leben Tausende von Tieren in sieben Millionen Liter Wasser, darunter Haie und Piranhas. Hier kann man zum Beispiel Riesenoktopoden, Krokodile, Zitteraale, Wasserschildkröten, Schwämme, Hummer und Hunderte leuchtend bunte Tropenfische beobachten. Eine besondere Attraktion des Aquariums sind die Seeotter. Es gibt auch die Möglichkeit, mit Haien und Rochen zu tauchen oder die Seeotter zu füttern.

19 Øresundsbron

Die Brücke, deren Name sich aus dem dänischen Øresund und dem schwedischen *bron* (Brücke) zusammensetzt, verbindet seit 2000 Kopenhagen mit Malmö in Schweden und ist weltweit die zweitlängste Schrägseilbrücke für Straßen- und Eisenbahnverkehr.

Sie ist 16 Kilometer lang und besteht aus einer 430 Meter langen künstlichen Halbinsel, einem 3,5 Kilometer langen, zehn Meter unter dem Wasser verlaufenden Tunnel, einer vier Kilometer langen künstlichen Insel und einer 7845 Meter langen Hängebrücke.

Am höchsten Punkt schwebt das Wunderwerk moderner Ingenieurskunst 57 Meter über dem Meer.

Schon gewusst?

Die Noir-TV-Serie *Die Brücke* (2011–2018) spielte rund um die Øresundsbron.

Die Øresundsbron verbindet Kopenhagen mit Malmö

Restaurants und Cafés

Auch die Restaurants und Cafés außerhalb des Zentrums von Kopenhagen sind nicht zu verachten. In Nørrebro und Vesterbro – hier vor allem im alten »Meatpacking District« Kødbyen – kommen sie etwas alternativer daher. Meist sitzt man sehr schön an Alleen, auf den Plätzen in den jeweiligen Vierteln oder direkt an einem der drei innerstädtischen Seen. Insgesamt geht es recht entspannt zu.

Im Jah Izakaya gibt es japanische Gerichte im Tapas-Stil

Kødbyens Fiskebar Kr Kr
Fisch
Flæsketorvet 100
+45 32 15 56 56
tägl. 11:30 – 24 (Fr, Sa bis 1)
fiskebaren.dk
In der angesagten Fischbar wird alles Fischige in hervorragender Qualität angeboten.

Jah Izakaya Kr Kr
Japanisch
Gasværksvej 21
+45 38 41 27 21
tägl. 17:30 – 24
jahizakaya.dk
Das Gastropub serviert japanisches Barfood und Sake.

Lidkoeb Kr Kr
Cocktails
Vesterbrogade 72B
+45 33 11 20 10
Mo – Do 16 – 2, Fr, Sa 15 – 2, So 18 – 2
lidkoeb.dk
Eine der besten Cocktailbars in Vesterbro, gemütliche Atmosphäre und gute Snacks.

Granola Kr Kr
Café
Værnedamsvej 5
+45 33 33 00 95
Mo – Mi 9 – 23, Do – Sa 9 – 24, So 9 – 16
granola.dk
Es gibt zwar auch Abendessen, doch zu empfehlen sind vor allem Frühstück und Brunch.

Mielcke & Hurtigkarl Kr Kr Kr
Gourmet
Frederiksberg Runddel 1
+45 38 34 84 36
Di – Sa 18 – 24
mhcph.com
Ein Gesamtkunstwerk – angefangen beim Gebäude, der alten Orangerie im Frederiksberg Have, über das Ambiente bis zu den herrlichen Speisen.

Die urige Bierkneipe Mikkeller & Friends

Kaffesalonen Kr Kr
Café
Peblinge Dossering 7
+45 35 35 12 19
tägl. 9 – 22
kaffesalonen.com
Hier sitzt man in der ersten Reihe am Peblinge Sø oder auf einem Holzdeck, das in den See reicht.

Geranium Kr Kr Kr
Gourmet
Per Henrik Lings Allé 4, 8
+45 69 96 00 20
Mi, Do 18 – 23, Fr, Sa 12 – 15:30, 18:30 – 23:30
geranium.dk
Ausgeklügelte Kochkunst mit mehrgängigen Menüs sowie Panoramablick aus dem achten Stock im Fælledparken. Mit drei Michelin-Sternen ausgezeichnet.

Mikkeller & Friends Kr Kr
Bier
Stefansgade 35
+45 35 83 10 20
tägl. 14 – 24
mikkeller.dk
Hier hat man die Wahl zwischen 40 verschiedenen Biersorten!

Le Saint Jacques Kr Kr Kr
Französisch
Sankt Jakobs Plads 1
+45 35 42 77 07
tägl. 12 – 15, 18 – 22
lesaintjacques.dk
Das Lokal mit schöner Terrasse gehört zu Kopenhagens besten französischen Restaurants im gehobenen Bistro-Stil.

Shopping

Ein Bummel durch die etwas außerhalb liegenden Stadtviertel Kopenhagens macht riesigen Spaß, oft entdeckt man wahre Schätze. Das Angebot in den kleinen, eigenständigen Läden ist sehr vielschichtig und reicht von Kulinarika über Mode und Secondhand bis zu Design in allen möglichen Variationen.

Köstliche Auswahl in der Karamelleriet im Stadtteil Nørrebro

DANSK madeforrooms
Design Ⓚ Ⓚ Ⓚ
Istedgade 80
☎ +45 32 18 02 55
🕒 Mo – Fr 11–18, Sa 11–16
W danskshop.com
Dänisches Design von Dekoartikeln und Drucken über Einrichtungsgegenstände bis zu Möbeln.

Byebyelove Ⓚ Ⓚ
Secondhand / Vintage
Valdemarsgade 30
☎ +45 20 99 07 01
🕒 Di – Fr 11–17:30, Sa 11–15
Zeitlose, luxuriöse Secondhand- und Vintage-Kleidung sowie Accessoires für Damen.

Girlie Hurly Ⓚ Ⓚ
Alles für Mädchen
Istedgade 99
☎ +45 33 24 22 41
🕒 Mo – Fr 11–17:30, Sa 10:30 – 15
W girliehurly.dk
Buntes Angebot, das Mädchenherzen höherschlagen lässt – von Geschirr über Taschen bis zu Schuhen und Haarbändern.

Royal Copenhagen Outlet
Porzellan Ⓚ Ⓚ
Søndre Fasanvej 9
☎ +45 38 34 10 04
🕒 Mo – Fr 10 – 18, Sa, So 10 – 15
W royalcopenhagen.com
In einem alten Backsteingebäude werden Porzellan zweiter Wahl und Stücke aus älteren Kollektionen angeboten.

Sonne Jewels Ⓚ Ⓚ
Schmuck
Jægersborggade 44
☎ +45 25 79 14 90
🕒 Di, Do, Fr 12 – 17:30, Sa 11 – 14
W sonnejewels.com
Fantasievoller Schmuck aus den unterschiedlichsten Abfallprodukten.

Karamelleriet Ⓚ Ⓚ
Karamell
Jægersborggade 36
☎ +45 70 23 77 77
🕒 Mo, Sa, So 11–15, Di – Fr 10 – 17:30
W karamelleriet.dk
Der Duft ist köstlich: In dem Laden wird Karamell nicht nur verkauft, sondern auch hergestellt. Die diversen Sorten lösen den olfaktorischen Genuss auch beim Verspeisen ein.

Cappalis Ⓚ Ⓚ
Schmuck
Elmegade 30
☎ +45 35 39 00 06
🕒 Di – Fr 11–18, Sa 11–17
Moderner, handgefertigter Schmuck.

Acne Archive Ⓚ Ⓚ
Mode
Elmegade 21
☎ +45 31 73 60 20
🕒 Mo – Do 11–18:30, Fr 11–19, Sa 10 – 17
W acnestudios.com
Outlet des schwedischen Designlabels mit Herren- und Damenkollektionen sowie Accessoires.

GUBI Ⓚ Ⓚ
Design
Orientkaj 18 – 20
☎ +45 33 32 63 68
🕒 Mo – Fr 9 – 16:30 (Fr bis 16)
W gubi.com
Fast 500 Quadratmeter großer Flagship-Store des berühmten Designlabels.

Bunter Schmuck von Sonne Jewels

Der Turm der Sankt Olai Kirke in Helsingør (siehe S. 179)

Ausflüge

Highlights
- 1 ARKEN Museum
- 7 Kronbrog Slot, Helsingør
- 8 Louisiana Museum
- 9 Frederiksborg Slot
- 10 Domkirke, Roskilde
- 10 Vikingeskibsmuseet, Roskilde

Sehenswürdigkeiten
- 2 Charlottenlund Slot
- 3 Bakken
- 4 Frilandsmuseet
- 5 Fredensborg Slot
- 6 Karen Blixen Museet
- 7 Helsingør
- 10 Roskilde

Viele Kopenhagen-Besucher verlassen nie das Stadtgebiet der dänischen Hauptstadt, dabei gibt es viele interessante Sehenswürdigkeiten gleich vor den Stadttoren, die auch mit öffentlichen Verkehrsmitteln gut zu erreichen sind. Die Liste reicht von beeindruckenden Schlössern mit schönen Parkanlagen, die teilweise immer noch von der königlichen Familie genutzt werden, über geschichtsträchtige Städte wie Helsingør und Roskilde sowie dem ältesten Freizeitpark der Welt – Bakken – bis hin zu herausragenden Museen, die nicht nur mit ihren Sammlungen punkten, sondern auch mit den Gebäuden, in denen sie untergebracht sind.

Ausflüge lohnen sich also allemal, man erfährt ein bisschen mehr über Land und Leute und hat darüber hinaus die Möglichkeit, die wunderschöne Landschaft rund um Kopenhagen zu genießen. Das Gebiet eignet sich auch hervorragend für Fahrrad- und Wanderausflüge.

1

ARKEN Museum

F5 Skovvej 100, 2635 Ishøj +45 43 54 02 22 Ishøj
128 Mi – So 11–17 (Mi bis 21) arken.dk

Im ARKEN Museum for Moderne Kunst erwartet Sie herausragende Kunst des 20. und 21. Jahrhunderts. Das Gebäude erinnert an ein in der Nähe des Ufers gestrandetes Schiff und ist vielleicht das großartigste Kunstwerk des Museums.

Der damals 25-jährige Søren Robert Lund gewann 1988 einen Architekturwettbewerb zur Gestaltung des neuen Museums, als er noch studierte. Das Äußere des Gebäudes erinnert an ein Schiffswrack und steht damit in einer Linie mit der in den 1980er Jahren populären dekonstruktivistischen Bewegung. Der Museumsbau wurde ebenso kontrovers diskutiert wie seine Exponate. Das Museum ist um zwei Achsen herumgebaut. Charakteristisch sind die rechteckigen Gänge, optischen Täuschungen und der plötzliche Übergang von großen in kleine Räume. Seit der Eröffnung 1996 wurden zusätzliche Ausstellungsräume angebaut.

Der Fokus des Museums liegt auf innovativer moderner Kunst – von Installationen über Skulpturen bis zu grafischen Werken, die in Wechselausstellungen gezeigt werden. In der Dauerausstellung werden Werke nach 1945 gezeigt von so namhaften internationalen Künstlern wie Andy Warhol, Anselm Reyle, Damien Hirst und Ai Weiwei sowie prominenten Dänen wie Candice Breitz, Asger Jorn und Ólafur Elíasson. Eine der faszinierendsten Installationen ist Ai Weiweis (* 1957) *Circle of Animals/Zodiac Heads*, die die zwölf Zeichen des chinesischen Tierkreises darstellt.

Schon gewusst?

Der Museumsname leitet sich vom dänischen Wort *ark* (Arche) ab. Er spielt auf die Gebäudeform an.

Highlight

Tagesausflug

Im ARKEN Museum kann man gut und gern einen ganzen Tag verbringen. Nicht nur der Bau an sich ist ein Hingucker, auch innen gibt es viel zu entdecken – jenseits der hervorragenden Kunstsammlung. So bereitet der Chefkoch des Cafés interessante Menüs, die sich auf die Ausstellungen beziehen. Im Museumsladen findet man viele Designgegenstände, Bücher und Geschenke. Und am Strand von Ishøj, einem der schönsten Dänemarks, kann man ein erfrischendes Bad nehmen.

Jenseits der Kunst

Das Museum hat viel mehr zu bieten als fesselnde zeitgenössische Kunst, darunter einen hervorragenden Designshop und das reizende Café mit Panoramablick über die Køge-Bucht. Direkt am Museum liegt ein wunderschöner Sandstrand mit Holzsteg und einem Spielplatz für Kinder (im Sommer mit Rettungsschwimmern). Im Gebiet rund um das Museum befinden sich Wälder, das Hafenviertel und ein großartiges Netz an Wegen – ideal für Wanderer, Radfahrer und Jogger.

Das beeindruckende Museumsgebäude bei Nacht und einer der Ausstellungsräume (Detail) ↑

TOP 5 Wichtige Kunstwerke

Another Time V
Gusseiserne menschliche Figur von Antony Gormley.

Powerless Structures, Fig. 101
Modern interpretierte Reiterstatue auf dem Vorplatz des Museums von Elmgreen & Dragset.

Fragments of Paradise
Zwei ornamentierte Marmorblöcke von Eva Steen Christensen.

Love's Paradox
Kühe in Formaldehyd von Damien Hirst.

Best Friends
Zwei Delfine tauchen in einem Malen-nach-Zahlen-Bild von Anselm Reyle schwungvoll ins Meer ein.

2
Charlottenlund Slot

F5 Jægersborg Allé 1, 2920 Charlottenlund Charlottenlund 23, 171, 172, 192 Schloss: bei Veranstaltungen; Park: ganzjährig charlottenlundslot.dk

An dieser Stelle stand seit 1690 eine königliche Residenz. Das heutige Schloss wurde zwischen 1731 und 1733 im Auftrag von Prinzessin Charlotte Amalie erbaut. Die Prinzessin liebte diesen Ort so sehr, dass man ihn nach ihr benannte. Sie nutzte Charlottenlund bis zu ihrem Tod im Jahr 1782.

Im 19. Jahrhundert wurde das Schloss umstrukturiert, wobei der Barockcharakter des Baus dem Stil der Renaissance weichen musste. Viele Mitglieder der Königsfamilie wohnten hier, darunter Frederik VIII. und seine Frau Prinzessin Louise, die bis zu ihrem Tod 1926 dortblieb. Ein Obelisk auf der Schlossrückseite erinnert an die beiden.

Heute wird das Schloss als Büro- und Konferenzzentrum sowie für Kulturveranstaltungen wie Konzerte und Lesungen genutzt. Öffentlich zugänglich ist nur der Schlosspark, der in seiner heutigen Form mit den getrimmten Koniferen und den Wegen in den 1990er Jahren gestaltet wurde. Einige Pfade und Teiche stammen noch aus dem 17. Jahrhundert. Der Gemüsegarten von 1826 versorgte früher die Schlossküche. Es gibt viel alten Baumbestand. Die beiden Lärchen hinter dem Schloss gelten als die ältesten Dänemarks.

Bakken ist der älteste Vergnügungspark der Welt

Blick in ein Bauernhaus im Frilandsmuseet

3
Bakken

F5 Dyrehavevej 62, 2930 Klampenborg +45 39 63 35 44 Klampenborg siehe Website bakken.dk

Bakken wurde bereits 1583 gegründet und ist damit wohl der älteste noch existierende Vergnügungspark der Welt. Er liegt etwas außerhalb von Kopenhagen am Rand des Wildparks Jægersborg Dyrehave, eines ehemaligen Jagdgebiets.

Der Vergnügungspark verfügt über 100 Attraktionen, darunter klassische und moderne Achterbahnen und Karussells. Ein historisches Juwel ist die hölzerne Rutschebanen von 1932. Zudem gibt es Zirkusshows und eine Cabaret-Revue. Auf dem Gelände befinden sich etwa 40 Lokale und Cafés, doch Besucher können auch ihr eigenes Picknick mitbringen.

Der Eintritt ist frei, für die Fahrgeschäfte bezahlt man.

4
Frilandsmuseet

F5 Kongevejen 100, 2800 Kongens Lyngby +45 41 20 64 55 Sorgenfri 184, 191, 194 Apr–Mitte Dez: Di–So 10–16 (Juli/Aug: bis 17) natmus.dk

Das Freilichtmuseum liegt in Kongens Lyngby und ist einer der Standorte des Dänischen Nationalmuseums. Hier befinden sich über 50 Gebäude von 1650 bis 1950 aus verschiedenen Ecken Dänemarks, darunter Bauernhöfe, Mühlen, Ställe oder ein Armenhaus mit originalem Inventar. Es werden auch Tiere gehalten und Felder bewirtschaftet.

Die Sammlung des Freilichtmuseums umfasst darüber hinaus etwa 50 000 Objekte aus Landwirtschaft, Handwerk und Fischerei, darunter Werkzeuge, Alltagsgegenstände, Schmuck und Möbel aus den vergangenen 200 Jahren. Hier gewinnt man einen guten Einblick in das Alltagsleben der Menschen, wie sie gearbeitet, was sie gegessen und welche Feste sie gefeiert haben.

5 Fredensborg Slot

F5 · Slottet 1B, 3480 Fredensborg · +45 33 95 42 00 · Fredensborg · Schloss: Juli (Führungen); Park: ganzjährig · kongeligeslotte.dk

Fredensborg wurde ursprünglich von Frederik IV. als Jagdschloss angelegt. Das Hauptgebäude stammt von 1722, die Kapelle von 1726. Architekt war Johan Cornelius Krieger, der auch einen Barockgarten anlegte. Später wurde das Anwesen umgebaut und erweitert. Noch heute bewohnt die Königsfamilie das Schloss im Frühjahr und Herbst, dann findet auch die Wachablösung statt. Prinz Henrik, Gemahl von Königin Margrethe II., starb am 13. Februar 2018 auf Schloss Fredensborg.

Der Schlosspark wurde in den 1760er Jahren angelegt. Einer der Wege wird von 70 Figuren gesäumt, die J. G. Grund schuf. Die Statuen stellen Fischer und Bauern aus Norwegen und von den Färöern dar. Kälteempfindliche Pflanzen, etwa eine 250 Jahre alte Myrte, sind im Gewächshaus untergebracht.

6 Karen Blixen Museet

F5 · Rungsted Strandvej 111, 2960 Rungsted Kyst · +45 45 57 10 57 · Rungsted Kyst · Di–Fr 11–21, Sa, So 11–17 · blixen.dk

Karen Blixen (1885–1962) verbrachte die aufregendste Zeit ihres Lebens in Afrika. Mit 28 Jahren verließ sie mit ihrem Mann Bror von Blixen-Finecke Dänemark, um in Kenia eine Kaffeeplantage aufzubauen. Safaris, das Auf und Ab ihrer Affären, das Scheitern ihrer Ehe und der Niedergang der Plantage sind Themen, die in ihrem berühmtesten Roman *Jenseits von Afrika* festgehalten sind. Die Autorin kehrte 1931 auf den Familiensitz Rungstedlund zurück und lebte dort bis zu ihrem Tod. Das Anwesen ist seit 1991 ein Museum zu Ehren der Schriftstellerin.

Die Zimmer wurden seit ihrem Tod kaum verändert. Ausgestellt sind Manuskripte und persönliche Gegenstände, darunter Mobiliar von ihrer Farm in Kenia, auch Denys Finch Hattons Lieblingssessel und die Truhe, die Blixen von ihrem Diener Farah bekam. Im Park ist ihr Grab.

Forgotten Giants

In sechs Gemeinden westlich von Kopenhagen, Rødovre, Hvidovre, Vallensbæk, Ishøj, Albertslund und Høje Taastrup, sind sechs hölzerne Riesen in Wäldern, auf Wiesen, an Hängen, unter Brücken oder an Gewässern versteckt – ein Kunstprojekt des Dänen Thomas Dambo. Die freundlichen Figuren hat er unter Mithilfe vieler Freiwilliger, nach denen die Riesen benannt sind, vor allem aus Sperrholz gefertigt, um ein Zeichen gegen die Wegwerfkultur unserer modernen Gesellschaft zu setzen. Auf der Schatzkarte des Künstlers findet man die genauen Standorte der Riesen (thomasdambo.com/works/forgotten-giants). Man kann die Giganten einzeln besuchen, einer steht in der Nähe des Museums ARKEN, oder man setzt sich aufs Rad und sieht sich alle sechs auf einer 31 Kilometer langen Radtour an.

Das Barockschloss Fredensborg gilt als »dänisches Versailles«

Blick auf Helsingør mit dem herausragenden Turm der Sankt Olai Kirke

7

Helsingør

F4 · 47 560 · Helsingør · Havnepladsen 3; +45 49 21 13 33 · visitnorthsealand.com

Helsingør verdankte seinen Wohlstand der Lage an der Meerenge zwischen Nord- und Ostsee. Die Stadt war im 15. Jahrhundert ein Zentrum des internationalen Schiffsverkehrs. Heute kommen die meisten Besucher wegen Kronborg Slot *(siehe S. 180f)*, dem Schauplatz von Shakespeares *Hamlet*.

①

Karmeliterklosteret Sankt Mariæ Kirke

Sankt Anna Gade 38
Kirche: Di–So 10–14
sctmariae.dk

Der gotische Bau stammt aus dem späten 15. Jahrhundert und gehörte ursprünglich den Karmelitern. Der Komplex ist eines der am besten erhaltenen mittelalterlichen Klöster Skandinaviens. H. C. Andersen bezeichnete es als »schönsten Ort Dänemarks«. Zu den Besonderheiten zählen der Kapitelsaal mit Gewölbe und der mit Fresken geschmückte »Vogelsaal«. Das Kloster kann im Rahmen einer Führung besichtigt werden (vorab telefonisch anmelden unter +45 49 21 17 74).

②

Helsingør Bymuseum

Sankt Anna Gade 36
+45 49 28 18 00 · Mo–Fr 10–17, Sa, So 11–16
helsingormuseer.dk

Das Gebäude (heute Stadtmuseum) wurde von den Mönchen des benachbarten Klosters errichtet, die es als Hospital nutzten. Zwischen den Exponaten zur Stadtgeschichte sind auch chirurgische Instrumente des Hospitals für Kopfoperationen zu sehen. Ein Modell von Kronborg Slot zeigt, wie es 1801 aussah. Besucher erfahren hier, woher der Name der Region stammt: Øresund heißt so viel wie »Pfennigsund« und spielt auf den erhobenen Schiffszoll an.

③

Kulturværftet

Allégade 2 · tägl.; Aufführungen siehe Website
kuto.dk

Der glitzernde, moderne Komplex aus geometrischen Glaskuben rund um die alte Werft von Helsingør, der »Kulturhof«, eröffnete 2010. Wie der Name schon sagt, liegt der Fokus auf der Kulturszene der Stadt, hier finden Vorführungen, Ausstellungen, Festivals und andere Kunstevents statt. Innen befindet sich ein interessantes Werftmuseum, das die Geschichte des Schiffsbaus in Helsingør vom Mittelalter bis in das 19. Jahrhundert nachzeichnet. Und als Bonus gibt es einen tollen Blick über den Hafen zu den Befestigungen von Kronborg Slot.

Fotomotiv
Wassermann

Sehen Sie sich im Kulturværftet die Stahlskulptur *Han* an, eine Reverenz an die Kleine Meerjungfrau in Kopenhagen. Die Skulptur steht nah am Wasser und ist ein ideales Fotomotiv.

④

Axeltorv

Am Hauptplatz von Helsingør gibt es einige Lokale und Bars. Am Mittwoch- und Samstagvormittag findet hier ein bunter Markt statt, auf dem Obst, Gemüse, frischer Fisch, Käse, Blumen, Kunsthandwerk und Souvenirs verkauft werden.

Die Statue in der Mitte zeigt Erik von Pommern, den polnischen König und Neffen von Margrete I., der zwischen 1397 und 1439 auf dem dänischen Thron saß. Nach dem Bruch der Kalmarer Union und seiner Verdrängung vom Thron zog der Ex-Monarch auf die Insel Gotland. Dort wurde er zum Piraten, was ihm den Spitznamen »der letzte Ostseewikinger« eintrug. Im Alter kehrte Erik nach Pommern zurück, wo er in der heute polnischen Stadt Darłowo begraben liegt. Im Schloss von Darłowo sollen noch vom dänischen Hof geraubte Schätze versteckt sein.

⑤

Stengade

Die Stengade, eine durch viele Gassen mit dem Axeltorv verbundene Fußgängerzone, liegt mitten im mittelalterlichen Viertel. Viele der bunten Fachwerkhäuser gehörten einst Kaufleuten und Fährschiffern und stammen aus dem 17. und 18. Jahrhundert. Oderns Gård (Stengade 66) wurde im Jahr 1659 gebaut.

⑥

M/S Museet for Søfart

Ny Kronborgvej 1 · +45 49 21 06 85 · Di – So 11–17 (Juli, Aug: tägl. 11–18) · mfs.dk

Das Schifffahrtsmuseum wurde 2013 von dem renommierten Architekturunternehmen Bjarke Ingels Group (BIG) rund um ein Trockendock vor Kronborg Slot errichtet.

Da die mehr als 60 Jahre alten Mauern des Docks erhalten wurden, liegen die Ausstellungsräume unter der Erde und sind wie eine Schleife um die Mauern des Docks angelegt, das so in den Mittelpunkt des Museums gerückt wird.

Besucher erleben hier eindrücklich die gewaltigen Ausmaße, die für den Schiffsbau nötig sind, und lernen in einer unterirdischen maritimen Welt Dänemarks Geschichte als eine der führenden Schifffahrtsnationen kennen.

⑦

Sankt Olai Kirke

Sankt Anna Gade 12 · Mai – Aug: Mo – Fr 10 – 16; Sep – Apr: Mo – Fr 10 – 14 · helsingoerdomkirke.dk

Das Gotteshaus wurde um 1200 geweiht und diente jahrhundertelang als Gemeindekirche. 1961 erhielt es den Status einer Kathedrale. Zahlreiche Grabinschriften erinnern an die vielen hier begrabenen reichen Kaufleute und prominenten Bürger von Helsingør.

Bunte Häuserreihe im mittelalterlichen Viertel von Helsingør

Das heutige Erscheinungsbild der Kirche stammt aus dem 16. Jahrhundert. Auch die Innenausstattung geht auf diese Zeit zurück. Zu den wertvollsten Objekten zählen ein gotisches Kruzifix aus dem 15. Jahrhundert, eine Renaissance-Kanzel (1568) sowie ein geschnitzter Altar. Außerdem ist eine Kanonenkugel zu sehen, die von den Briten ein paar Tage vor der Schlacht von Kopenhagen 1801 auf die Stadt abgefeuert wurde.

8

Kronborg Slot

Ny Kronborgvej +45 49 21 30 78 Mai – Okt: tägl. 10 – 17; Nov – Apr: Di – So 11 – 16 kongeligeslotte.dk

Das strahlende königliche Kronborg Slot war Schauplatz von Shakespeares *Hamlet*, und es ist einfach, sich den dänischen Prinzen vorzustellen, wie er durch das »Castle of Elsinore« wandert. Das Anfang des 15. Jahrhunderts erbaute Schloss ist heute eine der beliebtesten Sehenswürdigkeiten Dänemarks.

Perfekte Bühne für *Hamlet*

Das Renaissance-Schloss wurde ursprünglich von Erik von Pommern erbaut. Frederik II. und später Christian IV. ließen es umbauen. Imposant sind der 62 Meter lange Große Saal und das Königsgemach. Seit 2000 ist Kronborg Slot UNESCO-Welterbe. Von den unheimlichen Gängen durch das Verlies bis zum Irrgarten im Park – das Schloss eignet sich perfekt für die sommerlichen Aufführungen von Shakespeares tragischem Schauspiel. Von Juni bis August kann man sogar untertags Charakteren aus *Hamlet* begegnen, die über das Gelände streifen. Führungen (Zeiten siehe Website) durch das Schloss sind im Eintrittspreis inbegriffen.

Schon gewusst?

Bankette in Kronborg zogen sich einst über 65 Gänge. Hatte man zu viel gegessen, standen Eimer bereit.

Hamlet

William Shakespeare war nie in Kronborg, dem Schauplatz seines berühmten Werks. Als Vorlage für den Dänenprinzen diente Amlet, ein Wikingerkönig, dessen Leben der Chronist Saxo Grammaticus in seiner *Historia Danica* (12. Jh.) festhielt. Shakespeare lernte sie wahrscheinlich durch François de Belleforests *Histoires Tragiques* (1564 – 1582) kennen.

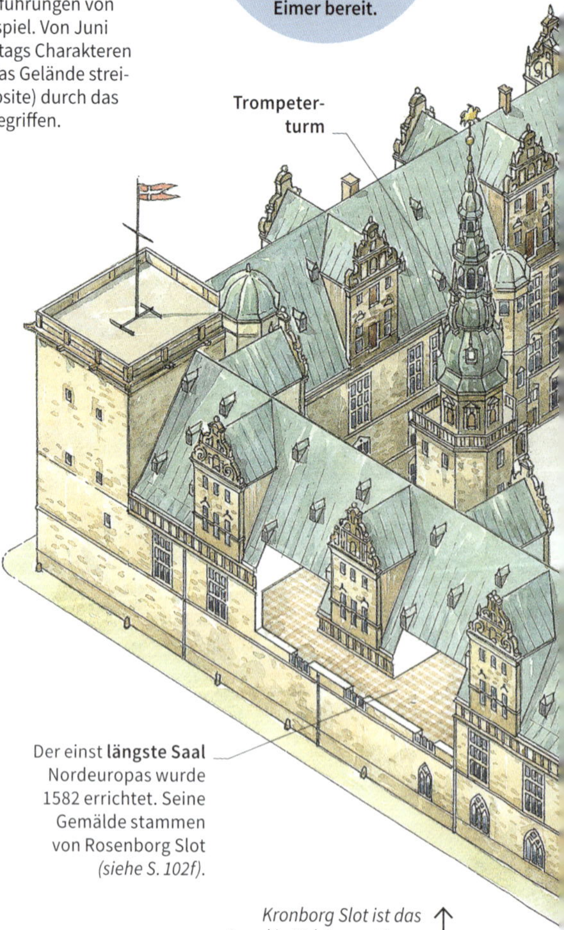

Der einst **längste Saal** Nordeuropas wurde 1582 errichtet. Seine Gemälde stammen von Rosenborg Slot *(siehe S. 102f)*.

Kronborg Slot ist das Juwel in Helsingørs Krone ↑

Highlight

Kronborg Slot wartet mit prächtigem Interieur auf, darunter der Große Saal (Detail) ↑

Der **Königsturm** wurde 1584/85 errichtet. Er hieß auch Drechslerturm, da in einem der Räume Frederiks II. Werkstatt mit Drehbänken untergebracht war.

Der **Nordtrakt** wurde 1585 gebaut. Im westlichen Teil waren Verwaltungsräume.

Die **Gemächer der Königin** an der Ecke des Nordtrakts hatten eine direkte Verbindung zur Kapelle.

Die **Königlichen Gemächer** sind mit Deckenverzierungen und Marmoröfen versehen. Früher hatten die Wände eine goldgeprägte Lederverkleidung.

Im **Taubenturm** lebten Brieftauben, die königliche Mitteilungen transportierten.

Die **Kapelle** besitzt einen schönen Altar, Eichenbänke mit verzierten Seitenteilen, eine Königsloge und eine Orgel aus dem 18. Jahrhundert.

8

Louisiana Museum

F4 Gammel Strandvej 13, 3050 Humlebæk +45 49 19 07 19 Humlebæk Di–Fr 11–22, Sa, So 11–18 louisiana.dk

Im Louisiana Museum, dem wohl bedeutendsten Museum für moderne Kunst in Dänemark, erwarten einen wahre Meisterwerke. An den Wänden hängen Bilder, im Garten stehen Skulpturen, und das alles vor der Kulisse des Øresund.

In dem ungewöhnlichen Museum findet sich für jeden etwas. Es wurde 1958 für eine Sammlung moderner dänischer Kunst eingerichtet und seitdem kontinuierlich erweitert. Die Sammlung konzentriert sich auf moderne europäische und amerikanische Malerei, Grafikkunst und Fotografie von einigen der namhaftesten zeitgenössischen Künstler. Ebenso eindrucksvoll ist das Gebäude an sich. Lichtdurchflutete Räume reihen sich im Halbkreis um eine Villa aus dem 19. Jahrhundert und öffnen sich auf einen Park mit Skulpturen, von dem aus man auf den Øresund blickt. Im Museumsshop findet man schöne Drucke und Haushaltswaren. Auch sollte man im Café unbedingt die dänischen Kuchen probieren.

Künstler

Henry Moore (1898–1986)

Die Bronzefiguren des englischen Bildhauers sind für Standorte im Freien gedacht.

Alberto Giacometti (1901–1966)

Der Schweizer ist bekannt für seine fragilen Menschen-Skulpturen.

Asger Jorn (1914–1973)

Der abstrakte Maler war ein Hauptakteur der Kopenhagen-Brüssel-Amsterdam-Gruppe.

*Yayoi Kusama (*1929)*

Die Japanerin arbeitet mit vielen Medien und wird von Fans fast kultisch verehrt.

Schon gewusst?

Der erste Besitzer des Anwesens hatte drei Frauen namens Louise, daher der Name des Museums.

↑ *Der Skulpturengarten des Museums und die im Jahr 1855 erbaute Gamle Villa* (Detail)

Kurzführer

Die ebenerdigen Räume des Museums sind mit dem Südflügel und den Untergeschossen verbunden. Bis auf den Raum, in dem Werke von Alberto Giacometti *(siehe rechts)* und Henry Moore ausgestellt sind, werden die Kunstwerke in Rotation gezeigt. Der Kinderflügel besitzt Werkstätten und PCs für Kinder und ihre Eltern.

9

Frederiksborg Slot

F4 Slotsgade 1, 3400 Hillerød +45 48 26 04 39 Apr – Okt: tägl. 10 –17; Nov – März: tägl. 11–15; Garten: tägl. 10 – Sonnenuntergang dnm.dk

Die erste königliche Residenz Dänemarks ist beeindruckend. Inmitten barocker Gärten ist sie ideal für einen Tagesausflug von Kopenhagen aus.

Frederiksborg Slot wurde 1560 von Frederik II. auf diesem Areal errichtet. 1859 wurde es durch einen Brand zerstört. J. C. Jacobsen, der Chef der Carlsberg-Brauerei, ließ die Ruine restaurieren und richtete ein nationalhistorisches Museum ein. Er stiftete viele seiner Gemälde, die er mit anderen Bildern chronologisch aufhängen ließ – zur Veranschaulichung der Geschichte Dänemarks.

Während der Regentschaft Christians IV. benutzte die **Königinmutter Sophie** diesen Raum. Als hier das Museum eingerichtet wurde, hängte man Bilder Frederiks III. auf.

An der Wand des **Audienzsaals** (1688) hängt u. a. das Porträt des stolzen Christian V., der als römischer Kaiser dargestellt ist.

Der **Rittersaal** besitzt eine geschnitzte Holzdecke. Ornamente und feine Gobelins vervollständigen die Pracht.

Die Eichentür des **Kapellenportals**, das wie ein Triumphbogen gestaltet ist, überstand den Brand von 1859 und sieht so aus wie zu Zeiten Christians IV.

← *Der Audienzsaal von Frederiksborg Slot*

↑ *Das eindrucksvolle Frederiksborg Slot mit Wassergraben und Irrgärten*

Im **Königstrakt** stehen Statuen, die den Einfluss der Planeten auf den Menschen symbolisieren – ein schönes Beispiel für niederländischen Manierismus.

Saal 42, ein überladenes Barockzimmer, ist typisch für die Zeit des dänischen Absolutismus. Das Bett mit den Seidendraperien wurde 1724 in Frankreich angefertigt.

Alle Gegenstände im **Saal 46**, auch die Wanduhr, entsprechen der Farbgebung und dem Rokoko-Stil des Gesamtensembles.

↑ *Das barocke Frederiksborg Slot in Nordwest-Seeland*

Expertentipp
Geschichte für Kinder

Kinder können Renaissance-Kleidung anziehen und versuchen, mit einem Federkiel und Tinte zu schreiben. Sie können sich auch mit den Angestellten unterhalten, die wie Personen in den Gemälden gekleidet sind.

→ *Der Stændertorvet ist der Mittelpunkt Roskildes*

⑩

Roskilde

F5 · 52 580 · Roskilde · Stændertorvet 1; +45 46 31 65 65 · Roskilde Festival (Ende Juni – Anfang Juli) · visitfjordlandet.dk

Das im 10. Jahrhundert von Wikingern gegründete Roskilde war Dänemarks erste Hauptstadt. 980 baute Harald I. Blauzahn hier Seelands erste Kirche. Heute tummeln sich hier im Sommer Besucher, die sich die Kathedrale und die Wikingerschiffe ansehen sowie am Roskilde Festival teilnehmen.

①

Stændertorvet

Der kleine Platz ist das Herz von Roskilde. Im Mittelalter fanden hier Jahrmärkte statt. Die romanische Kirche Sankt Laurentii wurde Mitte des 16. Jahrhunderts geschleift, um Platz für den Markt zu schaffen. Heute kann man die Überreste noch besichtigen, darunter den Kirchturm, der das 1884 erbaute Rathaus ziert, sowie die Fundamente. Sie liegen in den Kellergewölben des alten Rathauses. Auf dem Platz steht ein Denkmal, das u. a. Roar, den Gründervater von Roskilde, zeigt. Er soll den Ort zu Ehren von Thor und Odin errichtet haben.

Roskilde Festival

Das viertägige Festival auf der Insel Seeland findet seit 1971 jährlich statt und zählt mit über 100 000 Teilnehmern zu den größten Europas. Die Veranstaltung wird von bis zu 25 000 Freiwilligen aufgebaut, der Gewinn geht an gemeinnützige Organisationen. Das musikalische Hauptaugenmerk liegt auf weniger bekannten internationalen und skandinavischen Musikern aus verschiedenen Genres, ergänzt durch einige bekannte Größen, darunter Bob Dylan, Red Hot Chili Peppers, The Who, Coldplay, Iron Maiden, Bruce Springsteen, Metallica, Rihanna, The Rolling Stones, Paul McCartney, Wiz Khalifa, Blur und Kendrick Lamar.

②

Roskilde Museum

Sankt Ols Stræde 3 · +45 46 31 65 00 · Di – So 10 – 16 (Juni – Okt: tägl.) · roskildemuseum.dk

Das Stadtmuseum ist ein Muss für jeden, der sich für die Geschichte Roskildes interessiert. Die Exponate veranschaulichen die Vergangenheit der Region. Das Museum besitzt noch eine Zweigstelle in der Ringstedgade 6 – 8: das Lützhøfts Købmandsgård, einen Laden, der wie vor 100 Jahren eingerichtet ist.

③

Roskilde Palais und Museet for Samtidskunst

Stændertorvet 3D · +45 46 31 65 · Museum: Di – Fr 12 – 17 (Mi bis 20), Sa, So 11–16 · samtidskunst.dk

Das gelbe Barockpalais wurde 1733 von Laurids de Thurah erbaut und ist der ehemalige Bischofssitz von Roskilde. Der Bau ist über den Absalon-Bogen mit der Kathedrale verbunden. In einem Teil ist das Museet for Samtidskunst (Museum für zeitgenössische Kunst) untergebracht, in dem Ausstellungen dänischer und internationaler Künstler zu sehen sind.

④

Gråbrødre Kirkegård

Der ehemalige Friedhof, auf dem im Mittelalter prominente und wohlhabende Bürger der Stadt beerdigt wurden, wird heute als Park genutzt. In der Nähe liegt der Bahnhof, der 1847 für die Strecke Kopenhagen – Roskilde gebaut wurde. Er zählt zu den ältesten in Dänemark.

⑤

Hestetorvet

Wahrzeichen des Marktplatzes, im Mittelalter ein Pferdemarkt, ist das Ensemble aus drei fünf Meter hohen Tongefäßen. Eines trägt Gedichte von Henrik Nordbrandt, die Roskilde und Margrete I. gewidmet sind. Mit den Gefäßen wollte Peter Brandes Leben und Tod symbolisieren.

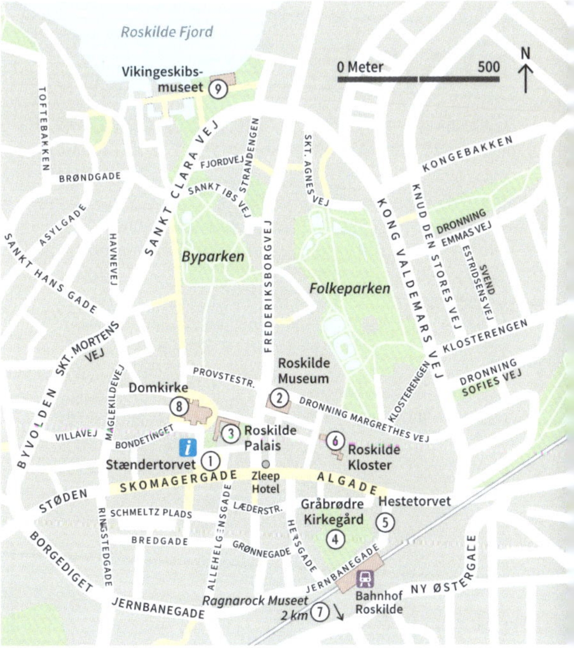

⑥

Roskilde Kloster

Sankt Peders Stræde 8E
+45 46 35 02 19 nur Führungen, vorab tel. buchen roskildekloster.dk

Das 1565 errichtete Kloster, ursprünglich ein Herrensitz, steht auf weitem Grund. 1699 wurde es in Dänemarks erstes Heim für ledige Mütter umgewandelt. Das Kloster hat schöne Innenräume, darunter eine Kapelle und einen Bankettsaal.

⑦

Ragnarock Museet for Pop, Rock og Ungdomskultur

Rabalderstræde 16, Musicon Di – So 10 – 17 (Mi bis 21) museumragnarock.dk

Dänemarks Nationales Rockmuseum öffnete 2015 im Kulturviertel Musicon, in dem auch ein Skatepark, ein Café und ein modernes Tanztheater angesiedelt sind. Man betritt das Museum in einem Goldkubus über einen langen roten Teppich – schon als Besucher fühlt man sich hier wie eine Berühmtheit.

Die interaktiven Exponate zeichnen den Einfluss von Musik auf die Kultur ab den 1950er Jahren nach. Die Dauerausstellungen behandeln Musikgenres, Fankult und die Entstehung von Tanzmusik.

Bankettsaal im Kloster von Roskilde

8

Domkirke

Domkirkestræde 10 +45 46 35 16 24 Mai, Sep: Mo–Sa 10–17, So 13–16; Juni–Aug: Mo–Sa 10–18, So 13–16; Okt–Apr: Mo–Sa 10–16, So 13–16 roskildedomkirke.dk

Die Zwillingstürme der Kathedrale sind das Wahrzeichen von Roskilde. Die Kirche zeigt eine Stilmischung aus 850 Jahren dänischer Architektur. Hier liegen die sterblichen Überreste vieler dänischer Monarchen.

Die im 12. Jahrhundert von Bischof Absalon erbaute Kathedrale, heute UNESCO-Welterbe, wurde mehrmals umgebaut. Jahrhundertelang diente sie als letzte Ruhestätte für dänische Monarchen. Die sterblichen Überreste des Wikingerkönigs Harald I. Blauzahn sollen sich in den Säulen neben dem Hauptaltar befinden. An Donnerstagabenden finden im Sommer hier kostenlose Konzerte statt.

↑ *Die Ziegeltürme der Roskilde Domkirke*

Die Domkirke ist ein Wahrzeichen Roskildes ↑

Highlight

←

Sarkophag von Margrete I. aus dem Jahr 1432

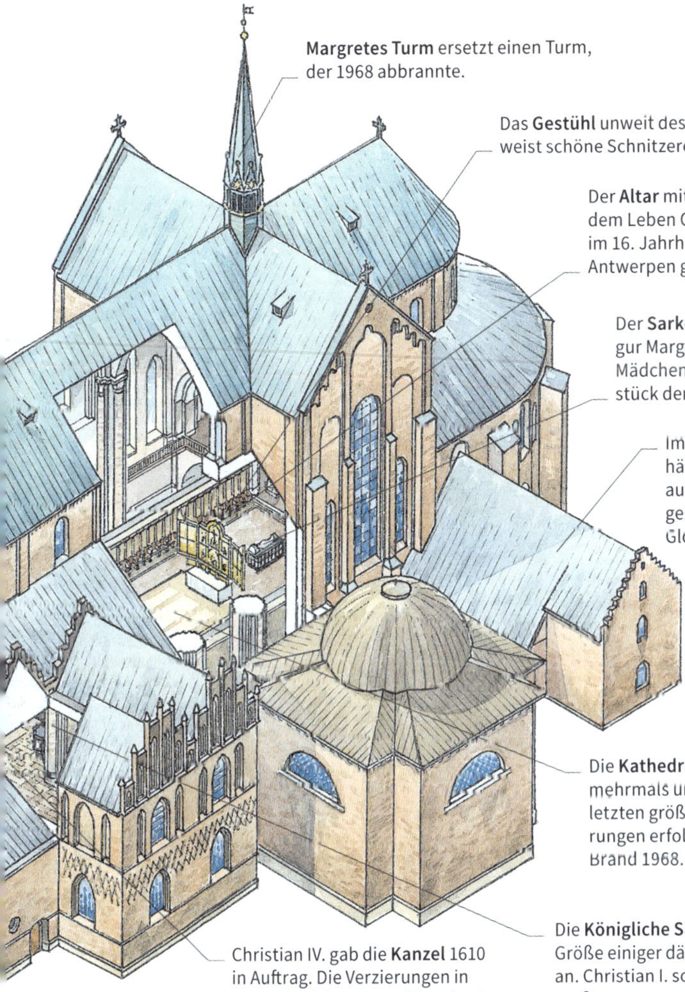

⑨

Vikingeskibsmuseet

Vindeboder 12 +45 46 30 02 00 Mai – Mitte Okt: tägl. 10 – 17; Mitte Okt – Apr: tägl. 10 – 16 vikingeskibsmuseet.dk

Im Vikingeskibsmuseet von Roskilde sind fünf originale Wikingerschiffe ausgestellt, die am Grund des Roskilde Fjord lagen. Nachdem Sie sich diese angesehen haben, können Sie auf nachgebauten Schiffen eine Segelfahrt unternehmen.

Vor etwa 1000 Jahren wurden die heute im Wikingerschiffsmuseum ausgestellten Boote mit Steinen gefüllt und im Fjord versenkt, um die Durchfahrt feindlicher Schiffe zu verhindern. 1962 gelang es, fünf dieser Schiffe zu heben – sie werden auch Skuldelev-Schiffe nach der Stelle, an der sie versenkt wurden, genannt. Heute sind die Schiffe in der Haupthalle des Museums ausgestellt und bieten einen hervorragenden Einblick in die einzigartigen Schiffsbaufertigkeiten der Wikinger. Das größte ist ein 30 Meter langes Kriegsschiff, das eine Mannschaft von 65 bis 70 Wikingern aufnehmen konnte. Am besten erhalten ist ein 14 Meter langes Handelsschiff von 1040.

Beim Bau des Museumshafens 1997 wurden die Überreste weiterer neun Wikingerschiffe entdeckt, darunter die *Roskilde 6*, mit 36 Metern das längste Kriegsschiff, das jemals gefunden wurde. Ein Schiff dieser Größe war zweifellos Eigentum eines Königs oder Grafen.

Museumshafen

Der Museumshafen beherbergt die große Sammlung traditioneller nordischer Holzboote und rekonstruierter Wikingerschiffe, die ein Bild davon vermitteln, wie die ursprünglichen Schiffe vor 1000 Jahren aussahen. Mit einigen kann man auch eine Segelfahrt unternehmen (Buchung unbedingt erforderlich).

Museumsinsel

Das Museum zeigt nicht nur Wikingerschiffe. Zwischen April und Oktober finden viele Events und Workshops statt, die alles rund um Wikinger vom Bemalen von Schilden, der Arbeit von Schmieden und Seilmachern bis zum Schnitzen von Wikingersymbolen behandeln. Man kann sogar an einem Schmuckkurs teilnehmen und auf einem Wikingerschiff segeln.

→ *Haupthalle des Wikingerschiffsmuseums mit den fünf Skuldelev-Schiffen*

Highlight

Entdeckertipp
Bootswerft
In der Werft auf der Museumsinsel werden prähistorische Boote in Originalgröße und mit den Methoden der damaligen Zeit rekonstruiert, was man aus nächster Nähe verfolgen kann.

↑ *Der Museumshafen ist über eine Zugbrücke mit dem Vikingeskibsmuseet verbunden*

← *Auf der nachgebauten* Roskilde 3 *kann man Ausfahrten unternehmen*

REISE-INFOS

Radfahrerin auf einer Brücke

KOPENHAGEN REISEPLANUNG

Mit etwas Planung sind die Vorbereitungen für die Reise schnell zu erledigen. Die folgenden Seiten bieten Ihnen Tipps und Hinweise für alle Eventualitäten.

Auf einen Blick

Währung
Dänische Krone (DKK)

Ausgaben pro Tag

Sparsam	Preisbewusst	Luxus
850 Kr	1350 Kr	1950+ Kr

Mineralwasser	Kaffee	Bier	Dinner für zwei
15 Kr	35 Kr	43 Kr	650 Kr

Wichtige Redewendungen

Hallo	Hej
Auf Wiedersehen	Farvel
Bitte	Vær så venlig
Danke	Tak
Sprechen Sie Englisch?	Taler du engelsk?
Ich verstehe Sie nicht	Jeg forstår det ikke

Strom
Die Stromspannung beträgt 230 Volt Wechselstrom. Die meisten Steckdosen passen für runde Stecker. Flache Stecker mit zwei Pins passen immer.

Einreise
Dänemark ist Teilnehmerstaat des Schengener Abkommens, das heißt, Bürger der EU und der Schweiz müssen bei der Einreise keinen Ausweis vorlegen. Ein Pass bzw. Personalausweis ist gleichwohl mitzuführen – zumal Dänemark wieder Grenzkontrollen eingeführt hat. Jedes Kind benötigt ein eigenes Ausweisdokument.

Sicherheitshinweise
Aufgrund unvorhersehbarer Entwicklungen kann es zu Änderungen und Einschränkungen kommen. Aktuelle Hinweise zur Einreise und dafür benötigte Dokumente sowie Sicherheitshinweise finden Sie beim deutschen Auswärtigen Amt (www.auswaertiges-amt.de; App Sicher Reisen), beim österreichischen Bundesministerium für europäische und internationale Angelegenheiten (www.bmeia.gv.at) oder beim Eidgenössischen Departement für auswärtige Angelegenheiten der Schweiz (www.eda.admin.ch).

Zoll
Besucher aus EU-Mitgliedsstaaten dürfen seit 2004 Waren für den persönlichen Gebrauch zollfrei einführen. Zur Abgrenzung zwischen privater und gewerblicher Verwendung gelten die folgenden Richtmengen:
Tabakwaren: 800 Zigaretten, 400 Zigarillos, 200 Zigarren oder 1 kg Tabak.
Alkohol: 10 Liter alkoholische Getränke mit mehr als 22 Volumenprozent, 90 Liter Wein und 110 Liter Bier.
Bargeld: Eine Bargeldmenge über 10 000 Euro (ca. 75 000 Kr) muss deklariert werden.
Dänische Zoll- und Steuerverwaltung
W skat.dk

Versicherungen
Kopenhagen-Besucher sollten entsprechende Versicherungen abschließen, die alle Eventualitäten abdecken: etwa Rechtsschutz, Diebstahl, Reisegepäck, Unfälle, Verspätungen von Flügen etc.

Allen Besuchern steht bei einem medizinischen Notfall eine kostenlose Behandlung zu, vorausgesetzt, der Patient ist nicht zum Zweck der Behandlung nach Dänemark eingereist. Gesetzlich versicherte EU-Bürger erhalten aufgrund der Europäischen Krankenversicherungskarte (EHIC) die notwendige ambulante oder stationäre medizinische Versorgung. Private Krankenversicherungen ersetzen ebenfalls Arztkosten im Ausland.

Impfungen

Impfungen sind für einen Besuch Dänemarks nicht erforderlich.

Bezahlen

Bargeldloses Bezahlen ist in Dänemark üblich. So gut wie alle Hotels, Restaurants und Läden in Kopenhagen akzeptieren die gängigen Kredit- und Debitkarten. Auch kontaktloses Bezahlen ist mittlerweile sehr gängig. Geldautomaten findet man fast überall in der Stadt, sie sind aber nicht immer 24 Stunden täglich zugänglich. Beträge unter 100 Kr zahlt man normalerweise bar.

Die Telefonnummer des Sperr-Notrufs bei Verlust einer Kredit- oder Debitkarte lautet: +49 116 116.

Hotels

Kopenhagen bietet eine riesige Vielfalt an Unterkünften – von luxuriösen Fünf-Sterne-Hotels über Boutiquehotels und Hotels direkt am Meer bis zu günstigen Hostels und stylishen Apartments.

Da Kopenhagen das ganze Jahr über eine beliebte Destination ist, sollten Sie Ihre Unterkunft unbedingt vorab buchen.

Auf der Website von VisitCopenhagen finden Sie eine umfangreiche Liste unterschiedlichster Unterkünfte. Online-Buchungen sind oftmals günstiger.

VisitCopenhagen
W visitcopenhagen.de

Reisende mit besonderen Bedürfnissen

Behinderte Reisende werden in Kopenhagen nicht auf allzu große Probleme stoßen. Hotels, Museen und etliche Attraktionen haben Rampen oder Lifte sowie Einrichtungen für Seh- und Hörbehinderte. Bei Hotels, Museen und Restaurants in älteren oder historischen Gebäuden ist die Situation eher ungünstig. Am besten erkundigen Sie sich vorab. Die meisten Busse haben einen rollstuhlgerechten Einstieg, alle Taxis transportieren zusammenklappbare Rollstühle. Die dänische Staatsbahn **Danske Statsbaner (DSB)** kann vorab angerufen werden, um Hilfestellung zu bieten. **God Adgang** ist eine gute Quelle mit Listen und Ratings sowie Dienstleistern in ganz Dänemark.

DSB
+45 70 13 14 15
God Adgang
W godadgang.dk

Sprache

Dänisch ist die offizielle Sprache in Dänemark. Etwa 86 Prozent der Dänen sprechen Englisch als Zweitsprache.

Öffnungszeiten

Montag Normalerweise hat ein Museum oder Restaurant, das sonntags geöffnet ist, am Montag geschlossen.
Wochenende Banken sind das ganze Wochenende geschlossen. Viele Läden schließen am Samstag um 16 Uhr. Die meisten Kaufhäuser und Läden haben mittlerweile auch sonntags geöffnet, auch wenn die Öffnungszeiten variieren.
Feiertage Alle Ämter und Banken sind geschlossen. Viele Museen und Attraktionen sind geöffnet.

Feiertage

Nytår	Neujahr (1. Jan)
Skætorsdag	Gründonnerstag
Langfredag	Karfreitag
Påske	Ostersonntag und -montag
Arbejdernes Kampdag	Tag der Arbeit (1. Mai)
Store Bededag	Buß- und Bettag (4. Fr nach Ostern)
Kristi Himmelfartsdag	Christi Himmelfahrt
Pinse	Pfingsten
Grundlovsdag	Tag der Verfassung (5. Juni)
Jul	Weihnachten (24., 25., 26. Dez)

IN KOPENHAGEN UNTERWEGS

Kopenhagen entdeckt man am besten zu Fuß oder mit dem Rad. Für entferntere Ziele stehen öffentliche Verkehrsmittel wie Metro und Regionalbahnen zur Verfügung.

Auf einen Blick

Tickets ÖPNV

Einzelticket
24 Kr
Bus, Metro, Zug, Hafenbus (2 Zonen)

Tageskarte
80 Kr
Bus, Metro, Zug, Hafenbus (Zonen 1–4)

Drei-Tage-Pass
200 Kr
Bus, Metro, Zug, Hafenbus (Zonen 1–4)

Tipp
In Kopenhagens S-tog kann man Räder umsonst mitnehmen, in der Metro muss man zahlen.

Tempolimits

Autobahn
130 km/h

Schnellstraße
110 km/h

Landstraße
80 km/h

Stadtgebiet
50 km/h

Anreise mit dem Flugzeug

Besucher der dänischen Hauptstadt kommen am Flughafen Kopenhagen (Københavns Lufthavn, früher Kastrup) an. SAS Scandinavian Airlines, Lufthansa , Austrian und Swiss bieten von vielen größeren Städten in Deutschland, Österreich und der Schweiz Direktflüge nach Kopenhagen an. SAS offeriert Kopenhagen-Flüge von Hamburg, Berlin, Düsseldorf, Frankfurt am Main, Stuttgart, München, Wien, Zürich und Genf aus.

Københavns Lufthavn (CPH) ist der größte Skandinaviens und dient als Drehkreuz für SAS Scandinavian Airlines sowie als Basis für Norwegian Air Shuttle und weitere Gesellschaften. Der Flughafen hat drei Terminals für nationale und Inlandsflüge, Cph Go wird von den Billigfluglinien Ryanair, Wizz Air und Transavia genutzt. Der Flughafen liegt auf der Insel Amager, nur acht Kilometer vom Stadtzentrum entfernt. Wie Sie am besten vom Flughafen in die Stadt kommen, finden Sie in der Tabelle rechts.

Københavns Lufthavn
+45 32 31 32 31
cph.dk

Anreise mit dem Zug

Kopenhagen kann man von allen europäischen Großstädten per Bahn erreichen. Von Hamburg nach Kopenhagen beträgt die Fahrzeit über Flensburg nach Jütland und Fünen etwa 5,5 Stunden. 2021 erfolgte der Spatenstich für den Fehmarnbelttunnel der bis 2029 fertiggestellt sein soll.

Die **Deutsche Bahn** bietet Verbindungen aus allen deutschen Städten via Hamburg nach Kopenhagen. Da Kopenhagens Hauptbahnhof mitten in der Stadt liegt, kommt man von dort gut weiter.

Studierende und Inhaber eines **InterRail**-Passes können das ganze Bahnnetz befahren. Pässe muss man vor Anreise kaufen.

Deutsche Bahn
bahn.de
InterRail
interrail.eu

Verbindungen vom Flughafen nach Kopenhagen

Verkehrsmittel	Haltestelle	Fahrtdauer	Fahrpreis
Zug IC, ICL oder RE	Hauptbahnhof	13 Min.	36 Kr
Metro M2	Kongens Nytorv	20 Min.	36 Kr
Bus 5C	Hauptbahnhof	40 Min.	20 Kr
Taxi	Hauptbahnhof	20 Min.	260 Kr

Anreise mit dem Bus
Man kann auch mit dem Bus nach Kopenhagen reisen. Die günstigen Fernbusse von **Flixbus** fahren von vielen europäischen Städten in die dänische Hauptstadt.

Flixbus
W flixbus.de

Anreise mit dem Auto
Die einzige dänische Festlandgrenze ist die zu Deutschland. Die Hauptverkehrsader von Deutschland nach Dänemark ist die A7, die in Dänemark zur E45 wird. Hinter Kolding muss man auf die E20 Richtung Kopenhagen. Dänische Autobahnen sind gebührenfrei. Die Straßen sind gut ausgeschildert und in gutem Zustand. Die (mautpflichtige) Fahrt über die Storebælt- oder die Øresundsbron nach Schweden ist an Tagen mit klarer Sicht atemberaubend.

Öffentlicher Nahverkehr
Busse
Das von **Movia** betriebene Busnetz hat ein gemeinsames Tarifsystem mit Metro, S-tog und Hafenbus. Bushaltestellen sind mit gelben Schildern gekennzeichnet, auf denen »BUS« steht. Den Fahrplan finden Sie ebenfalls dort. Fahrkarten können Sie im Bus kaufen, sofern Sie passendes Kleingeld haben. Streifenkarten müssen Sie am Automaten neben dem Busfahrer vor Fahrtantritt abstempeln. Die Haltestellen werden auf einem Display angezeigt. Der Ausstieg erfolgt über die mittlere oder die hintere Tür. Die Busse nehmen den Betrieb gegen 5 Uhr (sonntags 6 Uhr) morgens auf. Zudem gibt es Nachtbusse (gekennzeichnet mit »N«), die nachts spezielle Routen befahren.

Movia
W moviatrafik.dk

Metro
In Kopenhagen gibt es vier **Metro**-Linien, mit denen man alle Sehenswürdigkeiten im Innenstadtbereich und im Außenbereich sehr gut erreicht. Die M1 verläuft von der Station Vestamager im Westen der Insel Amager durch das Stadtviertel Ørestad bis nach Vanløse im Westen Kopenhagens. Die M2 beginnt an Københavns Lufthavn und fährt im Osten von Amager ebenfalls bis zur Endstation Vanløse. Die Linie M3 ist eine Ringstrecke (Cityringen) mit den wichtigsten Haltestellen København H, Frederiksberg Allé, Nørrebro, Poul Henningsens Plads, Østerport, Marmorkirken, Kongens Nytorv, Gammel Strand und Rådhuspladsen. Die Linie M4 verbindet den Hauptbahnhof mit dem neuen Stadtteil Nordhavn (Endstation Orientkaj). 2024 erfolgt die Eröffnung der M4-Erweiterung im Süden mit fünf neuen Stationen in Sydhaven. Alle Metro-Haltestellen sind an der Oberfläche mit einem roten »M« gekennzeichnet.

Die Metro-Züge sind vollautomatisch und bestehen aus Waggons ohne Fahrer. Die Türen öffnen sich automatisch. Sie schließen mit der Bahnsteigkante ab, sodass niemand auf die Gleise fallen kann. Im Notfall oder als Rollstuhlfahrer kann man sich an allen Türen bemerkbar machen. Vor Fahrtantritt müssen Fahrkarten an den gelben Automaten am Bahnsteig abgestempelt werden.

Die Metro fährt rund um die Uhr. Im innerstädtischen Bereich ergibt sich durch Linienbündelung von M1 und M2 ein Takt von zwei bis drei, auf den beiden Streckenästen auf der Insel Amager von vier bis sechs Minuten. Nachts verkehren die Züge von Montag bis Freitag zwischen 0 und 5 Uhr im 20-Minuten-Takt, an Wochenenden alle 15 Minuten.

Metro
W m.dk

S-tog

Kopenhagens S-Bahn heißt S-tog und wird von der **DSB** (Dänische Staatsbahn) betrieben. Das Netz besteht aus sieben Linien, die alle den Hauptbahnhof passieren und von dort die Vororte der Stadt ansteuern. Auf der DSB-Website gibt es einen Routenplaner.

Die Züge sind groß und hell und bieten genügend Platz für Rollstühle und Fahrräder. Fahrräder darf man nur außerhalb des Berufsverkehrs mit in den Zug nehmen. Bildschirme in den Wagen zeigen Verkehrsinformationen und Nachrichten. Darüber hinaus gibt es eine WLAN-Verbindung.

Fahrkarten können Sie an den Bahnhöfen kaufen. Vor Fahrtantritt müssen Sie sie (Magnetstreifen nach unten) an den gelben Automaten auf dem Bahnsteig abstempeln. Das Logo des S-tog ist ein rotes Sechseck mit dem Buchstaben »S«. Die Linien sind mit Buchstaben von A bis H gekennzeichnet.

Züge mit einem zusätzlichen »X« sind Expresszüge, die nicht an allen Stationen halten. Der Großteil der Stationen ist behindertengerecht. Die Züge verkehren die ganze Woche von 5 Uhr morgens bis etwa 1 Uhr. Freitag- und samstagnachts gibt es auch Züge während der Nacht.

DSB
W dsb.dk

Regionalzüge

Der Großraum Kopenhagen (HT) erstreckt sich nördlich bis Helsingør und Hornbæk und östlich bis Roskilde und Lejre. Viele Attraktionen kann man auf einem Tagesausflug mit Regionalzügen besichtigen.

Hafenbusse

In Kopenhagen kommt man auch auf dem Wasser mit öffentlichen Verkehrsmitteln voran. Die gelben elektrischen Hafenbusse auf den Linien 991 und 992, die von Movia betrieben werden, verbinden den Orientkaj im Norden über Stationen wie Refshaleøen, Nordre Toldbod, Operaen und Nyhavn mit Teglholmen, dem südlichen Hafenbereich. Die Schiffe fahren an Werktagen alle 30 Minuten, am Wochenende alle 45 Minuten.

Tickets

Kopenhagens öffentliches Transportnetz hat ein gemeinsames Tarifsystem, d. h., dasselbe Ticket gilt für Fahrten in S-tog, Metro, Bus und Hafenbus. Man kann damit von einem Verkehrsmittel ins andere umsteigen. Fahrscheine bekommen Sie an Schaltern, an Automaten oder beim Busfahrer.

Kopenhagen ist in acht Zonen sowie einen Außenraum aufgeteilt. Zonenübersichtskarten gibt es bei den Infoschaltern.

Der günstigste Einzelfahrschein *(billet)* gilt innerhalb von zwei Zonen und kostet 24 Kr. Ein Einzelticket für drei Zonen kostet 36 Kr. Bevor Sie S-tog, Metro oder Bus besteigen, müssen Sie das Ticket an einem Automaten entwerten. Der Stempel zeigt, wann und wo Sie eingestiegen sind. Der Fahrschein gilt dann innerhalb von zwei bis drei Zonen eine Stunde lang, innerhalb von vier, fünf und sechs Zonen 90 Minuten lang, innerhalb von sieben zwei Stunden lang.

Auto

Ein Großteil des Stadtzentrums ist autofrei. Parkplätze sind rar und teuer. Lassen Sie das Auto also besser stehen.

Autofahren in Dänemark

Ausländische Fahrer müssen in Dänemark mindestens 18 Jahre alt sein und immer ihren Ausweis, ihren Führerschein, die Wagen- sowie Versicherungsdokumente dabeihaben.

Hinweisschilder auf Autobahnen *(motorvej)* sind in Dänemark grün. Die Autobahnen sind mautfrei, man zahlt nur für die Nutzung der Øresundsbron nach Schweden (490 Kr, www.oresundsbron.com) und der Storebælt-Brücke (270 Kr, www.storebaelt.dk), die Seeland mit Fünen verbindet.

Dänemark ist ein Vorreiter, wenn es um elektrische Fahrzeuge geht, und will bis 2030 alle Benzin- und Dieselfahrzeuge verbieten. Mit 5700 Ladepunkten im Land gibt es mittlerweile mehr als Tankstellen.

Kinder unter sieben Jahren oder unter 1,35 Meter Körpergröße müssen in Kindersitzen untergebracht sein. Alle Insassen müssen Sicherheitsgurte tragen. Das Mitführen eines Warndreiecks ist Pflicht. Telefonieren während des Fahrens ist selbst mit einem Headset verboten. Anders als in vielen anderen Ländern Europas ist es in Dänemark Pflicht, auch tagsüber mit Abblendlicht zu fahren.

Die Alkoholgrenze liegt bei 0,5 Promille. Die Überschreitung kann eine Gefängnisstrafe nach sich ziehen. Ein Spurwechsel ohne zu blinken kann mit 1000 Kr bestraft werden, die sofort bezahlt werden müssen. Für Motorradfahrer und ihre Mitfahrer besteht Helmpflicht.

Taxis

Taxis findet man jederzeit überall in der Stadt. Ein Taxi mit *Fri*-Zeichen können Sie einfach an der Straße heranwinken. Oder man ruft sie vorab telefonisch. Die Preise variieren je nach Unternehmen. Nachts und an Wochenenden ist es immer teurer. Große Gepäckstücke werden ebenfalls extra berechnet. Taxistände gibt es am Hauptbahnhof sowie an den Haltestellen Nørreport, Østerport und Kongens Nytorv.

Fahrrad

Kopenhagen gehört zu den radfahrerfreundlichsten Städten der Welt *(siehe auch S. 66–69)*. Es gibt sehr viele Radwege, die oft von Straßen und Gehwegen abgesetzt sind, sowie eigene Rad- und Fußgängerbrücken über die Kanäle.

Fahrräder ausleihen

In Kopenhagen ist es recht einfach, ein Fahrrad auszuleihen. Die meisten Hotels bieten diesen Service an, ansonsten gibt es viele stationäre Verleiher, im Zentrum etwa **beCopenhagen**, der neben »normalen« Citybikes auch Klapp- und Lastenräder sowie E-Bikes bietet; **Baisikeli** – Fahrrad auf Swahili – mit Standard-, Luxus-, Touring-, Lasten- und Kinderrädern; und **Copenhagen Bikes**.

Über die App von **Donkey Republic** findet man Fahrräder und E-Bikes in der Nähe, abgerechnet wird nach Nutzungszeit.

beCopenhagen
W becopenhagen.dk
Baisikeli
W baisikeli.dk
Copenhagen Bikes
W copenhagenbikes.dk
Donkey Republic
W donkey.bike/de

Fahrradrouten

Rund um Kopenhagen gibt es viele Fahrradrouten zu erkunden. Durch die Hafenbrücken ist ein 13 Kilometer langer Rundradweg um den Hafen entstanden. Die Route des Havneringen erstreckt sich auf beiden Seiten des Hafens vom Nyhavn im Norden nach Sluseløbet im Süden und führt über fünf Brücken: Inderhavnsbroen, Cirkelbroen, Bryggebroen, Belvederebroen und Slusen.

2000 veröffentlichte die Stadt einen Vorschlag für ein Netz von 22 grünen Fahrradrouten (Grønne Cykelruter) mit einer Länge von 110 Kilometern. Die Strecken sollen Radfahrern eine sichere und »grüne« Strecke ermöglichen und gleichzeitig Oasen in der Stadtlandschaft schaffen. Bis Ende 2020 wurden 58,5 Kilometer eingerichtet.

Um die Quote der Fahrradfahrer zu erhöhen, hat Dänemark Pendler als neue Zielgruppe ins Auge gefasst. Auf Cykelsuperstier sollen sie schnell ins Zentrum gelangen. Von den Vorstädten aus führen deshalb Radschnellwege in die Innenstadt, auf denen Radfahrer dank der »Grüne Welle« nur selten an roten Ampeln halten müssen.

In ganz Dänemark gibt es ein Fahrradroutennetz von insgesamt 3500 Kilometer Länge, das sich in elf nationale Routen aufteilt. Diese Wege verbinden alle Landesteile.

Tipps für Radfahrer

Der dänische Radfahrerverband **Dansk Cyklist Forbund** hat Tipps für Radfahrer im Stadtverkehr ausgegeben:

- Immer gelassen bleiben.
- Vor dem Überholen anderer Radfahrer immer nach hinten schauen.
- Auf dem Radweg möglichst weit rechts fahren, damit andere überholen können.
- Haben Sie immer ein Auge auf den Verkehr. Lassen Sie das Handy in der Tasche.
- Zeigen Sie immer an, was Sie vorhaben. Geben Sie Handzeichen, wenn Sie abbiegen oder anhalten möchten.
- Stellen Sie sich nicht vor andere Radfahrer, die bereits an einer Ampel bei Rot warten.
- Beharren Sie nicht auf Ihrem Recht – dies kann lebensgefährlich sein.
- Nach dem Anhalten bitte auf dem Bürgersteig warten.
- Fahren Sie am besten nicht mit einer großen Kapuze oder/und Musik über Kopfhörer.
- Fahren Sie mit angepasster Geschwindigkeit.
- Auch wenn keine Helmpflicht besteht, sollte man besser mit Fahrradhelm fahren.

Dansk Cyklist Forbund
W cyklistforbundet.dk/deutsch

Kopenhagens Strände und Bäder

Im Hafenbereich von Kopenhagen gibt es drei große Bäder mit Stränden und vielen Sportmöglichkeiten. Sie haben von Juni bis Anfang September geöffnet, ein Besuch ist kostenfrei. Direkt im Hafen an der Langebro liegt das **Havnebadet Islands Brygge** (Islands Brygge 14) mit fünf Becken, Springtürmen und großer Liegewiese. Das **Havnebadet Fisketorvet** (auch als Copencabana bekannt; Kalvebod Brygge 55) beim gleichnamigen Einkaufszentrum besitzt drei getrennte Becken: ein Kinderbecken, ein Sprungbecken und ein Schwimmbecken. Das **Havnebadet Sluseholmen** (auch Korallenbad genannt; Ben Websters Vej 69) erinnert an die Formen von Korallen und Korallenriffen. **Amager Strandpark** *(siehe S. 159)* ist Kopenhagens größter Strand und bietet neben einem 4,6 Kilometer langen Badestrand alle möglichen Wassersportaktivitäten. Im Süden schließt das **Kastrup Søbad** (Amager Strandvej 301, Kastrup) im Øresund mit dem fantastischen Holzbadehaus, Sandstrand und Kinderspielbereich an. Im Stadtteil Østerbro liegt der **Svanemøllestrand** (Strandpromenaden 30), ein 4000 Quadratmeter großer Sandstrand mit einem Pier, der ins Wasser führt. Überaus beliebt ist auch der etwas weiter entfernte, 700 Meter lange **Bellevue Strand** (Strandvejen 340) bei Klampenborg.

PRAKTISCHE HINWEISE

Ein paar wenige Kenntnisse der lokalen Gegebenheiten genügen – hier finden Sie die wichtigsten Hinweise und Tipps für Ihren Kopenhagen-Aufenthalt.

Auf einen Blick

Notrufnummern

Krankenwagen	Polizei
112	**114**

Feuerwehr	Bereitschaftsarzt
112	**1813**

Zeit

In Dänemark gilt die mitteleuropäische Zeit (MEZ) mit Sommerzeit von Ende März bis Ende Oktober.

Leitungswasser

Falls nicht anders angegeben, ist Leitungswasser in Dänemark trinkbar.

Trinkgelder

Bedienung	Rechnungsbetrag aufrunden
Gepäckträger im Hotel	10 Kr pro Gepäckstück
Zimmermädchen	Wird nicht erwartet
Portier	Wird nicht erwartet
Taxifahrer	Rechnungsbetrag aufrunden

Persönliche Sicherheit

Kopenhagen ist generell ein sehr sicheres Reiseziel. Trotzdem können an touristischen Hotspots Taschendiebstähle ein Problem sein. Bestimmte Bereiche, etwa Christiania, sollte man nachts meiden. Der Abschluss einer Reiseversicherung ist ratsam.

Beim Verlust von Pass oder Personalausweis oder wenn Sie anderweitig in größeren Schwierigkeiten sind, wenden Sie sich an die Botschaft Ihres Heimatlandes.

Botschaft Deutschland
Göteborg Plads 1, 2150 Kopenhagen Nordhavn
+45 35 45 99 00
kopenhagen.diplo.de

Botschaft Österreich
Sølundsvej 1, 2100 Kopenhagen
+45 39 29 41 41
aussenministerium.at/kopenhagen

Botschaft Schweiz
Richelieus Allé 14, 2900 Hellerup
+45 33 14 17 96
eda.admin.ch

Gesundheit

Dänemarks Gesundheitssystem ist hervorragend. Die meisten dänischen Ärzte sprechen Englisch, manche auch Deutsch. Alle Krankenhäuser haben Notfallabteilungen. Das alte Wort dafür war *skadestue*, es wird mittlerweile durch *akutklinik* ersetzt. Apotheken *(apotek)* haben normalerweise durchgehend geöffnet.

In einem akuten Fall, der aber keinen Krankenwagen verlangt, rufen Sie 1813 an, bevor Sie eine Notaufnahme aufsuchen. Damit alarmieren Sie einen Bereitschaftsarzt, der auch Rezepte ausschreiben kann.

Rauchen, Alkohol und Drogen

Obwohl in Dänemark viele Menschen rauchen, ist das Rauchen an Bahnstationen und in öffentlichen Gebäuden verboten. Ausnahmen bilden kleine Bars und Lokale, in denen kein Essen serviert wird.

In Dänemark liegt die Alkoholgrenze für Autofahrer bei 0,5 Promille. Das gilt auch für

Fahranfänger. Bier und Wein kann man in Läden ab 16 Jahren kaufen, in Bars erst ab 18 Jahren.

Marihuana ist illegal in Dänemark, obwohl man es an Orten wie Christiana durchaus kaufen kann.

Ausweispflicht

Sie müssen in Dänemark Ihren Ausweis nicht ständig bei sich tragen. Falls die Polizei Ihre Identität überprüfen will, ist es aber sinnvoll, mindestens eine Kopie vorweisen zu können. Autofahrer müssen ihren Führerschein immer dabeihaben.

Etikette

Dänen sind sehr freundlich und offen. Machen Sie sich vor Anreise mit den Verkehrsregeln vertraut – als Autofahrer, Radfahrer oder Fußgänger. Blicken Sie beim Anstoßen Ihrem gegenüber in die Augen. Dänemark ist ein sehr progressives Land, sowohl was Frauen- als auch LGBTQ+ Rechte angeht.

LGBTQ+

Wie seine skandinavischen Nachbarn steht Dänemark an vorderster Front, wenn es um LGBTQ+ Rechte geht. Es war das erste Land der Welt, in dem gleichgeschlechtliche Paare heiraten durften. LGBTQ+ Besucher sollten in Dänemark also keine Probleme haben. Jedes Jahr finden in Kopenhagen etliche Paraden und Feste statt.

LGBTQ+
W lgbt.dk

Mobiltelefone und WLAN

Die Netzabdeckung für Mobiltelefone ist in ganz Dänemark sehr hoch. Dänische SIM-Karten können nur Einheimische mit einer Identifikationsnummer kaufen, Besucher können sich aber Prepaid-SIM-Karten zulegen. Seit Juni 2017 sind sämtliche Roaming-Gebühren in der EU entfallen. Als Mobilfunkkunde zahlt man auch im Urlaub nur so viel wie in seinem Heimatland. Gegen Missbrauch gilt eine Fair-Use-Grenze.

Bibliotheken, Hotels, Restaurants und viele Läden bieten freies WLAN. Kostenlose Hotspots findet man mit **Wi-Fi Space**.

Wi-Fi Space
W wifispc.com/Denmark

Post

Dänemarks PostNord hat zwar viele Postämter geschlossen, aber die roten Briefkästen findet man immer noch. Briefmarken erhält man in Postämtern und Souvenirläden. Eine Postkarte oder ein Standardbrief ins europäische Ausland kostet 30 Kr.

Mehrwertsteuer

Die Mehrwertsteuer beträgt 25 Prozent. Besucher aus Nicht-EU-Ländern können sie sich rückerstatten lassen. Infos finden Sie auf der Website des dänischen Steueramts.

Dänisches Steueramt
W skat.dk

Besucherpässe

Der **City Pass Small (Zonen 1–4)/Large (Zonen 1–99)** für 24 (80/160 Kr), 48 (150/300 Kr), 72 (200/400 Kr), 96 (250/500) oder 120 Stunden (300/600 Kr) erlaubt unbegrenztes Fahren in öffentlichen Verkehrsmitteln. Die **Copenhagen Card** gewährt uneingeschränkte Nutzung der Verkehrsmittel, kostenlosen Eintritt zu 83 Sehenswürdigkeiten sowie Rabatte für Attraktionen, Aktivitäten und Restaurants. Es gibt sie für 24 (62 €), 48 (92 €), 72 (113 €), 96 (132 €) und 120 (148 €) Stunden. Mit dem Ticket **Parkmuseerne** kann man für 295 Kr ein Jahr lang sechs Museen besuchen.

City Pass
W citypass.dk
Copenhagen Card
W copenhagencard.com
Parkmuseerne
W parkmuseerne.dk

Websites und Apps

visitcopenhagen.de
Offizielle Website von Kopenhagens Tourismusbüro mit allen Infos über die Stadt.

dinoffentligetransport.dk
Website des öffentlichen Transports in Kopenhagen und Seeland mit Ticket-App.

Hidden Copenhagen
Die App folgt im Jahr 1673 der Geschichte von Gertrud Nielsdatter, die wegen Kindermordes enthauptet wurde.

DAC (Danish Architecture Centre)
Mit der App kann man über 300 Highlights der Kopenhagener Architektur erkunden.

REGISTER

Seitenzahlen in **fetter** Schrift verweisen auf Haupteinträge.

KOPENHAGEN IN LITERATUR UND FILM

Literatur

Die ältesten Werke der dänischen Nationalliteratur sind die Volks- und Heldenlieder *(kæmpeviser)* der Wikingerzeit. Der dänisch-norwegische Dichter Ludvig Holberg (1684 – 1754) wird als eigentlicher Gründer der dänischen Literatur angesehen. In seinem Werk liegen die Wurzeln der dänischen Theatertradition. In den folgenden Jahrzehnten tauchten weitere namhafte Autoren auf, darunter der Kopenhagener Frühromantiker Adam Oehlenschläger (1779 – 1850). Auch im Ausland fand dänische Literatur immer größere Beachtung, woran Hans Christian Andersen (1805 – 1875) mit seinen Märchen und Søren Kierkegaard (1813 – 1855) mit seinen philosophischen Schriften großen Anteil hatten. Ihnen folgten zu Beginn des 20. Jahrhunderts weitere Autoren, darunter Henrik Pontoppidan (1857 – 1943) und Karl Adolph Gjellerup (1857 – 1919), die sich 1917 den Literaturnobelpreis teilten. Johannes V. Jensen (1837 – 1950) erhielt 1944 den Literaturnobelpreis. Zu den wichtigen Autoren dieser Zeit zählen auch Karen Blixen (1885 – 1962) und der Kulturphilosoph Villy Sørensen (1929 – 2001). Internationale Beachtung in jüngerer Zeit fanden Henrik Stangerup (1937 – 1998), Ib Michael (* 1945), Bjarne Reuter (* 1950), Peter Høeg (* 1957) und Janne Teller (* 1964).

Autoren und Romane

Hans Christian Andersen: *Andersens Märchen.*

Søren Kierkegaard: *Entweder – Oder (1843).*

Theodor Fontane: *Im Paris des Nordens.* Unkonventionelle Beschreibungen von Schlössern und Museen sowie der Vergnügungsstätte Tivoli.

Martin Andersen Nexø: *Pelle, der Eroberer (1906 – 1910).* Ein Bild der dänischen Gesellschaft im ausgehenden 19. Jahrhundert.

Karen Blixen: *Out of Africa (1937).*

Ib Michael: *Prinz (2001).* In einem Fischerdorf in Dänemark treibt 1912 ein Sarg mit einem Seemann an Land. Der zwölfjährige Malte behält die Kapitänsmütze.

Christoph Bartmann: *Kopenhagen. Stadt der Dichter (2005).* Auf den Spuren von Andersen und Kierkegaard in Kopenhagen.

Peter Høeg: *Der Susan-Effekt (2005).* Susan hat eine außergewöhnliche Gabe: Jeder, der mit ihr spricht, wird absolut aufrichtig.

Stig Dalager: *Reise in Blau (2005).* Eine biografisch-literarische Reise durch das rastlose Leben Hans Christian Andersens.

Lois Lowry: *Wer zählt die Sterne (2005).* Kinderroman über den dänischen Widerstand, der 7000 Juden das Leben rettete.

Jörg-Peter Findeisen, Poul Husum: *Kleine Geschichte Kopenhagens (2008).*

Elmar Jung: *Alles wegen Dänen! (2013).* Als der Journalist nach Kopenhagen zieht, erwartet er vor allem Gemütlichkeit. Stattdessen erlebt er Kopenhagen zunächst als recht raues Pflaster.

Krimis

Dan Turèll: *Mord im Dunkeln (1981).* Teil der dänischen Krimi-Klassiker-Serie: knallhart und mit feinem Humor.

Peter Høeg: *Fräulein Smillas Gespür für Schnee (1997).* Im Kopenhagener Hafenviertel wird ein sechsjähriger Junge tot aufgefunden. Smilla Jaspersen glaubt nicht an einen Unfall.

Sara Blædel: *Grüner Schnee (2006).* Zwei Morde versetzen Kopenhagen in Unruhe.

Jens Ostergaard: *Bis ans Ende ihrer Tage (2014).* Blutüberströmt bricht eine junge Frau mitten in Kopenhagen zusammen, doch sie ist unverletzt.

Jesper Stein: *Papa (2017).* Kommissar Axel Steen kommt auch im fünften Band der Krimi-Reihe nicht zur Ruhe.

Jussi Adler-Olsen. In mittlerweile neun Bänden ermittelt Carl Mørck vom Kopenhagener Sonderdezernat Q.

Katrine Engberg: *Krokodilwächter. Ein Kopenhagen-Thriller (2018).* Gerade erst war Julie nach Kopenhagen gezogen, um Literatur zu studieren. Warum musste sie so jung sterben?

Filme und TV-Serien

In Dänemark werden seit 1897 Filme produziert, seit den 1990er Jahren erlangen die oft vom Dänischen Filminstitut (Det Danske Filminstitut) mitfinanzierten Filme auch im Ausland Bekanntheit. Grund hierfür war vor allem »Dogma 95«, ein Manifest der Regisseure Lars von Trier, Thomas Vinterberg, Kristian Levring und Søren Kragh-Jacobsen. Wichtige Regeln waren das Drehen mit Handkameras an Originalschauplätzen und der Verzicht auf Spezialeffekte. Im neuen Jahrtausend punkten vor allem dänische TV-Serien. Zu den bekanntesten Filmemachern zählen Benjamin Christensen, Carl Theodor Dreyer, Erik Balling, Gabriel Axel, Bille August, Lars von Trier, Anders Thomas Jensen, Susanne Bier und Nicolas Winding Refn.

Das Fest (Thomas Vinterberg, 1998) handelt von der Aufdeckung des sexuellen Missbrauchs eines Vaters an seinen Kindern.

Dancer in the Dark (Lars von Trier, 2000) spielt im Amerika der 1960er. Die Einwanderin Selma (Björk) droht zu erblinden. Ihr einziger Trost ist die Musicalwelt.

Italienisch für Anfänger (Lone Scherfig, 2002). Andreas sucht als Pfarrer in einem Vorort Kopenhagens einen Neuanfang.

Eine Familie (Pernille Fischer Christensen, 2011). In dem Drama geht es um die großen und kleinen Lebensfragen.

Melancholia (Lars von Trier, 2011) erzählt von einer depressiven Frau, die das Ende der Welt vorhersieht.

Borgen – Gefährliche Seilschaften (2012) zeigt die Ränkespiele der dänischen Politik. Die TV-Serie wurde an Originalschauplätzen in Kopenhagen gedreht.

Erbarmen (2013). Nikolaj Lie Kaas geht dem Verschwinden einer tot geglaubten Politikerin nach.

Kommissarin Lund (2013) war in Dänemark und Deutschland ein absoluter Straßenfeger.

Die Brücke (2011 – 2018) handelt von der polizeilichen Zusammenarbeit Dänemarks und Schwedens am Øresund.

SPRACHFÜHRER DÄNISCH

Notfälle

Hilfe!	**Hjælp!**	[jɛlˀb]
Stopp!	**Stop!**	['stɔb]
Rufen Sie schnell die Polizei!	**Tilkald hurtigt politiet!**	['tel,kælˀ 'hɒ̰did poli'tiˀəð]
... einen Krankenwagen!	**... en ambulance!**	[eːˀn ambu'laŋsə]
... die Feuerwehr!	**... brandvæsenet!**	['bʁan, vɛː'sənəð]
Wo ist das nächste Telefon?	**Hvor er det nærmeste telefon?**	['vɒːˀ ɛɒ̯ de nɛɒ̯məsdə teləfoːˀn]

Grundwortschatz

Ja	**Ja**	[jæ]
Nein	**Nej**	[naj̯ˀ]
Bitte	**Vær så venlig**	['vɛːˀɒ̯ sɔ 'vɛnli]
Danke (auch bitte)	**Tak**	[tag]
Entschuldigung/Bitte	**Undskyld**	['ɔn,sgylˀ]
Guten Tag	**Goddag**	[go'dɛːˀ]
Hallo	**Hej**	[haj̯]
Auf Wiedersehen	**Farvel**	[fa'vɛl]
gestern	**i gar**	[i' gɒːˀ]
heute	**i dag**	[i' dɛːˀ]
morgen	**i morgen**	[i' mɒːɒn]
hier	**her**	[hɛːˀɒ̯]
dort	**der**	[dɛːˀɒ̯]
Was?	**Hvad?**	[væ]
Wann?	**Hvornår?**	[vɒ'nɒːˀ]
Warum?	**Hvorfor?**	['vɒfɒ]
Wo?	**Hvor?**	['vɒːˀ]

Nützliche Redewendungen

Wie geht es Ihnen/dir?	**Hvordan har De/du det?**	[vɒ'dæn 'haːˀ di/du de]
Danke, gut.	**Fint tak.**	['fiːˀnd 'tag]
Wo ist/sind ...?	**Hvor er ...?**	['vɒːˀ ɛɒ̯]
Sprechen Sie/du Deutsch?	**Taler De/du tysk?**	['tɛːˀlə di/du 'tysg]
Ich verstehe nicht.	**Jeg forstår Dem ikke.**	[jaj̯ fɔs'dɒːˀ dɛm 'egə]
Könnten Sie etwas langsamer sprechen, bitte?	**Kunne De ikke tale lidt langsommere?**	[ku di 'egə 'tɛːˀlə led 'laŋ,sɔ'mɔɔ]

Nützliche Wörter

groß	**stor**	[sdoːˀɒ̯]
klein	**lille**	['lilə]
warm	**varm**	[vaːm]
kalt	**kold**	[kɔlˀ]
geöffnet	**åbent**	['ɔːbənd]
geschlossen	**lukket**	['logəð]
links	**venstre**	['vɛnsdʁɔ]
rechts	**højre**	['hɔj̯ʁɔ]
nah	**tæt**	[tɛd]
weit (weg)	**langt (væk)**	['laŋˀd 'vɛg]
Eingang	**indgang, -en, -e**	['en,gaŋˀ]
Ausgang	**udgang, -en, -e**	['uð,gaŋˀ]
Toilette	**toilet, -tet, -ter**	[toæ'lɛd]

Shopping

Wie viel kostet das?	**Hvad koster det?**	[væ 'kɔsdɔ de]
Ich hätte gern ...	**Jeg vil gerne have ...**	[jaj̯ vel 'gɛɒ̯nə 'heːˀ]
... ein Kilo	**... et Kilo**	['ed kilo]
... ein Stück von	**... et stykke**	['ed sdøgə]
Danke, ich sehe mich nur um.	**Tak, jeg kigger bare.**	['tag jaj̯ 'kigɔ 'baːa]
Akzeptieren Sie Kreditkarten?	**Tager De kreditkort?**	[taːˀ de kʁɛ'did,kɒːd]
Laden, Geschäft	**butik, -ken, -ker**	[butik]
Kaufhaus	**varehus, -et**	['vaːa,huːˀs]
Apotheke	**apotek, -et, -e**	[apo'teːˀg]
Lebensmittelgeschäft	**levnedsmiddelforretning, -en, -er**	['le[illegible]nəðsmiðˀəl fɔ,ʁædneŋ]
Markt	**torv, -et, -e**	['tɒːˀv]

Im Hotel

Haben Sie Zimmer frei?	**Har De ledige værelser?**	[haːˀ di 'leːðiə 'vɛːɔlsɔ]
Doppelzimmer	**dobbeltværelse**	['dɔbəld,vɛːɔlsə]
mit Bad	**med bad**	[mɛ 'bæð]
Ich habe reserviert.	**Jeg har reserveret.**	[jaj̯ haːˀ ʁɛsɛɒ̯'veːˀɔð]

Im Restaurant

Einen Tisch für drei Personen, bitte.	**Et bord til tre personer, tak**	[ed boːˀɒ̯ tel tʁɛːˀ pɛɒ̯-soːˀnɔ tag]
vegetarische Gerichte	**vegetariske retter**	[vegə'taːˀisgə 'ʁædɔ]
Zahlen, bitte.	**Jeg vil gerne betale, tak.**	[jaj̯ vel 'gɛɒ̯nə be'tɛːˀlə tag]
Hauptspeise	**hovedret, -ten**	['hoːəð,ʁæd]
Vorspeise	**forret, -ten**	['fɒː,ʁæd]
Nachspeise	**dessert, -ten**	[dɛ'sɛːɒ̯d]

Auf der Speisekarte

æg	[ɛːˀg]	Ei
brød	[bʁøðˀ]	Brot
fisk	[fesg]	Fisch
flæskesteg	['flæsgə,sdaj̯ˀ]	Schweinebraten
fløde	['fløːðə]	Sahne
grøntsager	['gʁœnd,sɛːɔ]	Gemüse
kaffe	['kafə]	Kaffee
kartofler	[ka'tɔflɔ]	Kartoffeln
kød	[køð]	Fleisch
kylling	['kyleŋ]	Hühnchen
lammekølle	['lamə,kølə]	Lammkeule
mælk	[mɛlˀg]	Milch
mineralvan	[minə'ʁaːˀl,vænˀ]	Mineralwasser
oksekød	['ɔgsə,køð]	Rindfleisch
øl	[øl]	Bier
ost	[osd]	Käse
pølser	['pølsɔ]	Würstchen
røget sild	['ʁɔj̯əð silˀ]	Räucherhering
salat	[sæ'lɛːˀd]	Salat
skinke	['sgeŋgə]	Schinken
smør	[smœɒ̯]	Butter
svinekotelet	['sviː,nəkɔdə,lɛd]	Schweinekotelett
vin	[viːˀn]	Wein

Zahlen/Zeit

0	**nul**	[nol]
1	**en**	[eːˀn]
2	**to**	[toːˀ]
3	**tre**	[tʁɛːˀ]
4	**fire**	['fiːɔ]
5	**fem**	[fɛmˀ]
6	**seks**	[sɛgs]
7	**syv**	[sy[illegible]]
8	**otte**	['oːdə]
9	**ni**	[niːˀ]
10	**ti**	[tiːˀ]
100	**et hundrede**	['ed 'hunʁɔðə]
200	**to hundrede**	['toːˀ 'hunʁɔðə]
1000	**et tusinde**	['ed tuːˀsənə]
Minute	**minut, -et, -ter**	[mi'nud]
Stunde	**time, -n, -r**	['tiːˀmə]
Montag	**mandag**	['mænˀdæ]
Dienstag	**tirsdag**	['tiɒ̯ˀsdæ]
Mittwoch	**onsdag**	['ɔnˀsdæ]
Donnerstag	**torsdag**	['tɒːˀsdæ]
Freitag	**fredag**	['fʁeːˀdæ]
Samstag	**lørdag**	['lœɒ̯dæ]
Sonntag	**søndag**	['sœnˀdæ]

DANKSAGUNG

Dorling Kindersley bedankt sich bei allen, die bei der Entstehung dieses Buchs mitgewirkt haben.

Autorin

Die Historikerin **Dr. Gabriele Rupp** ist Autorin der Vis-à-Vis-Reiseführer *Bodensee*, *Teneriffa* und *Gran Canaria*. Als langjährige Reiseführer-Redakteurin des DK Verlags hat sie sich schon mit zahlreichen Regionen dieser Welt beschäftigt.

Für eine kurze Auszeit hat es sie bereits mehrfach nach Kopenhagen gezogen – und zwar zu jeder Jahreszeit.

BILDNACHWEIS

o = oben; u = unten; m = Mitte; r = rechts; l = links

123rRF.com: Daniel Chetroni 63u; dudlajzov 2 – 3; Matyas Rehak 24mr; scanrail 117u; Aliaksei Skreidzeleu 72ol.

Alamy Stock Photo: Archivio GBB 77or; Sunny Celeste 77ol, 78o; Cromo Digital 47ol; Jakito 47ur; John Hammond/Geffrye Museum 47mr; Historic Collection 46u; Tatiana Savvateeva 77ml; The Granger Collection 37u;The History Emporium 76o.

Arbejdermuseet: 65mr; Malthe Ivarsson 24ur, 118o.

ARKEN Museum for Moderne Kunst: Torben Petersen 174 –175u; Joachim Wichman 175o.

Bakken: 176ul.

Bistor Verde: 133ur

Botanical Garden National History Museum: Jens Astrup 101o.

Copenhagenglass ApS: 135o.

Copenhagen Media Center: 11ur, 56u, 134o; Christian Alsing 35m; ARKEN Museum for Moderne Kunst 34m; Mellanie Gandø 24ml, 65u, 79ml, 104m; Glyptoteket 6 – 7; Sandra Gregersen 64ml; Matthew James Harrison 72ml; Hay House 57or; Martin Heiberg 94o, 99u, 113o, 159u, 167o, 191m; Sebastian Himmelstrup 58o, 163o; Tuala Hjarnø 62 – 63o; Thomas Høyrup Christensen 58u, 91o, 95o, 99o; Giuseppe Liverino 51o, 103m, 164u; Normann Copenhagen/Jeppe Sørensen 57u; Columbus Leth 50o, Andrea Nunez 53u, 170u; Lars Rahnek 51ur; Jesper Rais 50u; Astrid Maria Rasmussen 141ul, 159ol, 159or, 166u; Daniel Rasmussen 8ol,10 –11um, 12o, 31mr, 41ml, 43ol, 52ol, 52u, 65o, 68-69u, 69mr, 100o, 105u, 121o, 154ul, 158u, 161ol, 184u; Lasse Salling 73ur, 129ol; Miklos Szabo 56 – 57o; Hanna Thomas 42o; Chris Tonnesen 133o, 170o; Visit Copenhagen 60 – 61, 175m; wonderful copenhagen 52 – 53om.

CPH:DOX: Karoline Hill 73ol.

Dansk Jødisk Museum: Josefine Amalie 149o.

Den Blå Planet National Aquarium: 64u; Christiane Helsted Jul 168 –169o.

Denmark Open Air Museum: Brittany Overgaard 176o.

Designmuseum Danmark: Joakim Züger 96m.

Dorling Kindersley: 80m.

Dreamstime.com: Allard1 11o; Annashepulova 48 – 49; Androniques 79mr; Leonid Andronov 10ol, 120o, 125o; Nikolaj Antonov 13mr; Arndale 42m; Rui Baião 191o; Balipadma 12 –13um; Dalius Baranauskas 72mr; Bernard Bialorucki 8 – 9, 114ul; Boogy 118u; Arkadi Bojaršinov 79o; Eden Breitz 96 – 97; Boris Breytman 186o; Michelle Bridges 77ul; Viacheslav Chernobrovin 115o; Daniel Chetroni 4; Deanpictures 46 – 47m, 53mr; Dudlajzov 16, 20ur; 22ol, 32 – 33, 62u, 78ur, 85u, 86, 143o; Elenaestelles 22or; Dmitry Evteev 70 – 71; Sergii Figurny 36mr; Oliver Foerstner 12ul, 19o, 35u, 38 – 39, 156; Svetlana German 77ur; Diego Grandi 73mr; Ixuskmitl 93o; Miroslav Jacimovic 76u; Jazzanna 36u; Johnnywalker61 167u; Lee Jorgensen 121u; Joyfull 43ml, 66 – 67, 141o; Chon Kit Leong 103o, 146 –147o; Nikolai Korzhov 23or; Ingus Kruklitis 79u; Irina Lepneva 84u, 178o; Jennifer Lobo 51ul; Martinmark 13o; Mapics 85o; Antony Mcaulay 19u, 30ul, 95u, 172; Jaroslav Moravcik 20mr; Vladyslav Musiienko 72or, 122u; Iuliia Nedrygailova 53or; Radiokafka 54 – 55; Radioval 147u; Alexander Reitter 160 –161u; Rolandm 59u; Oksana Saman 20o, 26-27; Sabrina Scanu 180u; Nataliia Shvets 28 – 29m; Simonwhener 161or; Anibal Trejo 74 – 75; Tverkhovintes 153o; Luisa Vollon Fumi 20ul, 150o; Andrii Vatsyk 8ul; Maximiliane Wagner 148u; Whosegallery 116o; Wirestock 169u; Dr. Victor Wong 58 – 59m; Anna Yordonava 42u.

Experimentarium: Adam Mørk 164o.

Getty Images/iStock: 4FR 10ul; Alphotographic 192 –193; alxpin 126 –127u; anouchka 62o; Azurita 160or; Brzozowska/E+ 80o; carstenbrandt 68o, 161mr; Chunyip Wong 30mr; ClarklandCompany 185o; coldsnowstorm 31ul; fotoVoyager 152 – 153u; mammuth/E+ 82 – 83; olli0815 36 – 37o; spooh 43ur; Joshua Tindall 179o; Viacheslav Chernobrovin 4; william87 69o; Zastavkin 151u.

Golden Days Festival: 72ul.

Grundtvigs Kirke: 165o.

Hubertusjagt: 73ul.

Kadeau: 154o.

Kanalen: Henry Sakkak Larsen 154ur.

Københavns Museum: 127o.

Kongelige Slotte Danmark: Finn Christoffersen 181m; Mikkel Groenlund 145m; Thorkild Jensen 18, 136 –137, 145o; Bjørn Nørgaards 35o; Thomas Rahbek, SLKE 8ml, 177u, 181o.

Kulturnatten København: Maria Sattrup, Joachim Høst 72ur.

Louisiana Museum of Modern Art: Kim Hansen 11mr; 34o, 182m, 183u, 182-183o.

Nationalmuseet i København: 91ur.

Ny Carlsberg Glyptotek: Ana Cecilia Gonzalez 23ml, 113u, 130-131o, 131m; Kim Nilsson 131u.

Reffen: 106u, 141ur.

Dänemark

Dänemark
A
B
C
D
1
2
3
4
5
6
7
Kristiansand, Stavanger, Bergen, Tórshavn, Seyðisfjörður
Larvik, Langesund
Nordsee
Råbjerg Mile
Hirtshals
Ålbæk
Lønstrup
Sindal
Hjørring
Løkken
Sæby
Fårup Sommerland
Brønderslev
Blokhus
Voergård Slo
Aalborg Airport
Hjallerup
Asaa
Hanstholm
Vust
Brovst
Lindholm Høje
Fjerritslev
Aalborg
Hal
Thisted
Løgstør
Støvring
Egense
Limfjorden
Mors
Fur
Farsø
Rebild Bakker
Hurup
Nykøbing Mors
Års
Hadsund
Thyborøn
Thyholm
Salling
Hobro
Nissum Bredning
Fyrkat
Mariager
Skive
Lemvig
Klejtrup Sø
Gammel Estrup
Fjaltring
Struer
Hjerl Hede Frilandsmuseum
Mønsted
Viborg
Randers
Auning
Nissum Fjord
Holstebro
Kongenshus Mindepark
Gudenå
Storå
Tangesø
Ulfborg
Skive Å
Silkeborg
Aarhus
Herning
Julsø
Ringkøbing
Videbæk
Jütland
Skanderborg
Moesgaard Museum
Ringkøbing Fjord
Mossø
Skjern
Omme Å
Brædstrup
Hou
Sælvig
Givskud
Horsens
Kolby Kås
Jelling
Grinsted
LEGOLAND®
Billund Airport
Billund
Henne
Vejle
Juelsminde
Fredericia
Varde
Bogense
Kolding
Otteru
Harwich
Esbjerg
Middelfart
Munkebo
Bramming
Vejen
Nørre Aaby
Fünen
Odense
Fanø
Vissenbjerg
Ribe
Flads
Glamsbjerg
Fanø Bugt
Gram
Assens
Haderslev
Haarby
Skærbæk
Toftlund
Helnæs
Millinge
Faaborg
Nordsee
Rømø
Åbenrå
Als
Tåsinge
Tønder
Ærøskøbing
Sønderborg
Ærø
Flensburg
Bag
0 Kilometer 40
N
DEUTSCHLAND
Kieler Bucht